문학산, 그 仁의 세월

인천향토사

문학산, 그 仁의 세월

초판 1쇄 인쇄	2025년 01월 20일
초판 1쇄 발행	2025년 02월 10일

신고번호	제313-2010-376호
등록번호	105-91-58839
지은이	김용환
발행처	보민출판사
발행인	김국환
기획	김선희
편집	조예슬
디자인	김민정
주소	경기도 파주시 해올로 11, 우미린더퍼스트@ 상가 2동 109호
전화	070-8615-7449
사이트	www.bominbook.com
ISBN	979-11-6957-294-1 03090

- 가격은 뒤표지에 있으며, 파본은 구입하신 서점에서 교환해드립니다.
- 이 책은 저작권법에 의하여 보호를 받는 저작물이므로 무단 전재와 복사를 금합니다.

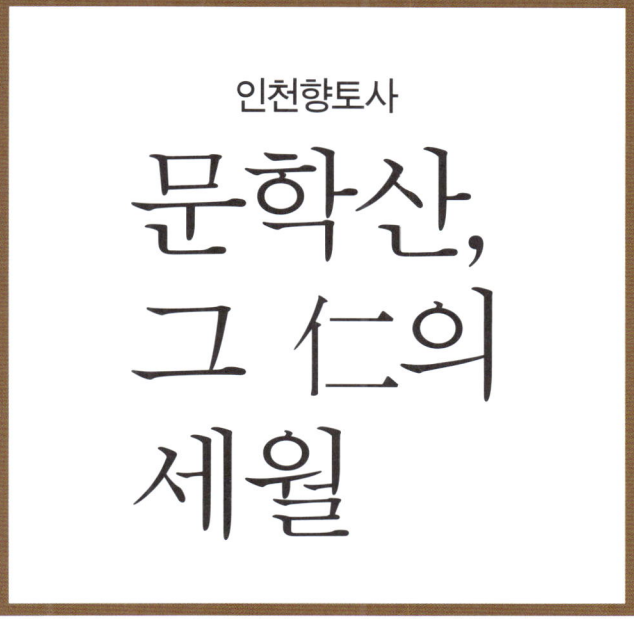

인천향토사
문학산, 그 仁의 세월

김용환 지음

인천의 역사와 문화를 깊이 이해하고자 하는 이들에게 귀중한 자료이자,
우리 모두가 지역의 가치를 새롭게 발견할 수 있는 기회를 제공하는 책이다.

추천사

 이 책『문학산, 그 仁의 세월』은 지역 역사서 이상의 가치를 담고 있다. 저자 김용환 선생은 문학산의 정체성과 인천 지역의 역사적 유산을 체계적으로 정리하며, 우리가 사는 지역이 지닌 깊이 있는 이야기를 생생하게 풀어냈다. 이 책은 단순히 과거를 재조명하는 데 그치지 않고, 현재와 미래에 대한 통찰과 방향성을 제시한다.

 문학산은 백제 초기의 도읍지 미추홀에서 시작된 지역이다. 저자는 이 지역의 역사적 배경과 함께『삼국사기』,『후한서』와 같은 역사서를 꼼꼼히 분석하며 미추홀의 중요성을 설명한다. 특히 비류와 온조 집단의 갈등과 그들의 선택에 얽힌 이야기는 독자들의 흥미와 관심을 끌어올리며, 미추홀 지역이 단순히 소금 교역 중심지나 자연 자원이 풍부한 곳만이 아니라, 백제 역사의 중심축이었음을 이야기하고 있다.

 이 책에서 가장 인상적인 부분은 문학산 일대에서 출토된 유물과 유적에 관한 분석이다. 문학동 유물산포지 조사와 백제 토기의 출토 기록을 통해, 문학산이 자연경관의 명소를 넘어 백제 문화의 중심지로 기능했음을 보여준다. 저자는 이를 통해 문학산이 당시의 정치적, 경제적, 그리고 문화적 중심지였음을 설득력 있게 제시한다. 예컨대, 백제의 초기 경제는 농업을 기반으로 하면서도 소금 교역과 해상 교통을 활용한 새로운 경제 전략을 펼쳤다는 점이 흥미롭게 다가온다.

 이 책의 또 다른 중요한 점은 문학산의 지리적, 문화적 특성을 한남정맥의 산줄기와 연결하여 서술한 부분이다. 저자는『산경표』와 같은 전통 지리서를 인용하며 문학산이 백두대간의 숨결을 품은 인천 지역의 중심지임을 강조한다. 이 과정에서 자연과 인간의 관계를 깊이 있게 탐구하며, 자연환경이 지역 정체성과 어떻게 연결되는지를 잘 보여준다.

무엇보다 이 책은 단편적인 역사적 사실을 나열하는 것을 넘어, 지역 주민들과 함께한 저자의 체험과 봉사활동의 이야기를 녹여냄으로써 독자들에게 살아있는 향토사의 가치를 일깨운다. 저자는 문학산 역사관 해설사로써의 경험을 바탕으로, 다양한 관람객과의 소통을 통해 얻은 통찰과 감동을 독자들에게 전한다. 특히 조제프 주베르의 "가르치는 것은 두 번 배우는 것이다"라는 말을 인용하며, 해설사로써의 경험이 그 자신에게도 큰 배움의 시간이었다고 고백한다.

　저자는 또한 미추홀과 문학산을 중심으로 한 전설과 설화도 놓치지 않고 다룬다. 삼호현, 술바위, 안관당 등 지역 전설의 이야기를 통해 문학산이 단순히 과거의 유적지가 아니라, 오늘날에도 사람들에게 상상력과 영감을 불어넣는 공간임을 독자들에게 상기시킨다. 이 모든 것이 저자의 연구와 열정, 그리고 지역사에 대한 사랑에서 비롯된 결과물임을 느낄 수 있다.

　『문학산, 그 仁의 세월』은 인천의 역사와 문화를 깊이 이해하고자 하는 이들에게 귀중한 자료이자, 우리 모두가 지역의 가치를 새롭게 발견할 수 있는 기회를 제공하는 책이다. 끝으로, 저자가 책에서 표현한 "가르치는 것은 두 번 배우는 것이다"라는 철학처럼, 이 책을 읽는 독자들도 문학산과 인천의 역사를 통해 새로운 배움을 얻길 바란다. 저자의 정성 어린 연구와 체험이 녹아든 이 책을 기쁜 마음으로 추천한다.

2025년 1월
편집위원 **김선희**

머리말

2020년 여름, 몸담던 직장의 정년을 마치고 6개월 정도 쉼을 갖다가 '무엇을 하면 의미 있는 사회활동이 될까?' 나름대로 생각하게 되면서, 그동안 무사히 직장생활을 하였으니 사회봉사 활동 좀 해야겠다는 마음이 내켜졌다.

학생을 가르쳤던 경험을 살리는 것으로 좋겠다고 생각해 초등학교 협력강사 활동에 눈길이 갔고, 역사 전공으로 직업을 삼았으니까 감사하는 기회로 문학산 역사관 해설사 활동이 낫겠다 싶은 생각이 들었다.

3년 전에 구청 홈페이지에서 '문학산 역사관 해설사 신규 양성과정'이 개설되어 운영된다는 안내를 확인하고서, 곧바로 수강신청을 하게 되었다. 2년째 코로나가 심각하게 유행하던 때라 번거롭게 집합교육에 안전 유의사항이 항상 따라다녔으나 짜임새가 있는 프로그램에 맞춰 이십 시간의 교육을 받고서야 문학산 역사관에서 해설 시연을 끝으로 수료하였다.

이후 봉사는 월 4회 활동으로 문학산 역사관 관람객을 대상으로 전시자료 해설 안내를 수행하였다. 조제프 주베르(Joseph Joubert, 1754~1824)의 "가르치는 것은 두 번 배우는 것이다"를 새겨보면서, 역사관을 관람하는 다양한 사람들과 만남으로 새롭게 배움의 폭을 넓혀갈 수 있는 계기로 삼았다. 때때로 문학산 관련 역사를 주제로 한 독서 모임에도 참여하고, 궁금하게 생각하던 점들을 해설사분들과 교류하면서 인천 향토사를 바라보는 긍정적 시각도 생겨났다.

해가 거듭될수록 해설사에 대한 애정과 열의도 커가 궁금해지는 해설자료에 대해서 인터넷과 도서관의 해당 자료를 열람하며 신뢰성 있는 기록들을 확인하고, 여러 차례 유적지 답사를 거듭하는 가운데 향토사 연구에 한 발짝 다가설 수 있었다.

  역사관 전시자료의 해설활동에서 3년의 시간이 청산유수(靑山流水)처럼 흘러갔다. 그러는 사이 문학산 역사관 봉사활동에서 나름대로 연구한 흔적을 조금씩 모아갔기에 즐거운 마음으로 결과물을 내게 되었다. 역사관 해설사 봉사활동의 인연으로 만난 분들께 심심(甚深)한 감사를 표한다.

  다음 본문에서는 문학산 일대의 유적과 설화 및 기록물 등 관련 자료를 꼼꼼히 살펴 향토사를 서술함에 주체성, 융합성, 객관성을 중시하면서 문학산 관련 역사 내용을 정리하고, 미흡한 부분에 대해 보완하는 방식을 취하였다.

2025년 1월

저자 **김용환**

문학산 전경

청학사(靑鶴寺)의 물고기 조형물

삼호현(三呼峴) 부근의 문학산 조형물

문학산의 딱따구리(2023. 3. 16.)

승학산에서 바라본 문학산 전경(2024. 5. 2.)

청량산에서 바라본 문학산 전경(2024. 5. 2.)

문학산에서 바라본 승학산 야경(2021. 1. 1.)

문학산에서 바라본 인천대교 야경(2021. 1. 1.)

문학산에서 바라본 미추홀구 전경(2024. 10. 2.)

문학산에서 바라본 미추홀구 야경(2021. 1. 1.)

[詩] 문학공원의 야경

김용환

석양은 미련 없이 서해로 뚝 떨어지고 학 날갯죽지로
가로등이 곱은 낯을 비비며 길을 밝힌다

퇴색한 옛 군용 도로에 썰렁하게 치대는 바람이
자꾸 지난 어둠의 날들을 되새김시키는데

시린 달덩이는 보다 못해 겹겹이 구름을 덮어쓰고는
아예 드러낼 기색조차 하지 않는다

부챗살로 퍼지는 도심 차량의 불빛은 뿌연 안개로
화로의 숯불처럼 다가와 온기를 전해주고

그 온기는 산성을 돌아 배꼽까지 데워가자
이윽고 정수리에서 김이 모락모락 오른다

결연한 개척의 의지를 부요한 해상왕국 건설에
불사른 비류왕, 그 투혼의 불씨 여전히 살아있다니

노랑, 빨강 장미들 만개해 반짝이는 문학공원의 밤
소용돌이 이는 둥근달에 희망의 불씨 하나 댕긴다

* 시가 있는 아침(서울일보, 2021. 1. 25.)

목차

추천사 • 4
머리말 • 6
문학산 전경 • 8

제1장. 미추홀에서 시작한 백제

01. 지혜의 거울, 역사 • 18
02. 비류의 미추홀 • 21

제2장. 인천 역사의 중심지, 문학산 일대

01. 인천의 명칭 변화 • 34
02. 문학산 • 37
    가. 한남정맥의 산줄기 • 37
    나. 문학산의 명칭 • 39
    다. 수리봉과 인경산 • 42

03. 문학산 일대의 유적 • 47
    가. 인천도호부 • 47
    나. 교육기관 • 55
    다. 문학산성 • 63
    라. 산성 내 유적 • 70
    마. 왜성 • 84
    바. 사묘 • 87
    사. 절터 • 107
    아. 홍우순 신도비 • 113
    자. 황운조 선정비 • 119

차. 미추왕릉 • 121
　　카. 백제 우물터 • 122

04. 관방 시설 토둔 • 123
05. 문학산 인근 마을 • 128
　　가. 학익동 • 128
　　나. 옥련동 • 129
　　다. 청학동 • 129
　　라. 연수동 • 130
　　마. 선학동 • 131
　　바. 관교동 • 134
　　사. 문학동 • 134

06. 문학산 일대의 설화 • 136
　　가. 삼호현 • 136
　　나. 술바위 • 138
　　다. 갑옷바위 • 139
　　라. 안관당 • 140
　　마. 산신우물 • 142
　　바. 배바위 • 144
　　사. 청학동 흔들못 • 145

제3장. 해동지도 인천부 • 148

맺음말 • 158
참고문헌 • 160
부록 • 163
찾아보기 • 229

제1장

미추홀에서 시작한 백제

01

지혜의 거울, 역사

리처드 바크(Richard Bach)의 작품 『갈매기의 꿈(Jonathan Livingston Seagull)』에서 "가장 높이 나는 새가 가장 멀리 본다(The gull sees farthest who flies highest)"란 말에는 현재 처한 상황에 너무 골몰하지 말고, 멀리 앞날을 바라보며 자신의 꿈과 이상을 가지고 살라는 뜻이 담겨 있다.

2천 년 전, 새역사 창조의 꿈을 품은 비류는 동생 온조와 함께 그의 생모 소서노를 모시고 서해 연안을 따라 남쪽으로 기수(旗手)를 앞세워 한반도 해상교통의 요지인 승기천이 흐르는 미추홀(彌趨忽)에 깃발을 세웠다.[1]

고조선의 준왕이 서해 항로를 따라 경기만의 수많은 도서(島嶼)를 거쳐 간 후, 비류 집단에 의해 해안에 접한 미추홀에 대륙의 부여·고구려 문명이 전해졌다. 비류 집단이 서해안 교통의 요지이자 소금 산업으로 경제적 가치가 큰 미추홀을 도읍지로 삼으면서 문학산성과 그 주변 가까이 흐르는 승기천과 소래산에서 발원한 장수천과 함께한 미추홀의 역사는 어제도 오늘도 서해 물결을 파닥여 무지갯빛을 여전히 쏟아내고 있다.

---

1   필자가 상상한 낱말(기수, 깃발)이 가미됨

동거울(天下正村大和守政重)

거울 감(鑑)이 역사서에 쓰였던 사례로써 중국 북송 때 사마광(司馬光, 1019~1086)의 『자치통감(資治通鑑)』, 남송의 주희(朱熹, 1130~1200)의 『자치통감강목(資治通鑑綱目)』과 원추(袁樞, 1131~1205)의 『통감기사본말(通鑑紀事本末)』, 조선 초기에 서거정(徐居正, 1420~1488)의 『동국통감(東國通鑑)』 등이 대표적이다. 이것은 역사를 정치의 거울로 삼겠다는 통치자의 굳은 결의(決意)가 반영된 사실이라 하겠다.

미추홀구 문학산 역사관(2024. 2. 15.)

역사를 거울삼았던 대표적 인물로써, 당 태종(唐 太宗, 재위 626~649) 이세민이 말로에 후세와 신하들에게 남긴 '세 개의 거울'의 하나로써 '옛날로 거울을 삼으면 흥망성쇠를 알 수 있다(以古爲鑑 可知興替)'[2]는 기록이 있다. 영국의 역사학자 에드워드 핼릿 카(Edward Hallet Carr, 1892~1982)는 "역사란 역사가와 사실 사이의 부단한 상호작용의 과정이며, 현재와 과거 사이의 끊임없는 대화이다(History is a continuous process of interaction between the historian and his facts, an unending dialogue between the present and the past)"라고 표현하였다. 이들에서 드러내는 역사는 인과관계(因果關係)의 깨달음과 과거를 비추어 현재를 바르게 직시하면서 지혜로운 판단으로 상생하는 사회구조를 건실히 다져가게 하고, 굳센 신념으로 나갈 정의로운 길을 안내한다.

우리는 과거 비류의 집단에서 미추홀의 자연환경이 뿜어내는 역경과 고난을 슬기롭게 극복하려는 노력이 세월 속에 스며들어 면면히 이어져 왔음을 되새겨볼 필요가 있다.

---

[2] 중국 당(唐) 때 오긍(吳兢, 670~749)이 편찬한 『정관정요(貞觀政要)』위징전(魏徵傳)

02

비류의 미추홀

    연맹왕국과 관련한 역사 기록으로써『삼국지(三國志)』위서동이전(魏書東夷傳)의 마한조(馬韓條)에 백제국(伯濟國)이 나타나 있다.『후한서(後漢書)』동이열전(東夷列傳) 한(韓)에 "(마한·진한·변한은) 모두 78개 나라 백제(伯濟)는 그중의 한 나라이다"[3]로 소개하고 있는데, 그 가운데 인천과 관련하여 정확하게 국명을 특정하기 어렵다.『삼국지』의 기록으로 볼 때 마한의 상한은 기원전 1세기 전반까지 상향해서 볼 수 있다. 인천과 관련한 기록은『삼국사기(三國史記)』백제본기(百濟本紀)에서 비류(沸流)의 미추홀(彌鄒忽)이 처음이다.[4]

    미추홀은 광개토대왕비문에 '미추성(彌鄒城)', '신증동국여지승람'에는 '미추홀국(彌鄒忽國)', '여지도서(18세기 중엽)'에는 '미추국(彌鄒國)', '증보문헌비고(1770)'에는 '비류국(沸流國)' 등 여러 표기로 나타난다.

    조선 후기 실학자 안정복은 다음과 같이 미추홀을 인천으로 기록하고 있다.

    "…드디어 어머니를 모시고 오간(烏干), 마려(馬黎) 등 열 사람과 남쪽으로 가니, 패수(浿水)·대수(帶水) 두 강을 건너 미추홀(彌鄒忽)[지금의 인천(仁川)이다. 세속에 전해오기를,

---

3   『삼국지(三國志)』에는 단순히 백제국(伯濟國)으로 나오지만,『후한서(後漢書)』동이열전(東夷列傳) 한(韓), 註) 118(한국사 데이터베이스, 국사편찬위원회)에서는 "凡七十八國 伯濟是其一國焉이라고 백제(伯濟)를 대표적인 하나의 국명(國名)으로 들고 있다. … 대체로 伯濟가 百濟로 발전(發展)하였다고 생각하고 있다."

4   『인천광역시사 제1권』, 2023, 345쪽 참조

문학산(文鶴山) 위에 비류성의 터가 있고 성문의 문짝 판자가 지금도 오히려 남아 있으며, 성 안에 비류정(沸流井)이 있는데 물맛이 시원하다.『여지승람』에 실리지 않아 한스럽다에 이르러 비류가 거주하려고 하매, 열 신하들이 간하기를, '한산(漢山)까지 가서 부아산(負兒山) 지금의 삼각산에 올라가 살 만한 땅을 살펴보니, 오직 이 하남(河南)의 땅이 북으로는 한수(漢水)를 띠고, 동으로는 높은 산악에 의지하였으며, 남쪽으론 비옥한 늪지대가 바라보이고, 서쪽은 큰 바다가 막고 있어, 하늘이 만든 요새의 지리(地理)로써 구득하기 어려운 지세(地勢)이니, 여기에 도읍을 만드는 것이 또한 마땅하지 않겠습니까?' 하니, 비류가 듣지 아니하고 그의 백성들을 나누어 미추홀에 살도록 하니, (중략) 마한이 동북쪽 땅 백 리를 갈라주었다…"[5]

문학동 유물산포지로, 1999년 문학산 일대 지표조사(인하대 박물관)로 문학동 종합경기장 남쪽 해발 61.8m 구릉의 동사면에서 백제 토기 6점과 선학동 무주말 유물산포지에서 백제 유물로 추정되는 격자문이 중복 타날된 대옹편이 수습되었다.[6] 문학산성 성벽 조사에서 외면에 격자문이 있는 백제 토기 조각 1점이 발견되었다.[7] 그리고 2000년에 시행된 시굴 발굴조사에서 다시 6점이 출토되었다.[8] 택지개발로 사라질 위기에 있었던 유적에서 이 같은 발굴 성과로 초기 백제사를 여는 데 중요한 자료가 되고, 이로써 문학산 일대가 비류 세력의 중심지였을 가능성이 커지고 있다고 하겠다.

---

5 『동사강목(1778)』제1상, '계묘년 마한 신라 시조 40년, 고구려 유리왕 2년, 백제 시조 부여온조(扶餘溫祚) 원년'(한국고전종합DB)
6 『문학산의 역사와 문화유적』, 2002, 245쪽
7 위의 책, 2002, 259쪽
8 위의 책, 2002, 245쪽

문학동 산포지 수습 백제 토기

문학산성 수습 와편 및 백제 토기(▼)9

　기존 농경과 목축의 생활방식에 자연스러웠던 부여·고구려 사회에서 소금 교역은 활발한 편은 아니었을 것이다. 비류 집단에게 소금 교역을 바탕으로 한 상업 중심의 경제는 당시로써 새로운 발상이자 시대를 앞서간 모험적이고 대담한 전략이었다. "비류가 물이 습하고 소금기가 있어 농사가 되지 않는 바닷가에 정착한 이유는 연안을 이용한 해상활동이 가능하고, 소금 산지로써의 소금 교역량을 형성한 인천 지역의 정체성을 이해하고 있었기 때문이다. 비류는 인천의 지리적 이점을 장악하여 한반도의 남과 북을 연결하는 연안 해상무역을 위해 해상교통의 중심지인 인천 지역에 정착하였을 것이다"[10]라고 보고 있다.

　그리고 자연적 환경으로 문학산 주변은 "동쪽으로는 남동 염전의 갯벌, 도장리에서 승학천을 따라 승기로 이어지는 저지대가 근래까지 바닷물이 들어오거나 습지로 되어 있었기 때문에 관교동·문학동 분지는 섬과 같은 지리적 환경을 갖추고 있다"[11]는 점이 초기 국가 단계에서 도읍지를 정하는 데 좋은 조건을 갖춘 지역이라 하겠다. 그런 점에서 미추홀은 현재 문학동, 관교동, 남촌동 등이 있는 문학산 일대가 주목된다.

9　『문학산의 역사와 문화유적』, 2002, 11쪽
10　『미추홀구사 Ⅰ』 미추홀구사편찬위원회, 2022, 95쪽
11　위의 책, 미추홀구사편찬위원회, 2022, 96쪽

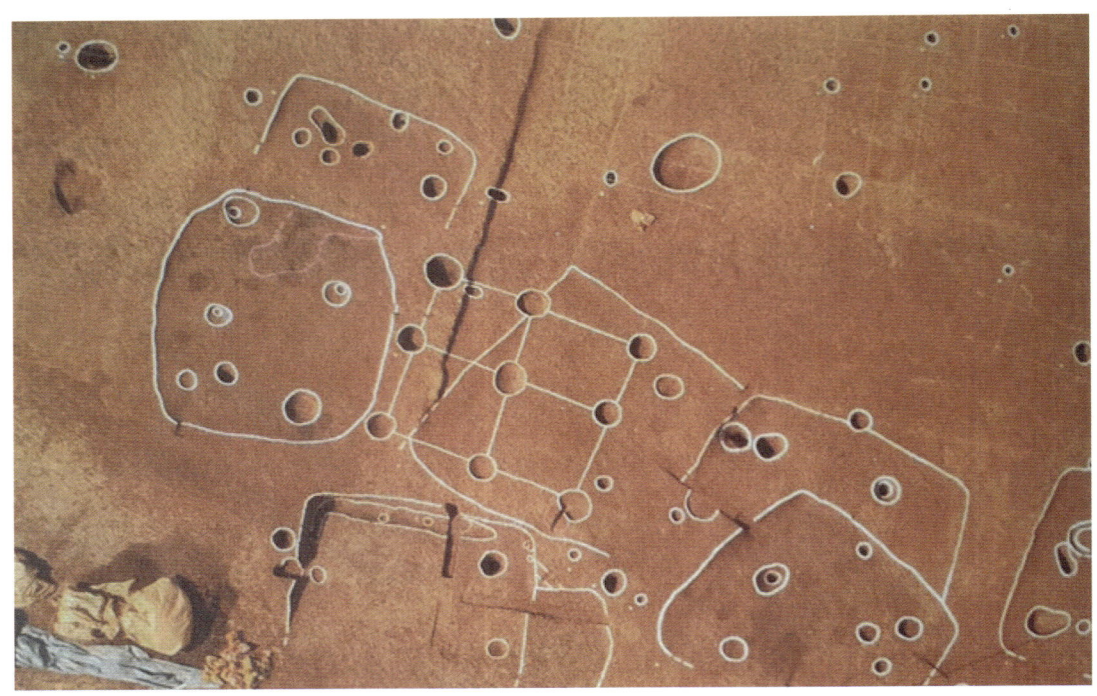

남촌동 유적 29~35호 주거지 전경12

해양 진출에 비중이 컸던 비류 세력은 문명이 발전할 수 있는 큰 강가 지역의 비옥한 땅을 간과한 측면이 아쉽기는 하지만 넓은 해양을 바라보고 있고, 평야를 끼고 승기천이 흐르는 주변에서 드러난 유적들은 당시 도시 건설과 관련하여 고심한 흔적으로 볼 수 있다.

"최근 남동구 남촌동 농수산물 도매시장 부지에서 대규모 원삼국~삼국시대 유적이 발굴되었다."13

"원삼국~삼국시대 주거지 46기, 수혈유구 26기, 구상유구 2기, 고상식 건물지 1기, 주공열 2기, 주공 317기가 조사되었다."14

이런 사실에서 문학산과 인접한 승기천이 흐르는 구월동 유적과 남촌동 유적에서 철기시대 분묘와 주거유적은 비류 집단의 거주 중심지로써 선택되었을 가능성이 있다.

---

12 『미추홀구사Ⅰ』, 미추홀구사편찬위원회, 2022, 80쪽
13 『인천 농산물도매시장 이전 부지 내 유적 발굴조사 약식보고서』, 백두문화재연구원, 2018.
14 위의 책, 미추홀구사편찬위원회, 2022, 81쪽

『삼국사기』권 제23 백제본기 제1시조 온조왕에서,

"…비류는 미추홀의 땅이 습하고 물이 짜서 편안히 살 수가 없었다. 위례성으로 돌아와서 보니, 도읍은 안정되고 백성들은 편안하고 태평하므로 마침내 부끄러워하고 후회하다가 죽었다. 그의 신하와 백성들은 모두 위례에 귀부(歸附)하였다. 그 후 올 때 백성(百姓)들이 즐거이 따랐다고 하여 국호를 백제(百濟)로 고쳤다…" (…沸流以彌鄒土濕水鹹, 不得安居, 歸見慰禮, 都邑鼎定, 人民安泰, 遂慙悔而死, 其臣民皆歸於慰禮. 後以來時, 百姓樂從, 改號百濟…)

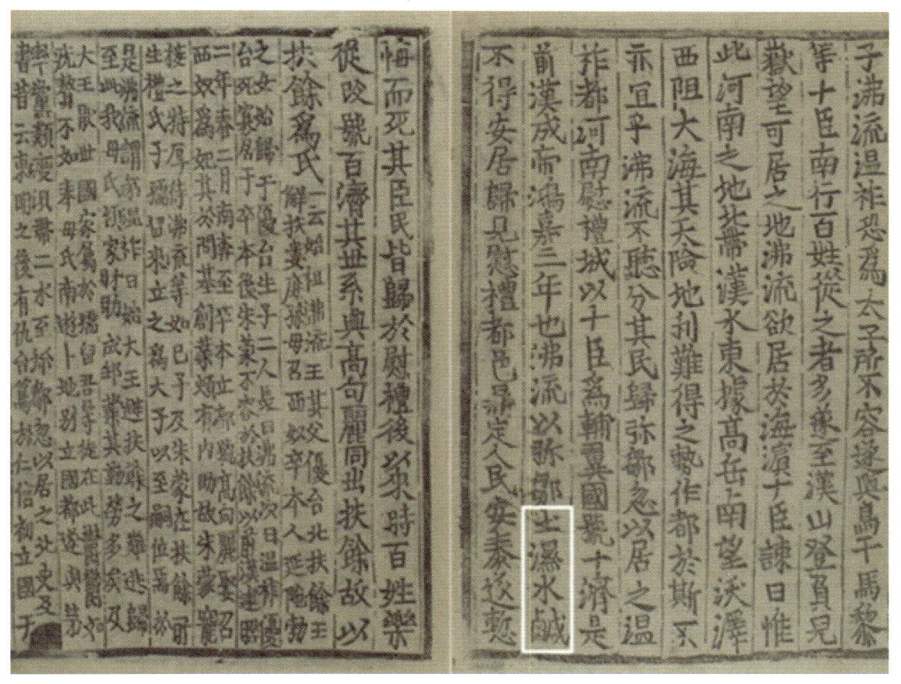

『삼국사기』옥산서 원본(1573), 국사편찬위원회

『삼국사기』에서 비류에 대한 기록이 건국에 실패한 지도자로써 부각하여 서술되고 있다. 10세기 말에서 11세기 초, 고려가 거란족의 침입을 격퇴하는 과정에서 기록물이 소실되어 사료(史料)가 부족한 상황에서 역사 서술의 고뇌가 컸을 것이다. 유학자 김부식의 서술 태도가 술이부작(述而不作)이더라도 백제 초기의 건국에 주도 역할을 했을 소서노와 비류에 대한 기록이 간략하다. 그래도 기록을 남겼다는 사실이 다행스럽다.

역사학자 아놀드 토인비(Arnold J. Toynbee)는 '도전과 응전(Challenge & Response)'의 과정이란 역사 인식을 토대로 문명의 흥망성쇠를 분석하였다. 용기와 지혜를 발휘하여 역경과 고난의 문제(도전)에 대한 극복의 과정(응전)을 통해서 사회는 발전한다고 보았다. 이에 건국의 꿈을 가진 비류 세력에게 미추홀의 땅이 습하고 물이 짜서 편안히 살 수가 없는 환경적 역경과 고난이 도전이라면, 이를 극복하기 위한 노력이 응전일 것이다.

당시 목축과 식물채집 그리고 농경생활에 익숙했던 부여 계통의 유이민 집단이더라도 한반도 중부 내륙 지역으로의 정착이 쉽지 않았을 것이니, 교역을 통한 해상국가의 추진은 불가피한 선택이었을 수 있다. 섬이 많은 인천 지역, 특히 '영종도송산선사유적'에서 야외 화덕자리 21기가 집단으로 조사된 사실에서 보면 인천의 소금 생산의 역사는 신석기 시대로 올라간다. 비류 세력에게는 서해 중부 지역의 소금 생산의 중심지로써 기반이 조성되어 있고, 드넓은 갯벌에서 조개류 채집과 어로활동 등의 수산 물량이 풍부해 국가 재정의 기반을 빠르게 다져가리라는 기대가 컸을 것이다.

미래를 낙관적으로 바라보는 것도 좋지만 건국 초기에 현실을 냉철하게 분석하여 반농반어(半農半漁)의 미추홀 경제 자립도를 높여갔어야 했다. 동시에 주변 도서(島嶼)에 대한 교역의 중심축으로써 장기적 계획하에 교역을 활성화하는 도시로의 점진적 실행이 필요하였다. 그러나 도전에 대한 응전으로 대외 교역을 통한 경제 자립에 있어 낙관적 전망을 기대하였을 터이니, 당시 여건상 농업경제를 소홀히 여긴 대가는 혹독하게 다가올 수밖에 없었다.

마한의 영향력이 행사되고 있던 지역에서 출발한 비류 집단과 온조 집단에서 "온조의 백제국은 한강 유역 위례성에 일단 정착한 후 우선 인천 지역으로 팽창의 방향을 잡았고, 이는 본래 인천 지역에 자리 잡고 있던 비류의 미추홀 집단을 흡수 통합하는 과정으로 나타났다. 백제는 해상적 성격의 미추홀 집단을 통합하면서 이 지역이 갖고 있는 해상교통의 이점을 확보할 수 있었던 것이다"[15]라는 서술 내용을 보더라도 온조 집단은 냉엄한 현실적 도전에 대한 응전의 방향을 차분하게 단계적으로 설정하여 국가 발전을 추구해 나갔음을 알 수 있다. 한편으로 비류 집단에게 대외무역에서 해상교통의 요지란 미래 경제 발전에 매우 유리한 조

---

15 『인천광역시사 제2권』, 인천광역시사편찬위원회, 2023, 35쪽

건을 가지고 있었기에 최선책으로 온조 집단의 십제와 연합하여 백제 연맹체로 상생하는 길로 나감은 훗날 백제의 해상 강국을 기약한 지혜로운 선택이었다고 생각된다. 좀 더 멀리 바라보면서 진취적이고 개방적 사고로 미지 개척의 선구적 역량을 가진 비류 집단을 온조 집단과 양분화하여 비류(沸流) 백제는 실패하고, 온조(溫祚) 백제는 성공한 나라를 이루었다고 함은 강자 중심의 역사관으로써, 강자는 약자의 양보와 협력으로 이룬 성과를 소홀히 여기는 태도의 산물이 아니었을까.

남하한 비류 집단이 문학산 일대 지역을 개척하여 일찍이 한성 백제가 새롭게 해양 진출의 기반이 되었음에 4세기 중반 근초고왕(재위 346~375)에 이르러 고구려보다 일찍 고대 국가의 전성기를 맞이할 수 있었다.

『인천부읍지(1842)』 고적 편에 "삼국(고구려·백제·신라)으로 나뉘어져 있을 때, 백제의 조천로(朝天路: 사신이 중국으로 가는 길)가 고구려에 의하여 막히게 되자 중국으로 들어가는 (백제의) 사신이 이곳에서부터 배를 띄워 등래(登萊)에 도달하였다고 한다"는 능허대의 기록이 있다. 백제 근초고왕 때 중국 해상항로에서 인천 능허대 인근 대진(大津)을 출발하여 등주와 내주로 입항하는 두 길이 있었다고 하는데, 문주왕이 웅진으로 천도하는 시기까지 총 19차례(370~475) 통교한 기록이 보인다.[16]

삼국사기』 권 제23 백제본기 제1 '시조 온조왕' 기록에서 비류 설화의 내용을 살펴보면 다음과 같다.

"…또는 다음과 같이 말하였다. 시조 비류왕(沸流王)은 그 아버지가 우태(優台)이니 북부여왕(北扶餘王) 해부루(解扶婁)의 서손(庶孫)이다. 어머니는 소서노(召西奴)이니 졸본(卒本) 사람 연타발(延陀勃)의 딸이다. (소서노가) 처음 우태에게 시집가서 두 아들을 낳았으니, 맏이는 비류라 하고, 둘째는 온조라 하였다. 우태가 죽자 졸본에서 과부로 지냈다. 그 후 주몽이 부여에서 받아들여지지 않자 전한(前漢) 건소(建昭) 2년(B.C. 37) 봄 2월에 남쪽으로 도망하여 졸본에 이르러 도읍을 세우고 국호를 고구려(高句麗)라고 하였으며, 소서노를 맞아들여 왕비로 삼았다. 나라의 기틀을 다지고 왕업을 세우는 데 자못 내조가 있었기 때문에

---

16   『역주 인천부읍지』 인천광역시 역사자료관 역사문화연구실, 2004, 216쪽

주몽은 소서노를 총애하고 대접하는 것이 특히 후하였고, 비류 등을 자기 자식처럼 대하였다. 주몽이 부여에 있을 때 예씨(禮氏)에게서 낳은 아들 유류(孺留)가 오자 그를 태자로 삼았고, 왕위를 잇기에 이르렀다. 이에 비류가 동생 온조에게 말하기를, '처음 대왕께서 부여의 난을 피해서 이곳으로 도망하여 왔을 때, 우리 어머니가 가산을 쏟아 나라의 위업을 세우는 것을 도와 애쓰고 노력함이 많았다. (그런데) 대왕께서 돌아가시자, 나라가 유류에게 돌아가게 되었으니 우리가 공연히 여기에 있으면서 쓸모없는 사람같이 답답하고 우울하게 지내는 것보다는, 차라리 어머니를 모시고 남쪽으로 가서 살 만한 곳을 택하여 따로 나라의 도읍을 세우는 것이 낫겠다라 하고, 마침내 그의 동생과 함께 무리를 거느리고 패수(浿水)와 대수(帶水)를 건너 미추홀에 와서 살았다…" (…一云, 始祖沸流王, 其父優台, 北扶餘王解扶婁庶孫, 母召西奴, 卒本人延陁勃之女. 始歸于優台, 生子二人, 長曰沸流, 次曰溫祚. 優台死, 寡居于卒本. 後朱蒙不容於扶餘, 以前漢建昭二年春二月, 南奔至卒本, 立都, 號高句麗, 娶召西奴爲妃. 其於問校勘基創業, 頗有內助, 故朱蒙寵接之特厚, 待沸流等如己子. 及朱蒙在扶餘所生禮氏子孺留來, 立之爲大校勘子, 以至嗣位焉. 於是, 沸流謂第校勘溫祚曰, '始大王避扶餘之難, 逃歸至此, 我母氏傾家財, 助成邦業, 其勤校勘勞多矣. 及大王猒世, 國家屬於孺留. 吾等徒在此, 欝欝如疣贅, 不如奉母氏南遊卜地, 別立國都.' 遂與弟率黨類, 渡浿・帶二水, 至彌鄒忽以居之…, 『삼국사기』권 제23 백제본기 제1 '시조 온조왕')

비류 설화에서 서해로 남하하여 고구려와 적당한 거리를 두고서 새로운 터전을 마련한 도읍지가 한반도 중부(한강 하류)가 된다. 미추홀의 어원으로 물골(물의 고을), 밑골(바탕골), 거친들의 고을, 시조의 고을 등 여러 해석이 존재하나 '물의 마을'로 해석(이와자끼, 岩崎二郞)[17]하는 경향이 일반적이다. 그리고 위례홀(慰禮忽)의 어원으로 위리(圍籬, 울타리)[18], 어

---

17 1933년 인천 부윤 마츠시마 키요시(松島 淸, 1929. 11.~1933, 1. 인천 부윤)가 일본인 3명을 편찬위원으로 위촉해 발간했던 『인천부사(仁川府史, 1,461쪽)』

18 『여유당전서(與猶堂全書)』제6집 지리지 제3권 강역고(정약용) - 위례고(慰禮考), "方言凡匡郭之四圍者。 謂之圍哩。 慰禮圍哩聲相近也。 樹柵築土以作匡郭。 故謂之慰禮也。"

라하(於羅瑕, 왕)[19], 아리수(阿利水, 한강)[20]란 견해가 있다.

『삼국사기』 시조 온조왕 '웅진책을 세우자 마한이 항의하다'에서 "왕이 처음 강을 건너왔을 때 발을 디딜 만한 곳도 없었는데, 내가 동북쪽 100리의 땅을 떼어주어 편히 살게 하였으니 왕을 대우함이 후하지 않았다고 할 수 없다"란 기록이 있고, 신채호의 『조선상고사』에 "소서노가 마한 왕에게 뇌물을 바치고 서북쪽 백 리의 땅 미추홀 - 지금의 인천과 하남 위례홀 - 지금의 한양 등지를 얻어…"[21]란 기록을 보면, 비류와 그의 동생 온조의 생모인 소서노가 마한 왕에게 한반도 중부 지역 100리의 땅을 할양받은 것은 역사적 사실이다. 그러하기에 당시 마한(馬韓)의 백성이 한강 하류의 소서노 땅을 가리킬 때 일반적으로 '윗골과 밑골'로 불렀을 가능성이 있다. 그것은 한강 하류의 강줄기를 축으로 위례홀(慰禮忽)과 미추홀(彌鄒忽)은 서로 동(東)과 서(西)의 방향이면서, 위치상으로 위(上)와 밑(下)[22]에 자리하기 때문이다.

한편 "본기에 기록된 온조의 13년(B.C. 18)은 곧 소서노의 연조요, 그 이듬해 14년이 곧 온조의 원년이니, 13년으로 기록된 온조 천도의 조서는 비류와 충돌된 뒤에 온조 족의 인민에게 내린 조서이고, 14년 곧 온조 원년의, '한성의 백성을 나누었다'고 한 것은 비류·온조 형제가 백성을 나누어 가지고 각기 자기 서울로 간 사실일 것이다. 미추홀은 '메주골'이요, 위례홀은 '오리골'(본래는 ᄋᆞ리골)이다"[23]란 기록에서 산지가 국토의 77.5%(대한민국 국가지도집 Ⅱ)를 차지하고, 삼면이 바다이면서 동고서저 지형인 한반도에서 메주골과 오리골은 수토(水土)가 거친 고을[24]과 고운 고을[25]의 의미로 추정된다.

---

19 『한국어(韓國語)의 계통(系統)』(김방한, 민음사, 1983) - "'어라하'의 '어라'는 '대(大)'를 뜻하는 '엄니'·'욱리'·'아리'와 관련 있으며 (중략) '어라하'는 애초 '대족장(大族長)'의 의미에서 기원하였다고 하겠다." (한국민족문화대백과사전)

20 『백제어 어휘 연구』, 도수희, 제이엔씨, 2005, 26쪽

21 『조선상고사』, 신채호, 일산서적출판사, 1998, 106쪽

22 『北史 권94』 백제전에서 '백제는 5부 이에 상부·전부·중부·하부·후부, 부에는 5개 마을이 있다(分爲五部, 曰上部·前部·中部·下部·後部, 部有五巷). 여기서 東部는 上部로, 그리고 西部는 下部로 이해되므로 '上'은 '東', '下'는 '西'의 뜻으로 사용된 것 같다.

23 위의 책, 신채호, 일산서적출판사, 1998, 107쪽

24 『삼국사기』 권 제23 백제본기 제1 '시조 온조왕'에서 '미추홀의 땅이 습하고 물이 짜다(彌鄒土濕水鹹)'란 기록에 의함. 메주는 처음에 부드러우나 굳으면 거칠고 투박한 생김새임

25 '아리'가 고대 한국에서 '고운', '곱다', '아름다운', '아름답다'의 뜻으로 현대 한국어에서 '아리따운'(아리+다운)에서 찾아볼 수 있다(동아일보, 2003. 1. 16. 신용하의 기사).

백제의 한강 하류가 고구려로 흡수되면서 미추홀은 매소홀(買召忽)로 바뀐다. 하천을 낀 지역명에서 '매(買)'를 '물(水)'[26]로 표기한 사례가 『삼국사기』 지리지에 나타난다. 그러나 매소홀에서 매(買)를 '사들임'으로, 소(召)를 미추홀의 '추'와 같이 '사이시옷(ㅅ)'[27]으로 보면 '(소서노가) 사들인 고을'로 해석된다.

　　매소홀은 신라 경덕왕 16년(757)에 이르러 귀족 관료에게 지급했던 녹읍처럼 소유권이 인정된 이름으로 여겨지는 한자식 소성현(邵城縣)으로 바뀐다. 매소홀에서 매자를 탈락시키면 소홀의 소(召)는 '사이시옷(ㅅ)이 되기 때문에 고을 이름 소(邵)로 치환하여 명사 형태를 갖추게 하고, 고구려어의 홀(忽)은 성(城)에 해당[28]하므로 소홀(邵忽)은 곧 소성(邵城)이 된다.

　　그리고 소성(邵城)은 위례성의 우측 지역인 동시에 서쪽 지역에 위치하므로 한자어 '소(邵=召+邑)'를 '소서(召西)'로 유추할 수 있다. "고구려 5부족명의 '순노(順奴), 소노(消奴), 관노(灌奴), 절노(絶奴), 계루(桂婁)'에서 노(奴)를 '토(土), 지(地), 양(壤), 국(國)'의 의미로 추정하여 왔다"[29]고 하나 소서노(召西奴)의 노를 존칭에 사용하는 접미사로 보면, 소성(邵城)은 존칭을 생략한 '소서(召西)의 고을(城)'이라는 해석이 가능해진다. 이와 같은 해석이 가능하다는 측면에서 미추홀, 매소홀, 소성현은 백제 성립 초기부터 '소서노의 고을'이라는 지역의 정체성을 드러내는 명칭이라고 할 수 있다.

　　"한강 유역에서 소국 연맹체를 성립시킨 중심 세력으로써 미추홀의 비류 집단은 해씨(解氏)를 칭하였으며, 위례의 온조 집단은 부여씨(扶餘氏)를 칭하였다. 이 두 세력이 연맹을 형성하였을 때 연맹의 주도권은 초기에는 비류가 형으로 나오고 있는 데서 보듯이 비류 집단이 잡았다. 그러나 위례의 온조계 세력은 위례 지역이 갖는 농업 생산력을 바탕으로 후기에 와서는 비류 집단에 대신하여 연맹의 주도권을 장악하게 되었다. 이로 말미암아 백제의 왕계

26　『삼국사기』 지리지 권 제37, 잡지 제6, 地理 4, 고구려 ○<漢山州>. <南川縣>[一云<南買>], <述川郡>[一云<省知買>], <買忽>[一云<水城>], <水谷城縣>[一云<買旦忽>], <水入縣>[一云<買伊縣>]의 기록이 있다.
27　"'추(鄒)'나 '소(召)'는 어조사나 사이시옷(ㅅ)으로 풀이되기도…"(중부일보, 이형석의 기사, 2001. 5. 24.)
28　『백제어 어휘 연구』, 도수희, 제이엔씨, 2005, 499~500쪽
29　위의 책, 도수희, 제이엔씨, 2005, 111쪽

(王系)와 왕성(王姓)에 해씨와 부여씨가 생겨나게 되었다."[30]

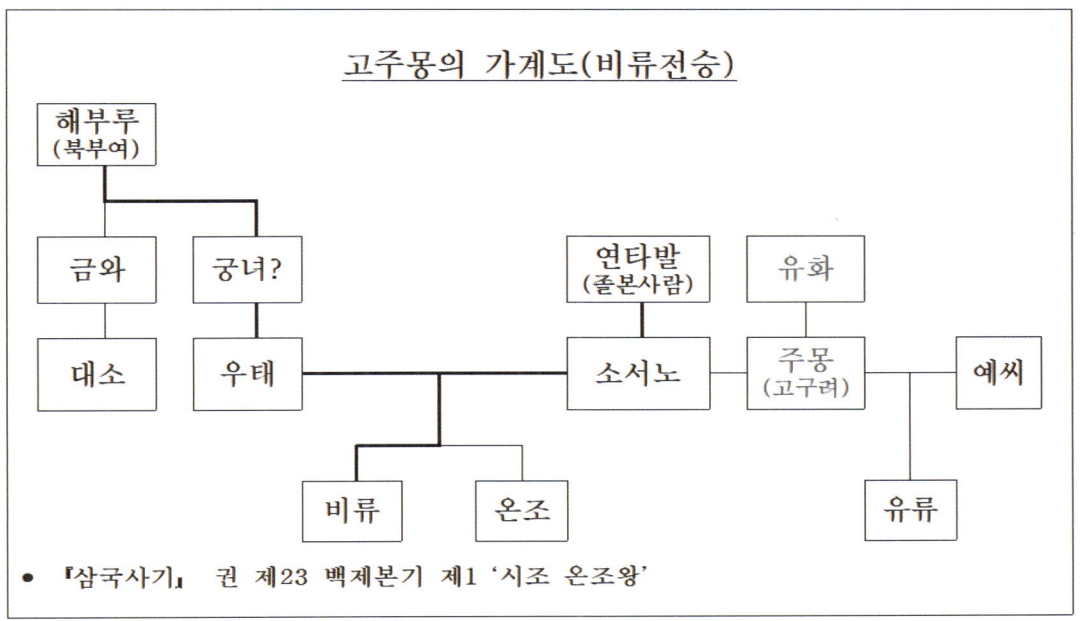

---

30 『한길역사강좌 12 한국고대사론』, 1993, 61~62쪽(백제사의 재인식, 노중국)

제2장

인천 역사의 중심지, 문학산 일대

01

인천의 명칭 변화

　인천은 백제 초기 도읍지로 미추홀(彌鄒忽)이었고, 고구려 장수왕 때(475)는 매소홀현(買召忽縣), 신라 경덕왕 때(757)에 한자식의 소성현(邵城縣)이라 칭하였는데, 이들은 '소서노의 땅'을 염두에 둔 이름이라 하겠다.

　고려 때 이르러 중시조 이허겸(李許謙)의 가문과 관련지어 '경원군(慶源郡)과 인주(仁州)'로 바뀌었는데, 경원군과 인주 역시 통일신라 때의 소성현을 선례(先例)로 가문의 소유 의식이 들어간 땅이름일 가능성이 크다.

　고려시대에는 숙종의 어머니 인예태후 이씨의 내향이라 하여 경원군(慶源郡)으로 숙종 원년(1095)에 승격된 뒤, 인종 4년(1126)에 이자겸(李資謙)의 난으로 인주 이씨가 몰락하여 강등되었다가 인종의 어머니 순덕왕후 이씨의 내향이라 하여 인종 11년(1133)에 다시 인주(仁州)로 고쳤으며, 공양왕 2년(1390)에 승격하여 경원부(慶源府)가 되었다.[31] 그 이유는 공양왕 때 이르러 '칠대어향(七代御鄕)'이라 하여 문종에서 인종에 이르는 7대에 걸쳐 왕의 외가 또는 왕비의 고향과 관련하기 때문이었다.

31　『고려사』지 권 제10, 지리 1 > 인주 > 연혁 참조(한국사데이터베이스, 국사편찬위원회)

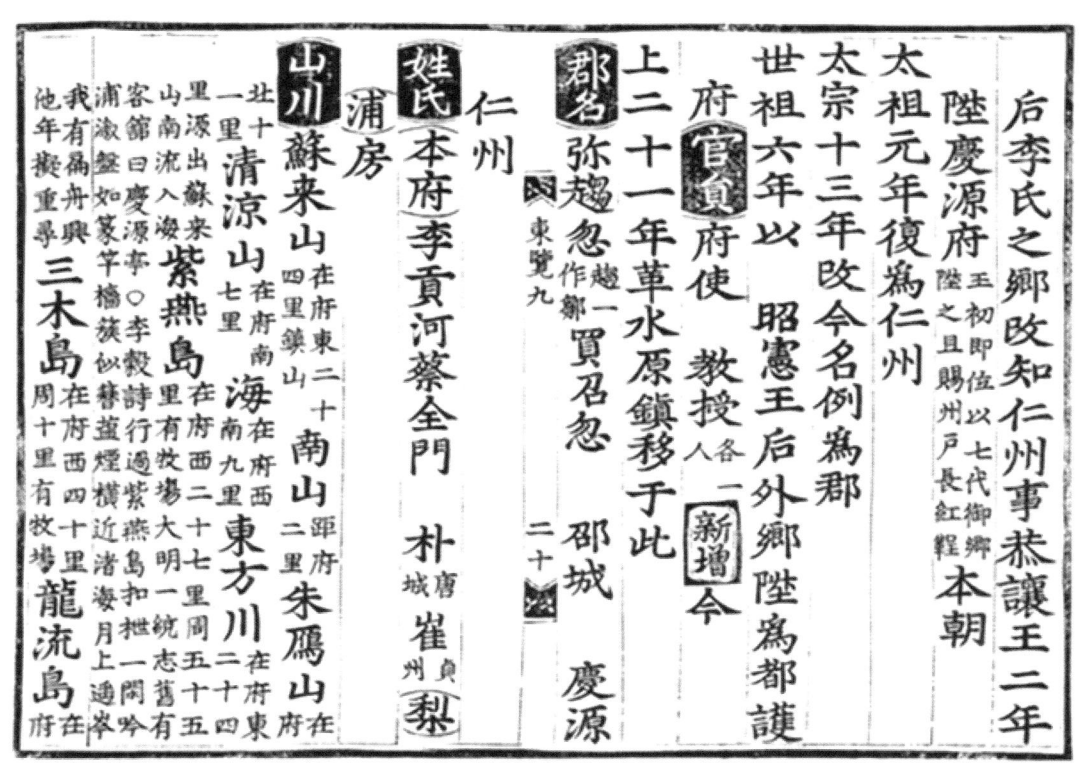

『신증동국여지승람』 제9권 경기, 인천도호부

조선이 건국되면서 경원부는 다시 인주로 환원되었으나 태종 13년(1413) 주(州)자를 가진 도호부 이하의 군, 현을 산(山), 천(川) 두 글자 중 하나로 개정토록 하여 경원부의 옛 이름인 인주(仁州)에서 '인(仁)'자와, 행정구역 개편 원칙에 따른 '천(川)'자가 합해져서 '인천(仁川)' 이라는 지명이 탄생하였다.

『태종실록』 26권, 태종 13년(1413) 10월 15일 신유

지방 행정구역의 명칭을 개정하다.

각도 각 고을의 이름을 고쳤다. 임금이 하윤(河崙)에게 이르기를,
"전주(全州)를 이제 완산부(完山府)라고 고치고서도 오히려 '전라도'라고 칭하고, 경주(慶州)를 이제 계림부(鷄林府)라고 고치고서도 오히려 '경상도'라고 칭하니, 고치는 것이 마땅하겠다." 하니, 하윤이 말하기를, "유독 이곳만이 아니라, 동북면(東北面)・서북면(西北面)도 또한 이름을 고치는 것이 마땅하겠습니다." 하므로, 임금이 말하기를, "옳도다." 하였다. 드디어 완산을 다시 '전주'라고 칭하고, 계림을 다시 '경주'라고 칭하고, 서북면을 '평안도(平安道)'로 하고, 동북면을 '영길도(永吉道)'로 하였으니, 평양(平壤)・안주(安州)・영흥(永興)・길주(吉州)가 계수관(界首官)이기 때문이다. 또 각도의 단부(單府) 고을을 도호부(都護府)로 고치고, 감무(監務)를 현감(縣監)으로 고치고, 무릇 군(郡)・현(縣)의 이름 가운데 주(州)자를 띤 것은 모두 산(山)자, 천(川)자로 고쳤으니, 영주(寧州)를 영산(寧山)으로 고치고, 금주(衿州)를 금천(衿川)으로 고친 것이 그 예이다.

-【태백산사고본】11책 26권 (국사편찬위원회 조선왕조실록)

그 후 1895년에 인천부로 개편되고, 제물포 일대가 개항장으로 급속히 변화되어 인천부가 개항장으로 이동하여서 1903년 8월에 개항장 일대를 부내면(府內面)으로 불렀으며, 이전의 부내면은 구읍면(舊邑面)이 되어버렸다. 1914년 4월부터 부내면 지역만 인천부로 남기고, 나머지 지역과 부평을 합쳐 부천군으로 만들었다.

해방을 맞이하고 나서 1949년 인천시로 개편되었다. 1968년에 인천시청이 있었던 중구를 기준 삼아 나머지 구역을 동구, 남구, 북구로 이름 지었다. 1981년 인천직할시로, 1995년 인천광역시로 변경되었다.[32]

---

32 『인천광역시사 제2권』, 인천광역시사편찬위원회, 2023, 41쪽 참조

02

문학산

가. 한남정맥의 산줄기

　신경준(1712~1781)의 『산경표』는 한반도 산줄기의 발원지와 분포를 강물의 수계를 따져 가계도처럼 그림으로 표시한 것이 특징이다. 산줄기 표기는 간(幹)으로, 강이름과 연계해 맥(脈)으로 표기한다. '강이 흐르듯 산이 흐르며, 산은 강을 가르고, 강은 산을 넘지 못한다'는 기준에 따라 산맥 체계를 백두대간과 연결된 1개의 정간·13개의 정맥 등 총 15개의 산줄기로 정리하였다.[33]

　백두대간의 명산(名山)인 속리산 천왕봉(1,058m)에서 출발한 한남금북정맥은 음성을 지나 안성의 칠장산(492m)에서 북서쪽으로 새롭게 갈라져 나간다. 이 산줄기가 한남정맥으로 용인, 의왕, 안양 그리고 부천 성주산(217m)과 인천 부평을 거쳐 김포로 뻗어나간다. 문학산 정상(217m)에 오르면 부평 만월산(주안산, 187m)에서 고각도로 방향을 꺾어 함봉산(165m), 원적산(196m), 천마산(226m), 계양산(395m)을 거쳐 김포 문수산(376m)으로 향하는 한남정

---

[33]　『국토 2005년 4월호』 전통지리서에 나타난 산줄기 체계, 김영표, 114~115쪽 참조

맥의 산줄기를 시원하게 만날 수 있다.

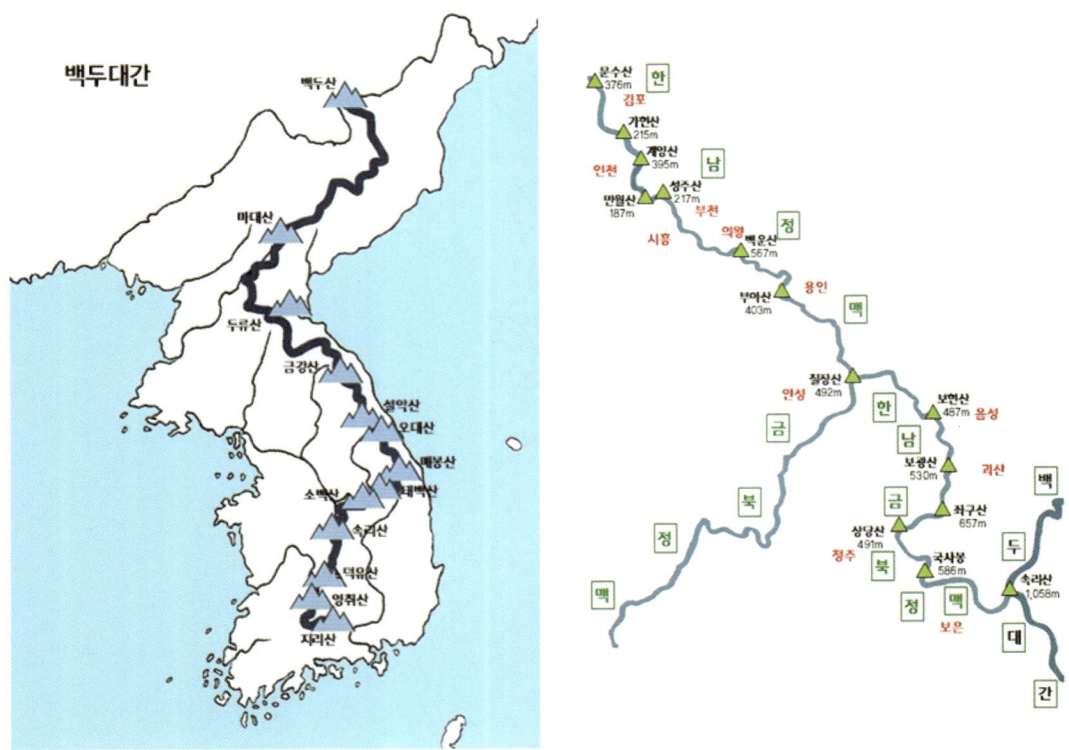

백두대간 > 한남금북정맥 > 한남정맥

"인천 경내 한남정맥 중 제일 긴 지맥은 만월산에서 서쪽으로 뻗어 수봉산, 문학산, 청량산을 지나고 연수구 동춘동 61고지 남동쪽에서 멈추는데 그 거리가 21km이다."[34] 백두산의 정기는 한남정맥을 거쳐 서해로 향한 지맥으로 인천 문학산에 이르러 인(仁)의 숨결과 자긍심을 일깨워 밝고 신선한 힘을 주고 있다.

"만리장해(萬里長海)에 만리풍흘(萬里風屹)이 있으니 바로 학산진(鶴山鎭)이구나. 한남정맥은 휘돌아 가도 끊어지지 않고, 흔들어도 움직이지 않는데 천 년의 석벽과 백 척의 푸른 솔이 된소리와 센바람엔들 변할 것인가? 산심(山心)과 인심(人心)이 한마음임을 군중(軍中)

---

34 『인천의 땅이름』, 이형석, 1988, 18쪽

으로 하여금 어울려 함께 노래 부르게 하노라"[35]는 기록이 있다.

이 기록에서 조선 말 신미양요(1871) 당시, 인천도호부사 구완식(具完植)[36]이 전운이 감도는 긴장감 속에서 임금에 대한 강한 충성심과 군이 단결하여 유연하게 극복해 나가자는 결의가 잘 나타나 있다. 여기서 도호부사는 역사시대 이래로 굳세게 역경과 고난을 이겨온 과정에서 다져진 미추홀의 힘을 자연스럽게 인(仁)에서 어우러지는 총력(總力)으로 느꼈을까?

문학산 정상(2023. 8. 3.)

나. 문학산의 명칭

'문학산 역사관 전시해설 자료'에 따르면 '문학산(文鶴山)의 어원'에 대하여 '문(文)'은 옛 우리말에서 대개 '크다'로, '학(鶴)'은 고유어가 두루미로써 '두르다, 둠, 두름'과 같은 뜻으로 보아 '두루미가 날개 편 듯 둘레를 광범위하게 에워싼 산'이라는 뜻에서 유래한 명칭으로 해석하고 있다.

---

35 『역주 소성진중일지』, 고종 8년(1871) 4월 초6일 기록, 20~21쪽
36 고종 7년(1870) 10. 18.~고종 11년(1874) 1. 11. 인천도호부사를 지냄. 양산(楊山) 구연상(具然相)이 『소성진중일지(邵城陣中日誌)』(원본 : 『소성군중일기(邵城軍中日記)』)를 씀

그런데 『세종실록지리지(1454)』, 『신증동국여지승람(1530)』에 '남산(南山), 성산(城山)'으로 기록되어 있는 문학산은 유학자 '권시(權諰, 1604~1672)'의 '등문학봉(登文鶴峰)'과 '문학사견벽상운(文鶴寺見壁上韵)'[37]에서 문학이란 낱말을 찾아볼 수 있다. 여기서 탄옹(권시의 호) 선생이 30대 초반에 쓴 시(詩)라는 점을 주목할 필요가 있다.

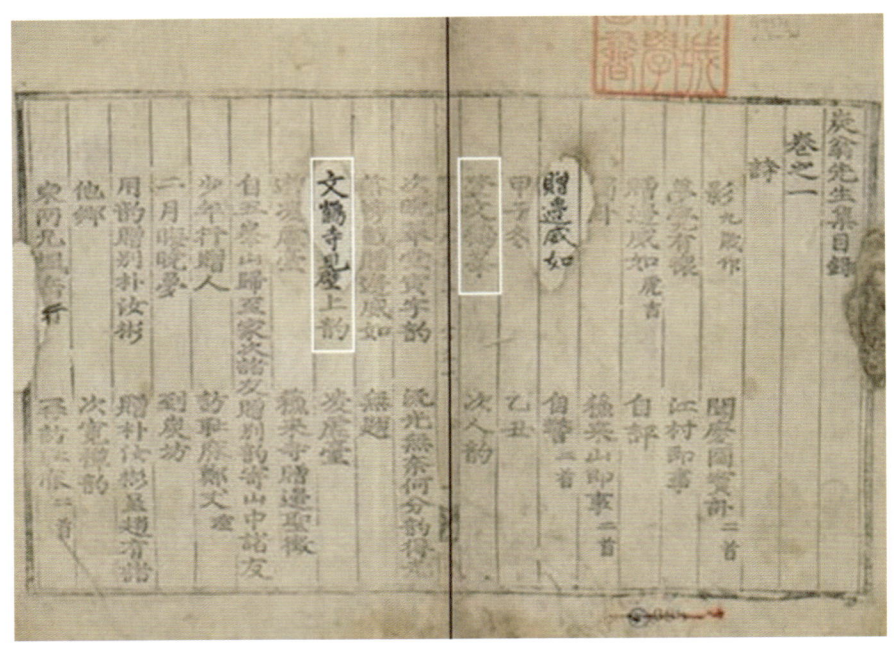

『탄옹선생집(1738년 간행)』 목록(目錄), 서울대학교 규장각

'등문학봉(登文鶴峰)'의 기록으로 보면, 17세기 중기에 이미 인천의 남산을 문학봉으로 불렸음을 알 수 있다. 18세기 초기에 인천서원 상량문 민진원[仁川書院 上樑文 閔鎭遠]의 내용에서 문학봉을 학산으로도 표기하고 있다.

"兒郞偉抛梁南(어영차 들보를 남쪽으로 드니)

鶴山蒼翠送晴嵐(푸른 문학산에서 맑은 이내를 보내오네)

---

37 『탄옹선생집(炭翁先生集)』 목록(目錄) 권지일(卷之一) 시(詩), 탄옹선생집은 공주(公州)의 도산서원(道山書院)에서 12권 7책의 목판본으로 간행(한국고전종합DB)

依然杖屨留遺躅(왕래하던 곳 예전대로 자취가 남아 있으니)

儒化猶傳父老談(아직까지 부로들이 유학의 교화를 얘기하네)"[38]

한편 조선시대 건축물에는 자연의 경관을 건축 일부처럼 활용하는 차경(借景)이란 건축기법을 널리 이용했다. 문학(文鶴)이란 낱말의 유래는 향교 교육에서 교생이 강당의 창으로 들어온 남산(南山)의 자연을 관조(觀照)하여 심신(心身)을 가다듬고, 배움에 힘써 5상(五常)을 중요 덕목으로 하는 유교 국가의 유능한 관리가 되겠다는 연상작용과 관련 있을 것으로 추정된다.

인천향교의 교관, 교생 누군가는 명륜당의 창을 통해 보는 남산(南山) 정상의 모습에서 '성곽(城郭) 위로 학이 날아가는 모습'을 연상할 수 있다. 이는 마치 조선시대 문관 복식(服飾)에서 '각대(角帶) 위로 학이 비상하는 흉배(胸背)의 장식'으로 비유될 수 있다. 향교의 교생에게 과거(科擧)는 입신출세(立身出世)의 기회였기 때문에, 바라는 것이 실상으로 나타나리라는 기대가 한층 높았을 것이다. 즉 향교 교육의 입지권학(立志勸學)[39]에서 문학(文鶴)의 형상화는 학문의 뜻과 목표를 바르게 세워 과거시험을 준비하고, 이를 통해 유능한 관리로 나가도록 힘과 용기를 주는 자극제 역할을 하였을 것이다.

향교의 명륜당 측면에서 바라본 문학산 전경(2024. 5. 24.)

---

38 『정관재별집 제5권』 부록 습유(拾遺)[고려대학교 한자한문연구소, 서정화 (역), 2019]

39 『서하집 제11권』 정관재 이유능 단상에 대한 제문, [각주-D001](한국고전종합DB) "유능은 이단상(李端相, 1628~1669)의 자이다. 본관은 연안(延安), 호는 정관재·서호(西湖)이다. (중략) 1664년(현종 5) 집의가 되어 뜻을 세우고 학문을 권면하는 것[立志勸學]에 관한 다섯 조목을 상소하고 스스로 관직을 떠나, 이후로는 모든 벼슬을 사양하였다"에서 이단상이 인천부사(1664)로 있을 때 향교 교육의 '입지권학'을 강조하였을 것으로 추정됨

남산, 성산, 문학봉, 학산 등은 18세기 중엽에 이르러 문학산으로 정착되는 것으로 볼 수 있다. 이것은 『승정원일기(1711)』에 처음 드러난 후 『해동지도(海東地圖, 1724~1776)』, 『팔도군현지도(八道郡縣地圖, 1724~1776)』, 『여지도서(輿地圖書, 1757~1765)』 등[40]에서 문학산이 두루 나타나기 때문이다.

　문학산의 다른 이름으로 산 정상에 봉수대가 있어 봉화산, 아울러 산봉우리가 사람이 배꼽을 내놓고 누운 모습과 같아 배꼽산으로 불렸다고 한다.

다. 수리봉과 인경산

　'지지조서 문학면부도'[41]에 따르면 길마산 옆(서쪽)의 봉우리를 수리봉으로 표기하고, 이어진 문학봉의 단짝인 연경산(衍慶山)을 인경산(仁慶山)으로 표기하고 있다.

　서울에서 "목멱산(木覓山)은 바로 남산이니, 일명 인경산(引慶山)이라고도 한다(동국여지지)." 또는 "목멱산(木覓山)·종남산(終南山)·인경산(仁慶山 또는 引慶山)·열경산(列慶山)·마뫼 등으로도 불렸으나, 주로 목멱산이라 하였다"[42]에서 남산을 인경산(仁慶山)이라고 지칭하는 것을 확인할 수 있다.

　인주 이씨는 신라시대 때 소성현을 고려에 이르러서 경원군(慶源郡), 인주(仁州)로 개칭할 정도의 대단한 문벌 세력이었다. 학익동 인주초등학교 자리에 대각국사 의천의 탄생 추정지의 표석이 세워져 있는데, 당시 풍수도참설이 유행하던 만큼 인경산(仁慶山)은 앞산의 정기(精氣)가 이자연의 집터로 흘러가 대대로 집안의 경사(慶事)를 낸다는 뜻으로 추리해 볼 수 있다.

40　규장각 원문 검색서비스 도서정보(https://kyudb.snu.ac.kr), 한국민족문화대백과사전
41　『지지조서 문학면부도(地誌調書 文鶴面附圖)』, 국토지리정보원, 1916
42　한국민족문화대백과사전(https://encykorea.aks.ac.kr/Article)

장화공 이자연 집터

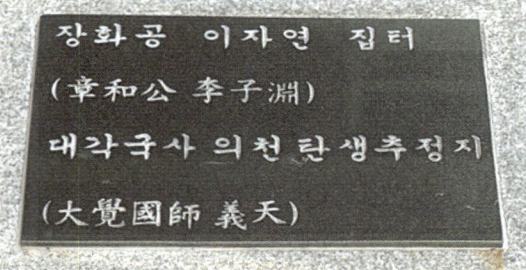
대각국사 의천 탄생 추정지 표석43

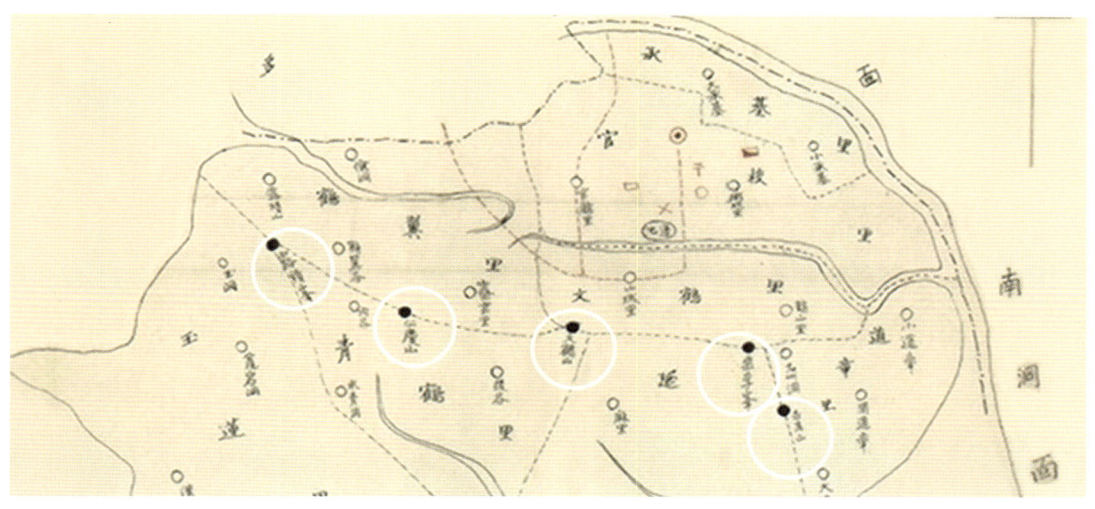
『지지조서 문학면부도(1916)』의 문학산 일대 및 주변(흰색 원 문학산 줄기)

'등문학봉', 『소성진중일지』와 『문학면부도』에 나타나는 옛 이름으로 문학산 명칭을 정리하면, 동쪽에서 서쪽으로 길마산(吉馬山), 수리봉(愁李峰), 문학봉(文鶴峰), 인경산(仁慶山), 제월봉(霽月峰)44의 다섯 봉우리를 포함한다.

'1970년대 문학산 일대 및 산성 주변 전경' 사진에 문학산 이름을 표기하면 다음과 같다.

---

43 표석 위치 : 인천광역시 미추홀구 매소홀로475번길 53, 인주초등학교
44 『역주 소성진중일지』 22쪽, 고종 8년(1871) 초6일 "…문학산 서현(西峴) 및 제월봉(霽月峰)을 굳게 지키도록 하였다."

1970년대 문학산 일대 및 산성 주변 전경
(『문학산의 역사와 문화유적』 2002)

다음 문서에서는 특이하게도 인경산(仁慶山)을 음은 같으나 뜻이 다른 인경산(仁磬山)으로 표기하고 있다.

各司謄錄 京畿道篇 1 光武九年 一月 十二日(1905. 1. 12.), 報告書 第一號에
"仁川郡守吳永烈에 第五十二號報告書을 接准ᄒᆞ온즉, 內開에, 今一月五日에 日本人四名이 自仁〈川〉港으로 來到本郡ᄒᆞ와 稱有司令部知委ᄒᆞ고 邑之案山文鶴山及仁磬山峰上에 紅白旗를 豎立ᄒᆞ오며 自首峴至將臺前與校宮下馬碑前及道贊峴路傍에 鱗次揷木ᄒᆞ고 塡書字號에 一一測量이옵기 問其委折이온즉 答以爲只承司令部指揮擧行而已오…"라는 기록이 있다.

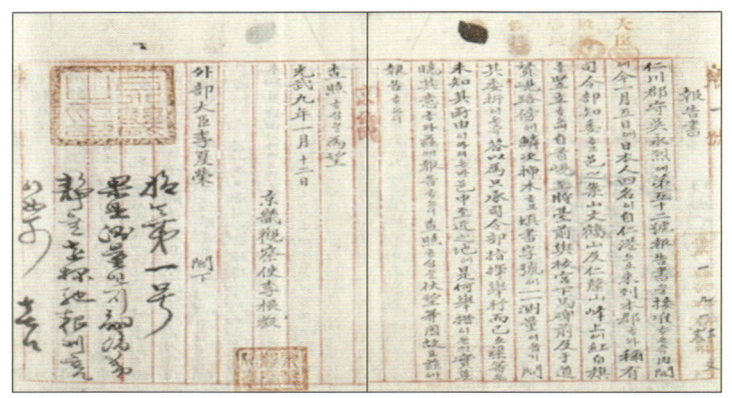

각사등록 경기도편 보고서 제1호(1905. 1. 12.)45

---

45 한국사 데이터베이스, 국사편찬위원회

여기서 인경산(仁慶山)이 아닌 인경산(仁磬山)은 '인(仁)의 정기가 다한 산'이란 뜻으로 접근하면 마치 유교를 숭상한 조선(대한제국)의 말로를 드러내어 공허한 느낌마저 자아낸다.

현재 연경산에 대한 구체적 지명 유래는 찾기 어렵고, 단지 1949년 이경성의 조사에 의하면[46] 『연경사지(衍慶寺址)』 내용의 첫 문장에서 "문학산에서 서측으로 삼호현을 건너서 마주 보이는 산은 연경산이다…" 그 이름만이 확인된다. 현재 연경산 정상에는 연경정이라는 정자가 있다.

지명의 변경은 처한 상황이나 필요에 의할 수도 있겠으나 지역의 정체성을 일깨워 주는 작용도 하기에 원래의 지명이 갖는 의미를 소중히 여기고 아름답게 가꾸어 가는 자세가 필요하다. 특히 정확하지 못한 기록은 미풍양속을 해칠 뿐더러 본뜻을 해석하고 이해하는 데 혼란을 주며, 역사 왜곡을 뒷받침하는 근거로 작용할 수 있다.

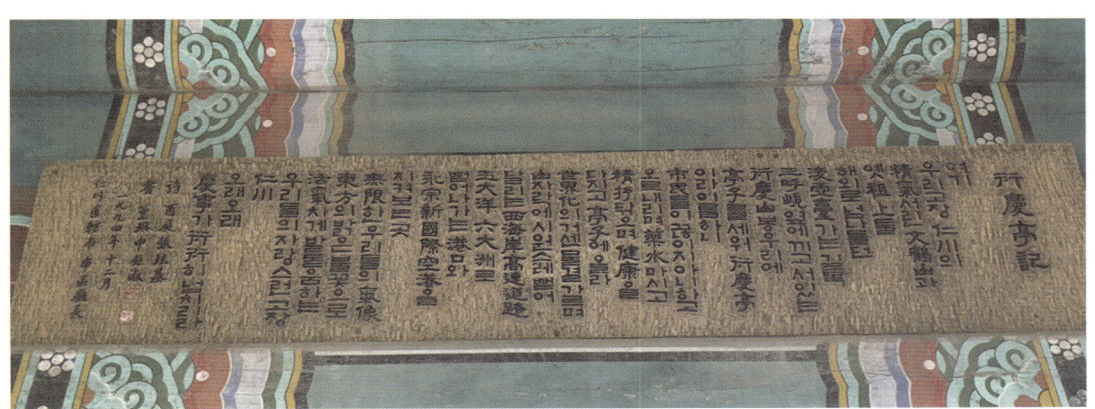

연경정기(衍慶亭記)

---

46   『문학산 방면 고적전설 조사보고서』, 이경성, 1949, 52쪽

연경정기

여기 우리 고장 인천의 정기서린 문학산과 옛 조상들

해외로 넘나들던 능허대 가는 길목

삼호현 옆에 끼고 서 있는 연경산 봉우리에

정자를 세워 연경정이라 이름하니

시민들이 끊이지 아니하고 오르내리며

약수 마시고 정서 닦으며 건강을 다지고

정자에 올라 세계화의 거센 물결 가르며

산자락에 시원스레 뻗어 달리는 서해안고속도로

오대양 육대주로 뻗어나가는 항구와

영종 신국제공항을 지켜보는 곳

무한한 우리들의 기상 동방의 밝은 불꽃으로

활기차게 발돋움하는 우리들의 자랑스런 고장 인천

오래오래 경사가 연연히 넘치리라

시 유정 **장현기**
서 혜림 **신현숙**

1994년 12월
인천직할시 남구청장

03

문학산 일대의 유적

　인천의 문학산에는 비류성터·성문비판·세류정이 남아 있었다는 기록이 있다.[47] 백제의 성장을 가져오게 한 출발지가 승기천 유역을 비롯한 문학산 일대였다는 사실을 옛 문헌이나 문학산 동사면(東斜面)에서 1999년과 2000년에 백제 토기 12점의 출토 등에서 가능성을 높여주고 있다.[48]

　다음 문학산 일대에 분포한 여러 유적에서 인천도호부 관아부터 살펴본다.

가. 인천도호부

　조선시대의 지방행정조직은 1413년(태종 13)에 전국을 8도(道)로 나누었고, 도 아래 대도호부(大都護府)·목(牧)·도호부(都護府)·군(郡)·현(縣) 등이 있었으며, 인천도호부 내에

47　『동사강목, 1778』 제1상, '계묘년 마한 신라 시조 40년, 고구려 유리왕 2년, 백제 시조 부여온조(扶餘溫祚) 원년'(한국고전종합DB)
48　『문학산의 역사와 문화유적』, 인하대학교 박물관, 2002, 245쪽 참조

는 10개의 면(面)과 그 밑에 여러 동(洞)·리(理)·촌(村)이 있었고, 동·리의 아래에는 5호(戶)를 한 개의 통(統)으로 하는 5가작통제(五家作統制)가 시행되었다.

인천부읍지(仁川府邑誌, 1842)의 방리(坊里) 항목에는 "부내면, 원우이면(먼우금면), 다소면, 주안면, 촌면(남촌면), 조동면, 신고개면(신현면), 황등천면, 전번면, 이포면 등이 있다"는 10개 면의 기록이 나타나 있다.

도호부는 중앙에서 파견된 도호부사(都護府使) 아래에 이(吏)·호(戶)·예(禮)·병(兵)·형(刑)·공방(工房)의 6방에서 사무를 분담하였는데, 담당자는 향리(鄕吏)였으며, 1485년(성종 16) 경국대전(經國大典)에 규정된 당시 도호부 향리의 수는 26인이나 그 수는 점차 증가되었다. 인천부읍지(仁川府邑誌, 1842)에 "관속은 향소에는 3명(좌수 1명, 별감 1명), 장교 10명, 인리(人吏) 26명, 통인(通人) 15명, 노령(奴令) 19명, 비자(婢子) 3명 등이 있다"는 기록과 "경자년(1840)에 작성된 호구대장에 의하면, 가호는 인구는 2,615호이며, 인구는 7,999명(남자 4,533명, 여자 3,466명)이다"라는 기록도 보인다.

조선시대에는 전국을 8도로 나누고, 도 아래 대도호부, 목, 도호부, 군, 현을 두었다. 세조 5년(1459)에 왕비인 정희왕후의 외향(外鄕)이라 하여 종3품 위격인 도호부가 되었다.[49] 미추홀구 승학산 자락에 자리한 인천도호부 관아는 지방의 행정, 군사, 사법 등의 업무를 담당하였다.

인천도호부의 객관과 관련하여 "강희맹(姜希孟)의 승호기(陞號記)에서 임금께서 즉위한 지 6년 겨울에 왕비의 친가 고을을 승격하여 주(州)나 부(府)로 만들 것을 명하셨다. 인천(仁川)이 왕비의 외가 고을이기 때문에 군을 승격하여 부로 만들었는데…"[50]의 기록을 보면 세조 5년(1459) 그 이전부터 관아 시설이 존재하고 있었고, 도호부로 삼은 이후에 인천도호부 관아로써 기능을 하였을 것으로 보인다.

---

49 『인천광역시사 제2권』, 2023, 74쪽 / 『세조실록 18권』, 세조 5년 11월 5일 기사, "자성왕비(慈聖王妃)의 외향(外鄕)인 인천군(仁川郡)을 도호부(都護府)로 삼았다." (국사편찬위원회)
50 『신증동국여지승람 제9권』 인천도호부 [궁실] 편(한국고전번역원DB)

인천도호부(1910년 전후, 화도진도서관)

인천도호부 관아 건물의 의미와 기능을 『역주 인천부읍지』와 인천도호부 관아(재현 시설물) 소개자료를 참조하여 정리하면 다음과 같다.

① **객사(客舍, 20칸)**

객사는 전패(殿牌, 임금의 위패)를 모시는 전청과, 중앙에서 내려온 사신의 접대와 숙소로 이용되는 좌우의 익사(翼舍)로 이루어진다. 전패를 모셨기에 수령의 집무실인 동헌(東軒)보다도 격이 높았으며, 그런 만큼 관아 시설 중에서 규모가 제일 크고 화려하며, 전망이 가장 좋은 곳에 자리 잡고 있다. 객사는 신성한 건물로써의 위엄을 드러내기 위해 설계되었는데, 가운데 채가 좌우 채보다 한 단 높은 솟을대문 형식의 독특한 지붕이다.

전패(殿牌)를 모시고 있는 가운데 채가 전청(殿廳)이며, 부사(府使)가 정기적으로 예(禮)를 올리면서 임금에 대한 충성을 다짐하는 곳이었다.

② 외삼문(外三門, 3칸)

외삼문은 관아의 정문으로 2층으로 된 누대(樓臺)에 위풍당당한 팔작지붕의 형태를 취하고 있다. 아문은 세 칸으로 나누어져 있다. 가운데 문은 주로 수령만이 출입하고 좌우 문은 일반인이 이용하였다. 외삼문에 이르면 수령 이하 모든 사람이 말에서 내려 걸어서 출입하는 것이 통례였으며, 좌우에 건장한 문지기가 지키고 있어 함부로 드나드는 것을 막았다. 또한 대문의 공간 일부를 이용하여 민원인들의 임시 대기실로 쓰기도 하였다.

③ 동헌(東軒, 15칸)

동헌은 수령(守令)의 집무실로써 객사(客舍)의 동쪽에 있다고 하여 붙여진 이름으로써, 건물의 격식은 객사보다 한 단계 떨어졌으나 그 지역 최고 실력자의 지위에 합당하게끔 위엄을 느낄 수 있도록 설계되었다.

중앙은 마루로 된 대청으로 지방의 일반 행정업무와 재판이 여기서 행하여졌고, 좌우의 온돌방은 숙식 공간이라기보다는 사무 공간이나 응접 공간이었다.

④ 내동헌(內東軒, 33칸)

수령의 가족이 생활하는 지방 관아의 공간(안채)으로서, 서헌(西軒), 내아(內衙)라고도 한다.

⑤ 공수(公須, 6칸)

공수는 객사(客舍)의 부속 건물로써 부엌·곳간·온돌방 등으로 구성되어 있다. 기능은 객사를 관리하는 인원과 중앙 사신을 수행한 수행 인력들이 유숙하고, 객사에 필요한 물품을 보관하던 공간을 말한다. 이들 업무를 주관하는 곳이 공수청(公須廳)이다.

⑥ 삼문(三門, 3칸)

삼문은 임금의 위패를 모신 객사에 출입하기 위하여 설치된 문이다. 이들 문을 아문(衙門)인 외삼문과 구별하여 내삼문이라 하였으며, 이들 문도 세 개로 되어 있어 삼문이라 하는데, 가운데 부분이 솟아 있어 솟을삼문이라 한다.

⑦ 작청(作廳, 27칸)

지방 행정의 실무를 담당하는 향리 및 아전들의 사무실이고, 여기서 근무하는 아전들은 수령을 보좌하는 역할을 하였다. 우리말로 '질청'으로 읽었다고 전한다.

⑧ 좌기청(坐起廳, 5칸)

사창(司倉) 관원의 사무소이다.

⑨ 통인청(通引廳)

수령의 직인을 관리한다. 수령(守令)의 신변에서 호소(呼召)·사환(使喚)에 응하던 이속이다. 지방 관서와는 달리 중앙에 배속되어 이와 같은 일을 한 자들을 청지기(廳直)라 하였다.

⑩ 군관청(軍官廳, 7칸)

지방 관아에서 군관들이 군사 관련 집무를 보던 곳이다.

⑪ 사령청(使令廳, 9칸)

수령의 지시사항, 처분사항 등 각종 명령을 전달하고, 집행하는 사령이 근무했던 곳이다. 조례(皂隷, 관청의 잡역 담당), 나장(羅將, 형사 업무 담당), 문졸(門卒, 문지기), 일수(日守, 지방 관아나 역에서 잡역 담당), 군노(軍奴, 군아에 속한 사내종) 등 사령들의 집무실이다.

⑫ 사주문(四柱門)

동헌의 부속 건물로써, 수령의 개인비서와 자제가 머무르는 책방 외에 가족이 머무는 내동헌(내아)이 따로 배치되었는데, 사주문은 내동헌에서 동헌으로 왕래할 때 사용되는 문이다.

⑬ 향청(鄕廳, 13칸)

조선 초기에 설치된 유향소(留鄕所)는 임진왜란 이후에 보통 향청으로 불렀다. 수령의 업무를 보좌하고 아전(衙前)의 농단을 감시·방지하기 위하여 지방민 가운데 선발된 좌수(座首)·별감(別監) 등이 근무하는 곳을 말한다. 향청의 임원을 향임(鄕任)이라고 한다. 수령은 상피제(相避制)로 인해 부임 지역의 사정을 자세히 알지 못한 관계로 학식과 경제력을 갖춘 지방 양반을 행정의 협력자로 참여시켜 지역 사정에 밝은 아전들을 통솔해 나갔다. 향청의 장은 좌수(座首)인데 지방의 덕망 있는 자를 선임하였고, 그 아래 몇 명의 별감(別監)을 두었다. 이 역시 6방을 나누어 좌수가 이방(吏房)과 병방(兵房)을, 좌별감이 호방(戶房)과 예방(禮房)을, 우별감이 형방(刑房)과 공방(工房)을 맡는 것이 상례였다. 별감은 수령에 대한 자문, 풍기 단속, 향리 규찰, 수령 임무 보좌 등의 역할을 담당하였다.

⑭ 옥사(獄舍, 4칸)

장옥(墻屋) 또는 환옥(環獄)이라 부르기도 한다. 담장 안에 건물이 있어서 남녀 죄수와 중죄인을 구분하여 투옥하였다.

⑮ 도당(都堂)

도당은 당을 높여서 부르는 말로 마을에서 최고의 신격이 거처하는 곳이므로 마을의 평안과 안녕을 관장하는 으뜸의 신당이라는 의미가 있다. 이곳에서 행하는 굿을 '도당굿'이라고 한다.[51]

⑯ 사창(社倉)

조선시대 지방 촌락에 설치된 곡물 대여 기관이다. 태조 때 설치된 의창, 세조 때 설치된 상평창과 함께 조선시대의 진휼책의 한 종류로써 의창 경영의 폐단에 따른 대안으로 제시된 것이다.[52] 점차 국가의 고리대 기관으로 성격이 바뀌면서 시행 20년이 되는 성종 1년(1470)에 폐지되었다. 그 후 사창제 부활 논의가 있었으나 정식으로 운영된 것은 고종 3년(1866)에 흥선대원군에 의해서였다. 삼정의 문란 중 가장 극심했던 환곡의 폐단을 해결하기 위해 재

---

51 한국민족문화대백과사전(https://encykorea.aks.ac.kr/Article)
52 한국민족문화대백과사전(https://encykorea.aks.ac.kr/Article)

개되어 보릿고개 때 곡식을 빌려주고 추수를 하는 가을 정도에 이자를 조금씩 붙여서 돌려받았다.

⑰ 훈무당(訓武堂)

『화도진도』에는 연무당으로 표기되어 있으며, 군사들의 훈련을 위해 세워진 조련장이다. 이경성의 조사에 의하면, "이골의 당형으로 가장 향토사에 정통한 이승범(李昇範) 지인(志人)을 모시고 동리(洞里) 어느 음식점에서 주식(晝食)을 마치고 일행은 문학동 장대지(將台址)로 향하였다. 장대에 이르니 지금은 벚나무가 자욱하고 아담한 조산(造山) 위에 옛 모습을 찾아볼 길조차 없었다. 이노인(李老人)의 말에 의하면 이곳은 옛적(조선시대)에 무반들이 강무(講武)하는 곳으로 12칸 건물에다 사방이 복도로 둘러싸고 (있는) 가운데 2칸 대청을 끼고, 방이 2 남북으로 있었던 것이 약 30년 전에 자(自, 저절로) 도괴(倒壞)되었다고 한다. 그리고 이 장대의 동쪽 산언덕 밑에는 과녁이 있어, 이 장대에서 활을 쏠 수 있게 되었다고 한다"[53]는 기록이 있다.

인천부읍지(1842)의 공해(公廨) 항목에는 "객사(20칸), (내)삼문(3칸), 동헌(10칸), 내동헌(33칸), 공수(6칸), (외)삼문(3칸), 사령청(9칸), 향청(13칸), 군관청(7칸), 훈무당(6칸), 작청(27칸), 옥사(4칸)" 등으로,

인천부읍지(1871년경)의 공해 항목에는 "객사(20칸), (내)삼문(3칸), 동헌(10칸이나, 무너져 폐허가 되어 지금은 없다), 내동헌(33칸), 공수(6칸), (외)삼문(3칸), 사령청(9칸), 향청(13칸이나, 무너져 폐허가 되어 단지 4칸만 남아 있다), 군관청(7칸인데, 무너져 폐허가 되었다), 훈무당(6칸), 질청(27칸), 별무사청[42칸, 경오년(1870)에 처음 세웠다], 옥사(4칸)" 등으로,

인천부읍지(1899)의 공해(公廨) 항목에는 인천도호부의 건물에서 동헌(15칸), 내동헌(33칸), 공수(6칸), (외)삼문(3칸), 사령청(9칸), 향청(13칸), 군관청(7칸), 훈무당(6칸), 작청(27칸), 옥사(4칸)" 등으로 구성되어 있다.

인천부읍지 공해(公廨) 항목에서 특이사항은 1870년에 별무사청이 세워지는 것인데, 무

---

53 『문학산방면 고적전설 조사보고서』, 이경성, 인천시립박물관, 1949, 32~33쪽

너져 가는 동헌 건물의 보수보다 더 시급한 일로써 이양선의 출몰과 병인양요 등으로 위기에 처한 국방 문제를 시급히 해결해야 하는 당시의 모습을 짐작할 수 있다.

이경성의 『문학산 방면 고적전설 조사보고서』[54], '1950년대 후반 문학초등학교 향토반에서 작성한 인천 관아의 건물 배치' 및 '화도진도에 나타난 유적 명칭'을 참조하여 정리한 '화도진도에서의 인천도호부'의 건물 명칭은 다음과 같다.

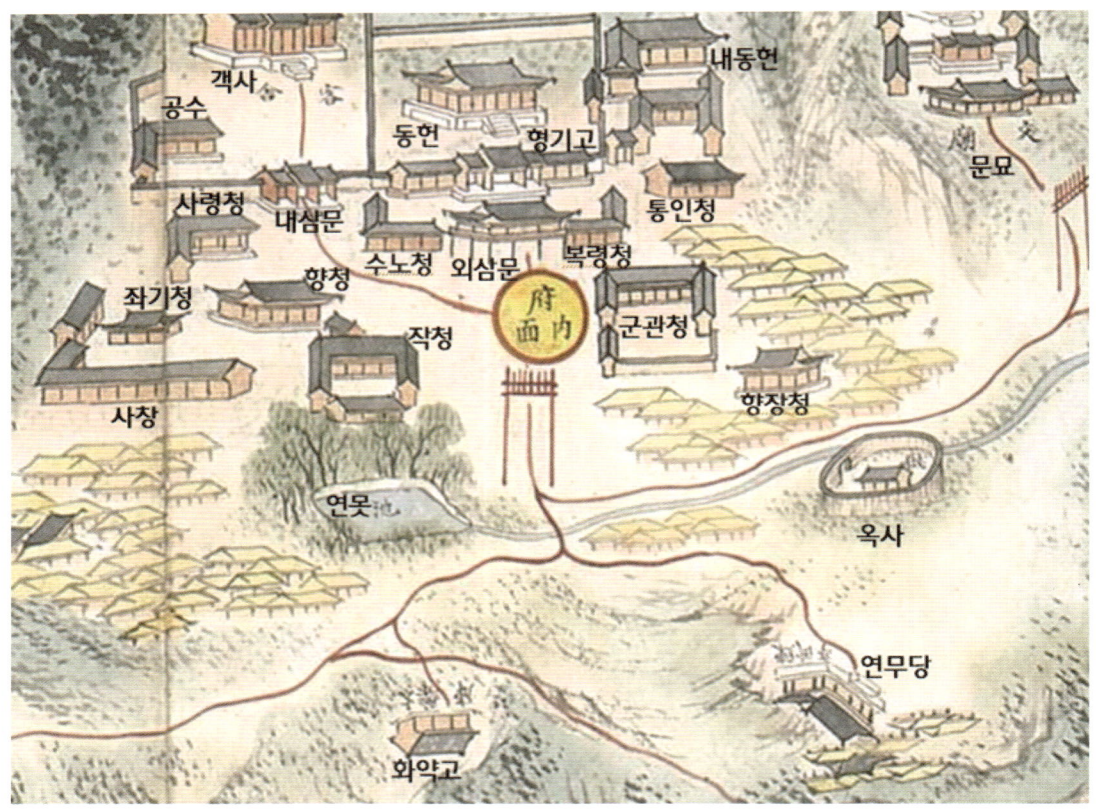

'화도진도'에서의 인천도호부(19세기 후반, 국립중앙도서관)

---

54 앞의 책, 이경성, 인천시립박물관, 1949, 31쪽

인천도호부 관아 재현물(2021. 11. 9.)

인천도호부는 숙종 14년(1695)에 여환(呂還) 등 11인의 역모 사건과 순조 12년(1812)에 진채(振采)의 역모 사건과 관련하여 두 번에 걸쳐 인천현(仁川縣)으로 강등되었다가 곧 환원되었다. 고종 31년(1895)에 이르러 23부제가 실시되어 인천부가 되었다.

일제에 의해 우리 국권이 강탈되면서 토지조사사업 과정에서 1914년 행정구역 개편으로 문학산 일대는 부천군에 소속되었다. 그 결과 인천도호부 관아는 부천구청, 명륜학교, 우편국, 면사무소, 순사주재소 등으로 사용되었다.[55]

나. 교육기관

(1) 인천향교

지방의 향교는 공립중등교육기관이며, 유교의 경전을 공부하는 경학(經學), 시문을 짓는

---

55 『도시마을생활사 관교동·문학동』, 미추홀구청 문화예술과, 2019, 120쪽

사장(詞章), 사서(史書)로 나누어 가르쳤다. 경학으로써『소학』,『사서오경』을 비롯한 제사와『근사록(近思錄)』,『심경(心經)』등으로 성균관이나 서원의 교재와 크게 차이는 없었다. 사장에 있어서『문선』이나『동문선』등의 책을 많이 사용하였다. 사서는 사마광의『자치통감(資治通鑑)』, 사마천의『사기(史記)』등을 가르쳤다.[56]

조선시대 교육의 목표는 유교적 유능한 관리 양성으로써 과거를 위한 기초교육에 초점을 두었다는 것을 다음 내용에서 짐작할 수 있다. "『경국대전』에는 생원초시의 시험과목이 오경의(五經義)·사서의(四書疑) 2편(編)이며, 진사초시에는 부(賦) 1편, 고시(古詩)·명(銘)·잠(箴) 중 1편을 짓게 되어 있다. 복시(覆試)의 경우도 초시의 것을 되풀이한다. 사장(詞章)인 제술(製述)과 경학 공부를 병행하도록 시험이 출제되었다."

향교생도(鄕校生徒)는 다음과 같은 특전[57]이 있었다.
① 6월 도회(都會)를 통하여 생원·진사회시에 직부(直赴)할 수 있다.
② 일강·월강 우등자는 호역(잡역)을 양감(量減)한다.
③ 학식과 자질에 따라 교도(教導)로 취재(取才)될 수 있다.
④ 역학생도(譯學生徒)로 선발될 수 있다.
⑤ (3년에 한 번씩) 서리·서원·일수 등의 이서직(吏胥職)에 세공충차(歲貢充差)된다.
⑥ 군역이 면제된다.

선조 때 이르러 관학에서 사도(師道)가 무너진 폐단을 고치고자 왕명을 받은 대제학 이이(李珥)가『학교모범(學校模範)』을 만들어 시행하게 되었다.[58]

향교는 지방의 교육과 국가에서 인정한 성현을 제사하는 곳이어서 지역사회에서 중요한 위치를 점하고 있었다. 따라서 주변 근방에 하마비(下馬碑)를 세워 말을 타고 온 사람들이 내려서 걸어가게 하여 향교 주변을 신성시하였다. 향교를 그냥 문묘(文廟)라고 부르기도

---

56 한국민족문화대백과사전(https://encykorea.aks.ac.kr/Article) 참조
57 『한국사론 3』조선 전기, 국사편찬위원회, 1985, 56~57쪽
58 『선조수정실록 16권』, 선조 15년 4월 1일 무자 1번째 기사(한국사데이터베이스) 참조

한다.[59]

인천향교의 위치는 『신증동국여지승람』에 "부의 동쪽 1리에 있다"고 하였다. 1464년 최항(崔恒, 1409~1474)이 쓴 『인천향교기』에는 1406년 태종 6년에 인주사였던 신개(申槩, 1374~1446)가 대성전을 중수하였다는 기록을 보면, 태종 6년(1406) 이전에 인천에 향교가 있었다는 사실을 알 수 있다. 또한 세조 12년(1446)에 인천부사 민효열(閔孝悅, 1405~1482)에 의하여 신축에 가까운 대중수 공사가 이루어졌다고 한다.[60] 인조 14년(1636) 병자호란 때에 불에 타 소실된 것을 숙종 27년(1701)에 재건하였다.

일제강점기에 1914년 행정구역 개편에 따라 문학동 일대가 경기도 부천군에 편제되면서 부천향교로 명칭이 바뀌었다가 1940년 인천부 영역의 확대로 부천향교가 부평향교에 통합되었으나 광복 후 인천향교복구기성회(仁川鄕校復舊期成會)의 노력으로 부평향교에서 분리하고 복원되었다. 한국전쟁을 겪으면서 1955~1964년에 중수하였고, 1976년도에 삼문(三門), 명륜당(明倫堂), 대성전(大成殿)을 중수하여 지금의 형태를 갖추게 되었다.

인천향교는 대성전, 동무, 서무, 명륜당, 동재, 서재, 재실, 수복청, 외삼문이 있다. 대성전과 동무와 서무를 중심으로 한 제향 공간과 명륜당을 중심으로 강학 공간으로 나누어져 있다. 대성전은 문묘의 정전으로써 공부자의 위패를 중앙 정위로 하여 4성과 우리나라 18현의 위패가 동서로 위차 봉안되어 있으며, 1년에 2회 정기적으로 석전을 지낸다. 구릉을 낀 경사진 곳에 있는 산지형은 명륜당이 전면에 오고, 대성전이 후면에 배치되는 전학후묘(前學後廟) 배치를 이루고 있다.

---

59   나무위키(https://namu.wiki/w/향교) 참조
60   『도시마을생활사 관교동·문학동』 미추홀구청 문화예술과, 2019, 296쪽

명륜당

동재 　　　　　　　　　서재

<인천향교의 강학 공간>

인천향교의 제향 공간

인천향교 앞 하마비(大小人員皆下馬碑)

하마비를 세운 사례로써, 태종 13년 1월 21일 네 번째 기사에서 "표목(標木)을 종묘(宗廟)·궐문(闕門)의 동구(洞口)에 세웠다. 예조에서 아뢰었다. 궐문 동구에 마땅히 중국 제도를 모방하여 표목을 세우고, 그 전면에 쓰기를, '대소 관리로 이곳을 지나는 자는 모두 말에서 내리라. 이곳에 들어온 자는 가운데 길로 다니지 못한다. 궐문 밖에 이르면, 1품 이하는 10보(步) 거리에서, 3품 이하는 20보 거리에서, 7품 이하는 30보 거리에서 말을 내리라.' 하고…"란 기록61이 있다.

하마비는 '말 탄 사람은 누구든지 그 앞을 지날 때는 말에서 내리라'는 뜻의 푯돌인데, 궁가(宮家)·종묘(宗廟)·문묘(文廟) 등의 앞에 '大小人員皆下馬' 또는 '下馬碑'라 새겨 세웠다.

현재 인천향교의 가장 큰 행사는 석전대제(釋奠大祭)이다. 현재 공자의 기일(忌日)을 양력으로 환산해 5월 11일에 춘기석전을 봉행하고, 탄일(誕日)을 환산해 9월 28일에 추기석전을 봉행하고 있다. 더불어 매월 음력 초하루와 보름에 지내는 분향례(焚香禮)와 큰일이 있을 때 그 내용을 선현들에게 알리는 고유례(告由禮), 지역 어르신들을 위로하는 잔치인 기로연(耆老宴) 행사 등을 개최하고 있다.62

(2) 학산서원

"서원의 기원을 여말선초(麗末鮮初) 이래 발전하여 온 사학(私學)과 사묘(祠廟)에서 찾

---

61 『조선왕조실록』, 국사편찬위원회
62 『도시마을생활사 관교동·문학동』 인천광역시 미추홀구청 문화예술과, 2019, 228쪽

고, 사림파의 정계 진출로 빚어진 사화(士禍)라는 정치정세를 배경으로 유림(儒林)의 정치 기피와 학문 연구 경향 및 선현에 대한 숭배열(崇拜熱)의 고조(高潮) 등 사회적 요인으로 인해 양자(兩者)가 결합함에서 서원이 성립하였다"[63]는 연구가 있다.

서원은 선현에 대한 제사, 성리학의 연구 및 제자 양성에 많은 정성을 기울였던 사립 교육 기관이다. 조선 중종 때 풍기군수 주세붕이 고려 말에 성리학을 도입한 안향을 기리기 위해 세운 백운동 서원이 시초가 된다.

조선시대에 보통 서원의 건축구조는 전학후묘(前學後廟)의 방식에 따라 앞은 유식(遊息)과 강학(講學) 공간, 뒤는 제향(祭享) 공간으로 중심축에서 좌우 대칭으로 건물을 배치하였다. 보통 학문과 토론의 장소인 강당(講堂), 생도들이 머물며 공부하는 재실(齋室), 강학과 제향의 경계를 짓는 내삼문(內三門), 지역과 연고 있는 선현의 위패를 모신 사당(祠堂), 책을 보관하는 서고(書庫), 제사 때 필요한 제기와 제례 용구를 보관하는 제기고(祭器庫), 그리고 자연을 바라보며 심신을 가다듬기도 하고, 모임의 장소이기도 했던 누각 등이 있다. 서원의 구조가 사우적(祠宇的), 교학적(教學的)인 부분으로 나누어져 있었으나 도학적인 것이 강조되었다. 또한 사액서원에 서적이 내려졌다는 것은 "원생(院生)뿐 아니라 지방 유생들도 열람할 수 있어서 교육 문고로써 역할을 했다. 그리고 서원이 임진왜란 이후 많이 신설되었는데 주향자(主享者) 배향자(配享者)의 유고(遺稿)나 문집(文集) 등을 간행해야 하는 사명도 있었기에 책을 많이 간행하는 기능이 있게 되었다"[64]란 점에서 도서 보관과 대출 및 출판 문화의 중심적 역할을 하였다는 사실을 알 수 있다. 그뿐만 아니라 "유교 철학의 하나가 언론의 자유에 있는 만큼 정당한 사론(士論)을 지지하는 것이 공론(公論)이었고, 또 유생의 공론을 지지하고 존중하는 기풍(氣風)이 진작(振作)되어 왔다"[65]는 사실과 향약(鄉約)의 중심지 역할을 함에 따라 지방의 자치 조직에 크게 영향을 끼치게 되었다.

경북 영주에 있는 이산서원(伊山書院)은 선조 6년(1573)에 세워지고, 다음해인 선조 7년(1574)에 사액되었는데, 이 서원은 퇴계(退溪)의 이산서원 원규(院規)를 참고하면 이때 서원

---

63   『조선에 있어서 서원의 성립(상·하)』 유홍렬(청구학총, 29~30쪽)
64   『한국사론 8』 조선 전기 서원과 향약, 국사편찬위원회, 72쪽
65   위의 책, 서원과 향약, 국사편찬위원회, 77쪽

이 추구하고 있는 학문의 내용을 짐작하게 한다.[66] 이것은 당시 전국 서원 원규의 모범이 되었으며, 유생들의 교과 과정, 수업 시 유의 사항, 도의적 품행 유지, 원내의 생활 규칙 및 위반 시 처벌, 원생 선발 조건 등의 규정을 담고 있다.

서원에 입학하는 데에는 백운동서원(白雲洞書院)과 서악서원(西嶽書院)의 경우를 보면 그 조건이 엄격하여서 입학 자격이 거의 사마(생원·진사)에 우선권이 있었고, 그다음은 사마시(司馬試) 초기 합격자로 하되 불합격자라도 학구열이 높고 조행(操行)이 있는 자에게도 입학이 허락되었다.[67]

교수과목(教授科目)으로는 사림들의 입장에 따라 조금씩 달리하였으나 대체로 소학(小學), 사서오경(四書五經), 과거시험(科擧試驗)과 관련해 개설하는 등 성리학(性理學) 위주로 가르쳤다.

사림(士林)들은 서원에 모여 인재를 양성하는 한편 정치 여론을 형성하였다. 이후 제자들이 과거시험을 통해 중앙 정계로 나가면서 서원의 수가 크게 증가하였고, 이에 따라 국가에서는 토지, 노비, 서적 등을 지급하는 사액서원(賜額書院)을 지정하여 성리학을 장려하였다.

문학봉의 단짝인 인경산 한 줄기가 북동쪽으로 뻗어나가 학산서원을 감싸고 인천도호부 관아를 향하고 있다. 마치 인(仁)의 정기(精氣)가 서원을 적시고 관아로 흐르는 느낌을 준다. 지형적으로 좋은 곳에 자리 잡은 학산서원(鶴山書院)은『인천부읍지, 1842』의 교원(校院) 항목에 "부에서 서쪽으로 2리에 있다."

학산서원은 인천부사(仁川府使)를 지낸 이단상(李端相, 1628~1669)[68]의 사상과 학문을 가르치던 곳이다. 숙종 28년(1702)에 이정빈(李廷賓) 등 유생에 의해 그를 추모하는 서원 건립을 청원[69]하여 숙종의 허가를 받아 공사가 착공되었다. 그러나 흉년으로 늦어져 숙종 34년(1708)에 완공되면서, 그 해에 정일빈(鄭日賓) 등 유생이 사액서원을 청원하는 상소[70]를 올려 학산으로 사액(賜額)되었다.

---

66 『한국사론 8』조선 전기 서원과 향약, 국사편찬위원회, 1985, 100쪽
67 『한국사론 3』조선 전기, 국사편찬위원회, 1985, 60쪽
68 『현종실록 8권』현종 5년(1664) 5월 19일 경진 1번째 기사, "…이단상(李端相)을 인천부사로 삼았다." (국사편찬위원회)
69 『정관재별집 제5권』
70 『정관재별집 제5권』

학산서원 터(2004년 건립한 표지석)

이단상의 아들인 이희조(李喜朝, 1655~1724) 역시 인천부사[71]를 지냈는데, 조선왕조실록에 "영조 1년(1725) 경기 유생 이대수(李大壽) 등이 학산서원에 배향하도록 상소를 하여 문간공(文簡公) 이희조(李喜朝)를 그의 아버지 부제학(副提學) 이단상(李端相)을 모신 학산서원(鶴山書院)에 배향(配享)하기를 청하였는데, 해조(該曹)로 하여금 품처(稟處)하게 하였다"란 기록이 있다. 정조 10년(1786)에 이르러서 부자가 함께 배향되었다.

학산서원처럼 부자가 함께 배향된 대표적 사액서원으로 '사계(沙溪) 김장생과 그의 아들인 신독재(愼獨齋) 김집'을 모신 돈암서원(遯巖書院)[72], '미호(渼湖) 김원행과 그의 아들 삼산재(三山齋) 김이안'을 모신 석실서원(石室書院)[73], '서애(西厓) 류성룡과 그의 아들이 수암(修巖) 류진' 그리고 '문곡(文谷) 김수항과 그의 아들 몽와(夢窩) 김창집'을 모신 병산서원(屛山書院)[74] 등이 있다.

---

71 재임 기간(1695. 2. 15.~1696. 11. 13.)(『역주 인천부읍지』 40쪽)
72 현종 1년(1660)에 '돈암(遯巖)'으로 사액됨(충청남도 논산시 연산면 임3길)
73 현종 4년(1663)에 '석실(石室)'로 사액됨(경기도 남양주시 수석동)
74 철종 14년(1863)에 '병산(屛山)'으로 사액됨(경상북도 안동시 풍천면 병산리 30번지)

흥선대원군이 집권하면서 고종 2년(1864)부터 고종 9년(1871)에 이르기까지 전국의 서원 600여 개소 중 47개소로 정리되었다. 이때 철폐된 학산서원은 163년간(1708~1871) 인천 지역에서 성리학 연구와 인재 양성, 그리고 풍속 교화에 중심적 역할을 하였다.

다. 문학산성

인천 지역의 대표적 관방 시설로써 관아 남쪽에 위치하여 남산석성(세종실록지리지, 1454), 남산고성(신증동국여지승람, 1530)이란 명칭이 보인다. 지명과 관련해 문학산성(승정원일기, 1711), 미추홀고성(인천부읍지, 1842), 문학산고성(여도비지, 1856), 문학고성(소성진중일지, 1871) 그리고 비류의 건국 신화와 관련해 비류성(동사강목, 1778), 예분성(유득공의 영재집) 등으로 불렸음을 확인할 수 있다.

이경성의 조사에 의하면, "문학산 정상에는 외성(外城)으로 석축의 성벽(城壁)이 둘레 436척 또 내성(內城)으로 둘레 약 600간[75]에 걸쳐 토벽(土壁)이 현존하고 있다. 별지(別紙)로 이것에 관하여 인천향토지(仁川鄕土誌)[76]에 현 남산성 동(同) 문학산성(별지로 미추홀고성)이 관아 남쪽 1리에 있다. 그리고 이 산성의 구축 연대에 관하여는 의견이 구구하나 신라 경덕왕 시(時)가 아닌가 생각된다. 왜냐하면 동국여지승람지에 '신라 경덕왕(新羅景德王), 개소성(改邵城)'이라고 기록하였으니(기록하였기 때문이다). 임진왜변에 부사 김민선이 고성을 증수(增修)하고, 사민(士民)을 거느리고 지키며, 여러 차례 적의 공격을 좌절시켰고, 병으로 계사년(1593) 7월에 졸(卒)하자, 부사 김찬선이 그를 이어서 끝내 성을 온전히 지켰다. 그 동문 밖 백여 보 거리에 왜성 옛터가 있다. 대개 성을 공격할 때 머물던 곳이다, 라고 기록되었고, 이 시대 산성을 구축하고 이같이 개명한 것이 아닌가. 또 인천 향토지 성지(城池) 조(條)에도 임진왜변 때 부사 김민선이 고성을 증수(增修)하였다, 라고 하였으니 당시에도 이어 고성이 존재한 것이다. 이제 이 산성을 보건대 동쪽에는 동문이 있고, 서쪽에는 서문이 있

---

[75] "1942년 조선총독부의 조사 당시 '둘레가 약 60칸인 토벽의 자취가 보인다'는 기록을 잘못 옮겨 적은 것으로 보인다." 『인천의 관방유적』, 인천광역시 문화재과, 2019, 162쪽

[76] 『인천부읍지, 1899』

다. 그리고 성벽을 자연석 그대로 사용하였고, 단지 성내 부근에 23개소에 인공적으로 천공(穿孔)한 흔적이 있을 뿐이다. 북면은 천연의 험(險)을 이용하고 고(高) 7~8척의 높은 성벽을 쌓고, 남면에도 천험(天險)에다 군대 성을 쌓고, 동면은 가장 치밀한 계획 밑에 축성하였다. 그러나 현재 동면, 서면 모두 도괴(倒壞)되었고, 또 북동 측의 성벽은 헐려져 산하(山下)로 전락(轉落)되어 버렸다"[77]는 기록이 있다.

고구려에서는 평소 평지의 성을 중심으로 살다가 적군이 침략하면 산성으로 옮겨가 전쟁에 대비하였는데, 고구려에서 남하한 비류 세력도 이 같은 방식을 취했을 것이다.
문학산성 내와 주변 지역에서 초기 백제의 두드림무늬 토기 조각이 확인되는 것으로 보아 당시 대규모의 주거지가 분포하고 있었으며, 축성 시기는 삼국시대 초기까지 거슬러 올라간다. 초기 백제 비류(沸流)의 세력이 터를 잡았던 미추홀이 인천이었고, 삼국시대 문학산이 서해안의 중요 요충지였음을 확인해 주는 유적이다.

"1997년 실시한 지표조사 결과에 따르면, 문학산성의 석축 시기를 삼국시대 말기에서 통일신라시대로 보는 것은 삼국시대 말기로 여겨지는 일부 와편의 발견과 이 시기의 특징적 축성 기법이 보이기 때문이다. 성곽의 기저부 형성에서 뱀이 기어가는 듯이 구불구불한 파사형(爬巳形)을 이루고 있는 점과 이를 위하여 작은 석재를 쌓고 심석(深石)이라 불리는 긴 석재를 간간이 찔러 넣어 뒷채움한 잡석과 꼭 물리도록 하는 기법이 그것이다. 그러나 판석형 석재를 일정 비율 혼용하여 축조하였다든지, 성벽 하부에 석재 다짐층을 조성한 후 성벽을 축조하고 보강 석축을 하부에 조성하는 등 한성 백제기의 석축산성의 특징도 보이고 있다는 견해도 있다."[78]

문학산성은 요녕성 환인현에 있는 오녀산성과 비슷한 특징을 보이는 점이 있다. "환인 분지의 약 800m의 산지에 축조된 오녀산성은 남북 약 1,000m, 동서 너비 약 300m의 비교적 규

---

77 『문학산 방면 고적전설 조사보고서』, 이경성, 1949, 41~44쪽(『문학산의 역사와 문화유적』 354~357쪽)
78 『인천광역시사』 인천의 관방유적(상), 인천광역시, 2019, 148~149쪽

모가 큰 성이다. 동·서·남쪽은 모두 넓적한 돌로 성벽을 쌓았고, 북쪽은 수직에 가까운 벼랑에 의지하여 성벽을 이루었다. 오녀산성 위치의 성벽은 30×20×35cm의 돌로 견고하고 높은 성벽을 구축하기 위해 층이 올라갈수록 안으로 들여쌓는 굽도리 축조 공법을 사용하였다"[79]에서 성벽 상부의 하중을 분산시키기 위한 들여쌓기가 문학산성에도 나타난다. "환인 지역을 초기 고구려의 도읍지인 졸본(卒本)으로 비정하는 것이 일반적이므로, 하고성자성과 주변의 오녀산성을 고구려 초기 도성(都城)으로 보기도 한다. 즉 '하고성자성'은 평상시에 거주하던 평지성, '오녀산성'은 전쟁 등 비상시에 거주하던 방어용 산성으로 볼 수 있다"[80]는 견해가 있어 비류 세력이 구축한 문학산성도 비상시 방어용 산성으로 보인다.

하고성자토성 터(평지성) 주변

오녀산성(五女山城)

문학산성 역시 고구려 초기의 오녀산성에서의 축성 기법과 유사하다는 점을 다음과 같이 살펴볼 수 있다.

첫째로, 산세를 이용한 포곡식으로써, 문학산과 일정 거리를 둔 곳에 토성인 평지성과 석성인 문학산성이 한 쌍으로 지어졌을 가능성이 크다. 2010년에 구월동 유물산포지 조사에

---

79 동북아역사넷, 고구려·발해 문화유산 지도의 오녀산성(http://contents.nahf.or.kr)
80 동북아역사넷, 고구려·발해 문화유산 지도의 하고성자토성(http://contents.nahf.or.kr)

서 "주거지 43기 및 각종 토기류, 마제석검, 마제석부 등의 청동기 시대 유물이 다량으로 확인"[81]되었다. 최근 인천 농수산물센터가 들어서기 전 남촌동 유적이 발굴되었다. 유적 주변이 산지와 구릉지로 둘러싸여 있고, 바다가 가까우면서 넓은 갯벌이 펼쳐 있고, 가까운 거리에 서해로 유입되는 승기천과 장수천이 있어 수렵과 어업, 그리고 농사짓기에 좋은 입지 조건[82]을 갖추어서 평지성의 존재를 추정할 수 있다. 토성의 흔적은 택지개발로 인해 찾아볼 수 없다. 단지 조선 말기 이양선의 출몰과 관련하여 문학산 주변 일대의 방어 시설로 쌓은 토둔의 흔적(4곳)만이 확인된다.

둘째로, 문학산성은 산 정상의 봉우리를 돌로 둘러싸는 테뫼식 구조로써, 성석(城石)을 평행으로 나란히 줄을 지어 쌓았다. "최근 연구에 따르면 성곽을 축조한 석재의 면을 고르게 가공한 것이 삼국시대 백제 석성의 특징이라고 한다. 문학산성 또한 축조된 석재면을 고르게 가공한 흔적이 보이기 때문에 백제 성일 가능성을 배제하기는 어렵다"[83]고 보는 경향이 있다.

테뫼식은 이보다 먼저 고구려의 첫 도읍지 졸본성(중국 요녕성[遼寧省] 환인현[桓仁縣])으로 추정하는 '오녀산성'에서 나타난다. 시기적으로 차이가 크게 나지만 퇴뫼식 산성으로써 "이천 설봉산성과 여주 파사성의 발굴조사에서 백제 유구가 확인"[84]된 사실은 주목할 만하다.

---

81 『인천구월동유적』 한강문화재연구원, 2014
82 『한 권으로 읽는 미추홀구사』 2022, 38쪽 참조
83 『미추홀구사 Ⅰ』 미추홀구사편찬위원회, 2022, 96쪽
84 『문학산의 역사와 문화유적』 인하대학교 박물관, 2002, 300쪽

문학산성 성벽

오녀산성 성벽

셋째로, 성벽 상부의 무게를 분산시키기 위해 석축을 들여쌓기(퇴물림)하면서 축성하였다. 즉 아래에는 무겁고 긴 돌을 쌓고, 위로 올라갈수록 작고 가벼운 돌을 조금씩 뒤로 물려가며 쌓았다.

문학산성은 처음에 백제가 토성으로, 삼국시대 말에 신라가 석성으로 쌓은 것으로 알려져 있다. 그러나 필자는 처음부터 석성으로 쌓았을 가능성이 있다고 본다. 비류의 미추홀 정착 시기에 주로 암석으로 이루어진 산 정상부에 굳이 평지성의 토성처럼 산성을 쌓을 필요가 없었을 것이다. 오히려 토성의 흔적은 봉수대의 원장(垣墻)과 관련성을 지을 수 있으며, 문학산성은 오랜 시기를 거치면서 변형되었으나 그 토대는 고구려의 초기의 축성 기법에 따랐을 것으로 보여진다.

문학산성 성벽(면석과 뒤채움)85

오녀산성 성벽

---

85 『문학산의 역사와 문화유적』, 인하대학교 박물관, 2002, 10쪽

그러면 문학산성의 규모는 어떠했을까?

실학자 유형원의 『동국여지지(東國輿地志, 1656)』 인천도호부(仁川都護府)와 『해동지도(海東地圖, 1750년대)』 인천부(仁川府)와 『인천부읍지(仁川府邑誌, 1842)』의 성지(城池) 편에 석성 둘레가 430보로 기록되어 있다.

현재 문학산성의 둘레가 587m로 조사[86]되었는데, 『해동지도』 인천부에서 나타나는 430보와 어느 정도 차이가 있을까?

조선시대 표준척의 종류와 길이는 『경국대전(經國大典)』 공전(工典)[도량형]에 의하면, "길이의 제도[度之制]는 10리(釐)를 1푼[分], 10푼을 1치[寸], 10치를 1자[尺], 10자를 1장[丈]으로 한다. 주척(周尺)은 황종척(黃鐘尺)을 기준으로 하면 주척 1자의 길이가 황종척의 6치 6리에 해당하고, 영조척(營造尺)은 황종척을 기준으로 하면 영조척 1자의 길이가 황종척의 8치 9푼 9리에 해당하고, 조례기척(造禮器尺)은 황종척을 기준으로 하면 조례기척 1자의 길이가 황종척의 8치 2푼 3리에 해당하고, 포백척(布帛尺)은 황종척을 기준으로 하면 포백척 1자의 길이가 황종척의 1자 3치 4푼 8리에 해당한다"라는 기록이 있다.

다음 표는 척의 종류에 따른 쓰임새에 대한 내용[87]을 정리하였다.

종류	쓰임새
황종척	음률관(音律管)을 만들기 위해 제작한 표준척
주척	양전(量田)에 활용(1등전 1척은 주척 4.775척, 2등은 5.179척, 3등은 5.703척, 4등은 6.434척, 5등은 7.550척, 6등은 9.550척), 거리 측정
영조척	목공과 건축에 사용하던 척도(목공척), 되, 말 등 양기(量器) 제작
조례기척	예기(禮器)와 제물(祭物)을 법규에 맞게 만들기 위한 기준(예기척)
포백척	포의 수취와 매매, 옷감의 제단 도구로 사용(침척)

---

86 『문학산성 정밀지표 조사보고서』 인천시립박물관, 2017
87 한국민족문화대백과사전(https://encykorea.aks.ac.kr/Article) 참조

영조실록 51권, 영조 16년(1740) 4월 5일 을해 1번째 기사에서

"유척기가 말하기를, 세종(世宗) 때에 포백척(布帛尺)이 삼척부(三陟府)에 있으니, 해조(該曹)를 시켜 가져오게 하여 최천약(崔天若) 같은 솜씨 좋은 자를 시켜《대전(大典)》칫수에 따라 교정(較正)하게 하면, 황종척(黃鐘尺)·주척(周尺)·예기척(禮器尺)·영조척(營造尺)도 다 그 제도에 맞아 차이 나지 않을 수 있을 것이고, 완성되고 나면 중외에 반포할 수 있을 것입니다. 하니, 임금이 그대로 따랐다"는 기록이 있다.

영조 22년(1746)에 간행된 『속대전(續大典)』의 공전(工典) '교로(橋路)' 편에 "팔도 도로 거리는 황제 조정의 법례에 의해 주척(周尺) 사용에서 6자를 1보로 하고, 360보를 1리로 하고, 30리를 1식으로 한다"[88]는 기록이 있다.

"『반계수록(磻溪隨錄)』에는 임진왜란과 관리들의 관리 소홀로 모든 척도들은 없어졌지만 삼척(三陟府)의 포백척과 수표교(水標橋)의 수위주척(水位周尺)이 남아 있었다"고 전한다. 그러나 이것마저 없어져 순조가 부러진 세종수표(世宗水標)에서 세종주척(世宗周尺)을 실측함으로써 밝힌 이정수척기(釐正周尺記)와 현재 전하는 수표교의 인조 갑술양전주척장(甲戌量田周尺長), 남대문문루(南大門樓)와 원각사지 13층 석탑(圓覺寺十層石塔)에서 얻은 세종영조척(世宗營造尺) 등에서 세종 때의 표준척 길이가 다음 표와 같음을 밝힐 수 있다."[89]

<표> 세종 척도의 길이 일람표(우리역사넷)

척종(尺種)	세종 26년(1444) 척도 표준 길이		경국대전	
	黃鐘尺의 단위	cm 단위	黃鐘尺의 단위	cm 단위
황종척(黃鐘尺)	1.00000	34.700	1.00000	34.700
주척(周尺)	0.59929	20.795	0.606	21.028
영조척(營造尺)	0.89970	31.220	0.899	31.195
조례기척(造禮器尺)	0.82482	28.621	0.823	28.558
포백척(布帛尺)	1.34591	46.703	1.348	46.776

---

88 『속대전』 권6 공전, "八道路程,依皇朝例,用周尺,六尺爲一步,三百六十步爲一里,三十里爲一息。"
89 우리역사넷, 척도의 통일(http://contents.history.go.kr)

문학산성의 둘레를 세종 26년 주척(1자는 20.795㎝)으로 계산하면 20.795㎝×6자×430보=536.511m가 된다. 경국대전의 주척(1자는 21.028㎝)이므로 21.028㎝×6자×430보=542.522m가 된다. 실제 둘레가 587m와는 45~51m의 정도 차이가 난다. 그것은 조금씩 위로 올라갈수록 퇴물림한 성석(城石)이 오랫동안 방치되어 산사태나 지반 침하로 이어져 산성 둘레가 전체적으로 넓어지게 됨으로써 그만큼의 차이를 낸 것으로 추정할 수 있다.

<문학산성 성벽 현황>[90]

구분	멸실 구간	잔존 구간	복원 구간	추정 잔존 구간
둘레	197m	232m	198m	158m
총 둘레	587m			
성벽 높이	최소 0.3~0.4m			
내부 면적	20,800㎡			

특히 임진왜란 때 부사 김민선이 산성을 다시 쌓아 주민들을 피신시키고, 왜군을 맞아 물리쳤다. 그리고 신미양요(1871), 한국전쟁(1950) 시기에 군사 거점으로 활용되었다. 1962년 미군 부대가 산 정상 부분에 부대 시설을 두었고, 이어 1979년에 우리 공군부대도 사용하면서 옛 모습은 거의 찾을 수 없게 되었다. 군부대 주둔으로 문학산 정상 접근이 어려웠으나 인천광역시는 군부대와 합의하여 인천 시민의 날(2015. 10. 15.)에 개방되었다.

라. 산성 내 유적

(1) 봉수대

조선시대의 군사 통신조직으로써 봉수제도가 있었다. 변경(邊境)의 긴급한 상황을 중앙

---

[90] 『문학산성 정밀지표 조사보고서』, 2017, 55쪽(표 4 문학산성 성벽 현황)

에 전달하고, 해당 변경의 기지(基地)에도 알려서 위급할 때 피난은 물론 군(軍)과 민(民)이 협동하여 적의 침입을 격퇴하기 위한 군사적 목적에서였다.

봉수제의 편성은 중앙에서는 병조의 비변사(備邊司)가 담당하였고[91], 그 아래 영진(營鎭)과 그 아래 봉수대(烽燧臺)를 소속시켜 운영토록 하였고, 영진에는 장(營鎭將)이 배치되어 있었는데,[92] 이는 관찰사(觀察使), 병사(兵使), 수사(水使), 진(鎭)의 수령(守令)이 겸임하여 직무를 수행하였다.[93]

봉수제의 편성을 도표(『한국사론 9』, 94쪽)로 나타내면 다음과 같다.

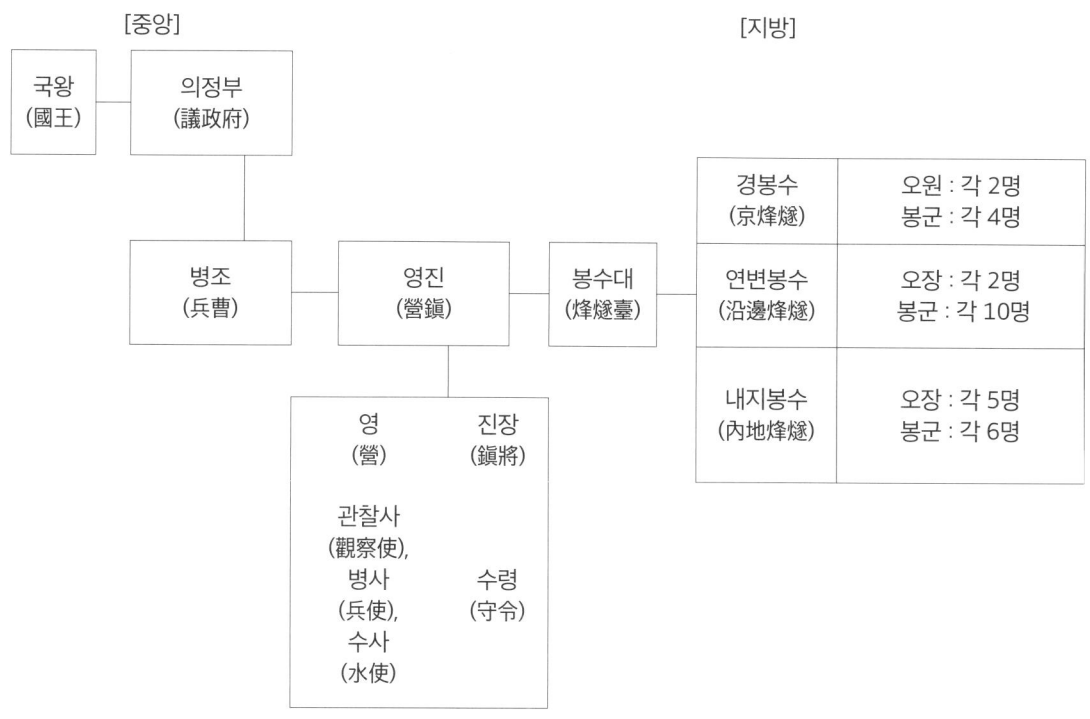

---

91 『경국대전 1권』 이전(吏典) 병조조(兵曹條)
92 『경국대전 4권』 병전(兵典) 봉수조(烽燧條)
93 『세종실록 111권』 세종 28년(1446) 1월 26일 갑오 3번째 기사

『경국대전』 병전(兵典)의 봉수(烽燧) 조항에 "봉수는 평상시에는 하나, 적이 나타나면 둘, 가까이 접근하면 셋, 지경을 침입하면 넷, 접전하면 다섯을 올리는데, 수도에서는 오원(五員)이 본조에 보고하고, 지방에서는 오장(伍長)이 진영 장수에게 보고한다"는 기록이 있다.

봉수대는 경봉수(京烽燧), 연변봉수(沿邊烽燧), 내지봉수(內地烽燧)로 구분되었다. "서울의 목멱산 봉수에 있는 5개소에서는 제1은 함경도로부터 강원도를 거쳐 양주 아차산(峨嵯山)에 이르는 봉수를, 제2는 경상도로부터 충청도를 거쳐 광주 천천령(穿川嶺)에 이르는 봉수를, 제3은 평안도 강계로부터 내륙으로 황해도를 거쳐 한성 모악동봉(母岳東峰)에 이르는 봉수를, 제4는 평안도 의주로부터 해안으로 황해도를 거쳐 한성 모악서봉(母岳西峰)에 이르는 봉수를, 제5는 충청도·전라도에서 양주 개화산(開花山)에 이르는 봉수를 각각 상응하는 것이었다. 이 같은 직봉(直烽) 외에 간봉(間烽)이라는 보조선로(補助線路)가 상당히 있었다."[94]

조선시대 봉수 5거(炬)는 연변봉수로써 직봉 61개, 간봉 24로 운영되었다. 제5로 직봉과 간봉은 다음과 같다.[95]

■ **직봉**

초기 돌산도(突山島, 이하 순천)[96] → 백야곶(白也串) → 팔전산(八田山, 이하 흥양) → 마북산(馬北山) → 천등산(天登山) → 장기산(帳機山) → 전일산(全日山, 이하 장흥) → 천관산(天冠山) → 원포(垣浦, 이하 강진) → 좌곡산(佐谷山) → 완도 → 달마산(達麻山, 영암) → 관두산(舘頭山, 해남) → 여귀산(女貴山, 진도) → 첨찰산(僉察山) → 황원성(黃原城) → 군산(群山, 나주) → 유달산(鍮達山, 이하 무안) → 고림산(高林山) → 옹산(瓮山, 이하 함평) → 해제(海際) → 차음산(次音山, 이하 영광) → 고도도(古道島) → 홍농산(弘農山) → 고리포(古里浦, 이하 무장) → 소응포(所應浦) → 월고리(月古里, 이하 부안) → 점방리(占方山) → 계화리(界火里) → 화산(花山, 옥구) → 오성산(五聖山, 이하 임피) → 불지산(佛智

---

94 『한국사론 9』 조선 후기 국방체제의 제문제, 국사편찬위원회, 95쪽
95 위의 책, 국사편찬위원회, 106, 107쪽
96 백제시대에 돌산현이라 하였다. 1018년에는 순천에 속하였고, 1914년 돌산군이 폐지되고 여수군에 병합되었다 (한국민족문화대백과사전).

山) → 소방산(所防山, 함열) → 광두원(廣頭院, 용안) → 강경대(江京臺, 이하 은진) → 황화대(皇華臺) → 노성산(魯城山, 노성) → 월성산(月城山, 이하 공주) → 고등산(高登山) → 쌍령산(雙嶺山) → 대학산(大鶴山, 천안) → 연암산(燕巖山, 아산) → 망해산(望海山, 직산) → 괴태곶(塊台串, 양성) → 흥천산(興天山, 수원) → 염불산(念佛山, 이하 남양) → 해운산(海雲山) → **정왕산(正往山, 안산) → 성산(城山, 인천) → 축곶(杻串, 부평)** → 백석산(白石山, 김포) → 수안산(守安山, 통진) → 대모성산(大母城山, 이하 강화) → 진강산(鎭江山) → 망산(網山, 양주) → 규산(圭山, 교동) → 하음산(河陰山, 강화) → 남산(南山) → 남산(南山, 통진) → 냉정산(冷井山, 김포) → 개화산(開花山, 양주) → 서울 목멱산(木覓山) 제5로

■ 간봉 (1)

① 순천 돌산도(직봉) → 추례산 → 광양 반대산(伴對山) → 순천 성황당(城隍堂) → 본읍(本邑)

② 광양 장기산(직봉) → 수덕산(藪德山) → 동상(同上)

③ 장흥 전일산(직봉) → 억불산(億佛山) → 강진 수인산(修仁山) → 동상(同上)

④ 장흥 전일산(직봉) → 보성 진흥산(眞興山) → 동상(同上)

⑤ 진도 여귀산(직봉) → 상당곶(上堂串) → 동상(同上)

■ 간봉 (2)

옥구 화산(직봉) → 운은산(雲銀山, 서천) → 등지산(藤枝山, 비인) → 옥미봉(玉眉峰, 염포) → 조침산(助侵山, 보령) → 흥양산(興陽山, 홍주) → 고산(高山, 결성) → 고구(高丘, 홍주) → 도비산(島飛山, 서산) → 백화산(白華山, 이하 태인) → 주산(主山) → 안국산(安國山, 해미) → 고산(高山, 당진) → 창택곶(倉宅串, 면천) → 양성 괴태곶(직봉)

■ 간봉 (3)

초기 장봉도(長烽島, 이하 강화) → 보음도(甫音島) → 말질도(末叱島) → 강화 진망산(직봉)[97]

97　진망산 : 강화 교동

■ 제주도 봉수

① 제주목(濟州牧) : 사라악(沙羅岳) 별도(別刀) 원당악(元堂岳) 입산악(笠山岳) 도도리악(道道里岳) 수산악(水山岳) 고내악(高內岳) 판을포(板乙浦)

② 정의현(旌義縣) : 남산(南山) 오음사지악(吾音沙只岳) 여을온(餘乙溫) 소수산(小水山) 지말산(只末山) 달산(達山) 토산(兎山) 전월론(餞月論) 고아촌(孤兒村) 삼매양(三每陽)

③ 대정현(大靜縣) : 송악(松岳) 모슬악(毛瑟岳) 차귀악(遮歸岳) 굴산(堀山) 거옥악(居玉岳)

"『증보문헌비고』 봉화조에 의하면 전국의 주요 간선로를 5로로 나누고 이를 직봉이라 불렀다. 이는 동북 두만강변의 우암(경흥 서수라), 동남 해변의 응봉(鷹烽, 동남 다대포), 서북 압록강변의 여둔대(강계 만포진)와 고정주(의주), 서남해변의 돌산도(순천 방답진)를 기점으로 하여 모두 서울의 목멱산에 도달케 되어 있었다. (중략) 서울 목멱산 봉수로에 있는 5개소에서는 동쪽으로부터, 제1은 함경도로부터 강원도를 거쳐 양주 아차산에 이르는 봉수를, 제2는 경상도로부터 충청도를 거쳐 광주 천천령(廣州穿川嶺)에 이르는 봉수를, 제3은 평안도 강계로부터 내륙으로 황해도를 거쳐 한성 모악동봉(母岳東峰)에 이르는 봉수를, 제4는 평안도 의주로부터 해안으로 황해도를 거쳐 한성 모악서봉(母岳西峰)에 이르는 봉수를, 제5는 충청도·전라도에서 양주 개화산에 이르는 봉수를 각각 상응하는 것이었다.

이 같은 직봉(直烽) 외에 간봉(間烽)이라는 보조선로(補助線路)가 상당히 있었다. 그 가운데는 직봉 간의 중간 지역을 연결하는 장거리선(長距離線), 곧 동래 간비도(干飛島)로부터 안동 봉지산(峰枝山) 사이와 특히 국경 방면에 전선초소(前線哨所)로부터 본진(本鎭), 본읍(本邑)으로 보고하는 단거리의 것 등이 있었다."[98]

---

98 『한국사론 9』조선 후기 국방체제의 제문제, 국사편찬위원회, 1985, 94~95쪽

| 조선 봉수로99 | 문학산 봉수대(『문학산』, 이종화, 1965) |

조선시대 봉수대수(烽燧臺數)는『세종실록지리지』에 549곳,『동국여지승람』에 738곳,『여지도서』에 518곳,『대동지지』에 510곳으로 나타나 있다.

<烽燧臺數表>100

道	世宗實錄地理志	東國輿地勝覽	輿地圖書	大東地誌
京都	2	2		2
京畿道	40	39	18	41
忠淸道	47	41	38	44
慶尙道	132	141	128	125
全羅道	57	72	39	66
黃海道	38	40	34	45

---

99 앞의 책, 조선 후기 국방체제의 제문제, 96쪽
100 앞의 책, 조선 후기 국방체제의 제문제, 95쪽 봉수대수표

江原道	48	48	35	11
平安道	86	223	126	37
咸吉道	99	132	100	139
合計	549	738	518	510

다음 조선 세종 때 연대(煙臺)의 목적과 축조방식(築造方式)에서 적을 망보는 것이고, 면마다 20척씩 4면으로 30척 높이로 쌓고, 포백척의 치수를 제도로 하여 쌓도록 하고, 사방에 구덩이를 파도록 하였다는 기록이 있다.

"…연대를 설치한 것은 적을 망보는 것인데, 이제 여연 등 각 고을에 연대는 쌓았지만 1년도 못 되어 혹 무너지기도 하니, 이것을 쌓는 일을 감독한 관리가 애쓰지 않은 때문입니다. 연대는 사면으로 아래쪽이 넓어 한 면의 넓이가 2십 척, 높이는 3십 척인데, 모두 포백을 재는 자(尺)의 치수를 제도로 하여 고쳐 쌓도록 하고, 사면에는 구덩이를 파두도록 합니다. 군사 다섯 사람에게 병기와 화포를 가지고 열흘 만에 서로 교대하며 밤낮으로 망보게 하고, 만일 함부로 위치를 이탈(離脫)하는 자가 있으면 율에 의하여 엄하게 징계할 것입니다. 연변 여러 구자에 돌 보루(堡壘)를 쌓을 때에도 적대·옹성(甕城)[101] 및 연대의 견양(見樣)을 수성전선색(修城典船色)[102]에게 도본(圖本)을 만들게 한 다음, 도절제사에게 내려보내 이를 참고하고 쌓는 것을 감독하도록 하옵소서."[103]

또한 연대 축조방식에서 좀 더 구체화되고, 봉화 배설 제도와 감고의 임명과 역할에 대한 기록이 있다.

"의정부에서 병조의 정장(呈狀)에 의거하여 아뢰기를, 연변(沿邊)의 연대(煙臺)를 축조하는 방식과, 복리(腹裏)에 봉화(烽火)를 배설하는 제도와, 감고(監考)하는 군인을 권려하고

---

101 옹성(甕城) : 큰 성문 밖의 작은 성
102 수성견선색 : 조선시대에 군선과 조선(造船)을 관장하기 위하여 설치되었던 관서
103 『세종실록 80권』 세종 20년(1438) 1월 15일 경자 4번째 기사 일부(국사편찬위원회)

완호(完護)하는 조목을 폐지할 점과 마련할 점을 참작하여 후면에 기록합니다.

   1. 연변의 각 곳에 연대(煙臺)를 축조하되, 높이는 25척이고, 둘레는 70척이며, 연대 밑의 사면은 30척으로 하고, 밖에 참호(塹濠)을 파는데 깊이와 넓이는 각기 10척으로 하고, 모두 영조척(營造尺)을 사용하게 하며, 또 갱참(坑塹)의 외면에 나무 말뚝을 설치하는데 길이 3척이나 되는 것을 껍질을 깎아버리고, 위를 뽀족하게 하여 땅에 심고, 넓이는 10척이나 되게 하며, 연대 위에는 가옥(假屋)을 만들어 병기(兵器)와 조석(朝夕)에 사용하는 물과 불을 담는 기명(器皿) 등 물건을 간수하고, 망보는 사람은 10일 동안에 서로 번갈아 이를 지키게 하고, 새로 온 사람과 그전에 있던 사람 사이에 양식이 떨어질 때에는, 있는 곳의 고을 관원과 감사(監司)와 절제사가 적당히 모자라는 것을 보충해 주게 하며,

   1. 감고(監考)와 봉화(烽火)와 바다를 망보는 인호(人戶)는 공부(貢賦) 외에 잡역(雜役)은 일체 모두 감면하게 하며,

   1. 감고(監考) 중에 부지런하고 조심성 있는 사람은 매 6년마다 한 차례씩 산관직(散官職)을 제수하게 하며, 봉화와 바다를 망보는 사람이 능히 사변을 알려서 적(賊)을 잡게 한 사람은 《속병전(續兵典)》에 의거하여 서용하고 상을 내리게 하며, 그 나머지 각 사람들은 선군(船軍)의 예(例)에 의거하여 그 도숙(到宿)을 계산하여 해령직(海領職)을 임명하게 하고, 복리(腹裏)의 봉화(烽火)는 연변 지방에 있는 연대의 비교가 아니니, 전에 있던 배설한 곳에 연대를 쌓지 말고, 산봉우리 위에 땅을 쓸고 연기 부엌을 쌓아 올려 위는 뽀족하게 하고 밑은 크게 하며, 혹은 모나게 하고 혹은 둥글기도 하며, 높이는 10척에 지나지 않게 하고, 또 원장(垣墻)을 둘러쌓아 흉악한 짐승을 피하게 하며,

   1. 봉화(烽火)는 사변이 있으면 감고(監考)가 즉시 그 고을 관원에게 알리고, 사변이 없으면 매 10일마다 한 번씩 알려서 감사에게 전해 보고하고, 매 사계월(四季月)[104]마다 병조에 통첩을 보내어 후일의 참고에 증거로 삼게 하고, 감고와 간수인(看守人)의 근실하고 태만한 것은 감사와 수령이 일정한 시기가 없이 고찰하게 하고, 군기(軍器)를 점고(點考)하는 경차관(敬差官)도 또한 아울러 사실을 검사하여 계문(啓聞)하게 하소서.

---

104   사계월(四季月) : 네 계절의 마지막 달, 즉 3월, 6월, 9월, 12월

하니, 그대로 따랐다."¹⁰⁵

　　이상에서 연대 축조의 내용을 정리하면 높이는 25척이고, 둘레는 70척이며, 연대 밑의 사면은 30척으로 축조하고, 연대 주위를 10척의 넓이로 깊게 파고, 밖의 참호의 깊이와 넓이는 각기 10척으로 하고 모두 영조척을 사용하였다. 그리고 갱참(坑塹)¹⁰⁶의 외면에 나무 말뚝을 설치하는데 길이 3척이나 되는 것을 껍질을 깎아버리고 위를 뾰족하게 하여 땅에 심고 넓이는 10척이나 되게 하였으며, 연대 위에는 가옥(假屋)을 만들어 병기(兵器)와 조석(朝夕)에 사용하는 물과 불을 담는 기명(器皿) 등 물건을 간수하도록 정하였다.

　　이는 "봉수군이 대상(臺上)에 항상 주야로 후망(候望)함은 물론 적변시(賊變時)에는 화포로써 이성상응(以聲相應)케 하여 부근의 백성들에게 알림으로써 적으로부터 피해를 막아보려는 요새지적(要塞地的) 성격을 띠게 하고 있었음을 파악할 수 있다."¹⁰⁷

　　"복리(腹裏)의 봉화(烽火)는 연변(沿邊) 지방에 있는 연대(煙臺)의 비교가 아니니, 전에 있던 배설한 곳에 연대를 쌓지 말고, 산봉우리 위에 땅을 쓸고 연기 부엌을 쌓아 올려 위는 뾰족하게 하고 밑은 크게 하며, 혹은 모나게 하고 혹은 둥글기도 하며, 높이는 10척에 지나지 않게 하고, 또 원장(垣墻)¹⁰⁸을 둘러쌓아 흉악한 짐승을 피하게 하였다.¹⁰⁹

　　『경국대전』 봉수 조항에서 연안봉수(沿岸烽燧)는 봉군(烽軍) 10명, 오장(伍長) 2명을, 내륙봉수(內地烽燧)는 매소에 봉군 6명, 오장 2명을 두었다. 수령은 봉수군·오장의 후망(候望) 근무 상태를 감시하여 연대책임을 졌으며, 그들의 차출과 출동은 물론 항시 봉수대의 이상 유무를 살폈다.¹¹⁰ 오장이 봉수대의 실태를 수령에게 보고하되 유사시(有事時)에는 즉시에, 무사시(無事時)에는 매 10일에 1회씩 보고하고, 수령은 이를 받아 유사시에는 즉시, 무사시에는 감사(監司)에 전보(傳報)하고, 수령은 매 4계월(3, 6, 9, 12월)에 병조(兵曹)에 보고하

105　『세종실록 115권』, 세종 29년(1447) 3월 4일 병인 1번째 기사(국사편찬위원회)
106　갱참(坑塹) : 깊고 길게 파놓은 구덩이
107　『한국사론 9』 조선 후기 국방체제의 제문제, 국사편찬위원회, 92쪽
108　원장(垣墻) : 담(일정한 공간을 둘러막기 위하여 흙, 돌, 벽돌 따위로 쌓아 올린 것)
109　『세종실록 115권』, 세종 29년(1447) 3월 4일 병인 1번째 기사(국사편찬위원회)
110　『세종실록 80권』, 세종 20년(1438) 1월 15일 경자 4번째 기사 일부

였다.¹¹¹ 봉화가 끊겼을 경우는 그 이유를 병조에 보고해야 되는데, 관할구역 내에서의 양호 여부는 수령의 근무 성적과 직접 관련되었다.¹¹²

『신증동국여지승람』 경기 인천도호부에 "성산봉수(城山烽燧)부 남쪽 2리 되는 곳에 있으며, 남쪽으로 안산군(安山郡) 오질이(吾叱耳)에 응하고, 북쪽으로 부평부(富平府) 축곶산(杻串山)에 응한다"는 기록이 있다.

『인천부읍지(관찬, 1899)에 "성산봉수가 있다. 관아에서 남쪽으로 1리쯤 떨어져 있는 문학산성 옛터에 있다. 남쪽으로는 안산의 정왕산 봉수와 응수하고 있는데, 수로로는 30리 거리이고, 육로로는 55리 거리이다. 북쪽으로는 부평의 축곶산 봉수와 응수하고 있는데, 육로로는 25리 거리이다"는 기록이 있다.

문학산 봉수는 별장 1명, 감관 5명, 감고 1명, 군인 25명이 있고, 각 군인별로 봉족 3명씩 있다.¹¹³

문학산 관방 시설의 중요성을 제기하는 기사에서 봉수대와 관련 있는 기록을 찾아볼 수 있다.

"…인천부(仁川府)의 문학산성(文鶴山城)은 둘레는 비좁긴 하나 입지(立地)가 험하고 요긴하며 또 봉화대가 있어 서쪽과 남쪽으로 바닷길이 막힘 없이 툭 트였고, 제물포(濟物浦)의 구진(舊鎭)은 인천부의 서쪽 10여 리에 있고, 월진(月辰), 영종(永宗) 두 섬과 맞보고 있으며, 배를 둘 곳도 좋으나 진보를 강화(江華)로 옮긴 뒤에는 이미 폐허가 되었으니 극히 애석합니다…"¹¹⁴ (…仁川府文鶴山城, 幅員雖小, 處地險要, 且有烽臺, 西南海路, 通望無礙, 濟物舊鎭, 在於仁川府西十餘里, 而與月辰·永宗兩島對峙, 藏船之處亦好, 而移鎭江華之後, 已成廢基, 極爲可惜…)

---

111 『세종실록 115권』 세종 29년 3월 4일 병인 1번째 기사(국사편찬위원회)
112 『세종실록 80권』 세종 20년(1438) 1월 15일 경자 4번째 기사 일부
113 『역주 인천부읍지』 인천광역시 역사자료관 역사문화연구실, 2004, 198~199쪽
114 『승정원일기』 숙종 37년 3월 14일 기사(1711)

『승정원일기』 숙종 37년 3월 14일 기사(1711)

    문학산 봉수는 제5거 직봉 노선(연변봉수)으로써, 전라남도 순천(여수) 돌산도 봉수에서 시작하여 장흥 전일산 봉수, 무안(목포) 유달산 봉수, 부안 월고리 봉수, 아산 연암산 봉수, 양성(평택)의 괴테곶 봉수, 인천 문학산 봉수, 통진의 수안산 봉수 등 우리나라 남서해안을 따라 올라와 김포와 강화 일대의 봉수를 거친 후 한양의 목멱산 봉수로 전달된다.

    이경성의 조사에서 "문학산 정상에 경(지름) 약 2간에 걸쳐 토축으로 된 누원(壘円, 원형 보루)이 있다"[115]는 기록이 있다.

    1871년 신미양요 당시 문학산 일대에 군사를 배치하여 매복 및 후망의 임무를 수행하였다는 기록이 『소성진군일지』에 기록되고 있다. 4월 20일 일지에 "봉대별장은 봉수군(烽燧軍)을 20명을 거느리고 문학산을 지키면서 봉화를 올리고 멀리 요망하게 하였다.", "의병(疑兵)을 많이 두고, 산꼭대기에 장작을 올리니, 흙먼지가 하늘을 덮었다"란 봉수와 관련한 내용이

---

115   『문학산 방면 고적전설 조사보고서』 이경성, 1949, 44쪽

있다.

　단거리의 경우, 4월 22일 일지에는 "병사를 잘 쓰는 것은 마음을 움직여 미리 방비하는 것에 있다. 날래고 용감한 자 24명을 선발하여 8방향에 각 3기씩 배치하되 서로 1리씩 떨어지게 하여 낮에는 깃발로, 밤에는 북을 활용하게 한다. 제1기가 적을 보면 낮에는 기를 들고 제2기도 역시 그와 같이 하며, 제3기는 달려가 보고하는데 밤에는 북을 이용하되 낮의 규칙을 따른다. 연기와 안개가 가득하여 막혔을 때나, 비바람과 천둥 번개로 깃발을 알리지 못할 때에는 말을 달려 이를 알리도록 한다. 이는 이른바 팔괘탐기(八卦探奇)라 하는 것이니 이로써 적을 만난다 해도 능히 방비할 수 있는 것이다. 진실로 천지의 변화가 있으면 날래고 용감한 병사를 이끌고 이를 돌파하고, 대진은 헛되이 움직이지 않으며, 저들의 동정을 살핀 위에 움직이는 것이니 우리는 그 정리된 바를 항상 활용하여야 할 것이다. 이는 모두 하늘의 변화에 따른 것이다"란 비상시 연락 방법을 제시하고 있다.

　봉수제와 더불어 파발제(擺撥制)는 임진왜란을 거치면서 논의되고, 특히 인조·효종 때 청(淸)에 대비하기 위하여 전국적으로 제도의 강화 재정비가 기해졌다.[116]

　"파발 제도는 기발(騎撥)과 보발(步撥)로 구분되며, 직발(直撥)과 간발(間撥)로 나뉜다. 기발(騎撥)은 말을 타고 전송하며, 25리(里)마다 1참(站)을 두었으나 곳에 따라서는 20리 혹은 30리인 경우도 있다. 한편 기발(騎撥)에는 매참(每站)에 발장(撥將) 1명, 색리(色吏) 1명, 기발군(騎撥軍) 5명과 말 5필(匹)이 배치되었다. 한편 보발(步撥)은 속보로써 달렸는데, 30리(里)마다 1참(站)을 두었으며 발장(撥將) 1명, 군정(軍丁) 2명을 배치하여 편성하였다. 파발은 종래의 역참(驛站) 위에 설치된 것으로 서발(西撥), 북발(北撥), 남발(南撥)의 3발로(撥路)로 조직되었던 것이다. 서발(西撥)은 기발[단, 간로(間路)는 보발]로써 의주에서 한성까지 모두 41참, 1,050리에 이르는 길이고, 북발(北撥)은 보발로써 경흥에서 한성까지 64참, 2,300리, 남발(南撥)은 보발로써 동래에서 한성까지 31참, 920리에 이르는 길에 발참(撥站)을 세우고 경급(警急)한 변경의 사정(事情)이나 공문서를 전송하였다."[117]

116　『한국사론 9』 조선 후기 국방체제의 제문제, 국사편찬위원회, 111쪽
117　위의 책, 조선 후기 국방체제의 제문제, 111~112쪽

『해동지도 인천부』의 지지(地誌)에는 역원(驛院)에 대한 기록이 있는데 파발(擺撥)의 기능과 함께 운영되고 있는 것으로 보인다. 즉 "역원중림역은 관아 서쪽에 있고 역이 6개 속해 있다. 금륜, 경신, 반유, 석곡, 종생, 남산이다. 말 11필이 있다. 경신역은 관아 동쪽에 있다. 말 6필이 있다. 미라방[118]이 관아 동쪽에 있다"는 내용이다. 『인천부읍지, 1899』 역원 항목에는 "경신역이 관아에서 동쪽으로 10리, 중림역은 관아에서 동쪽으로 35리이다"는 기록이 있다.

1959년 문학산 정상에 미군기지가 들어서면서 정상부를 깎아내어 문학산의 높이가 낮아졌는데, 이때 봉수대도 역시 파괴된 것으로 보인다.[119] 멀리서 봉수대가 배꼽처럼 보인다고 하여 문학산을 '배꼽산'이라 부르기도 하였다.

(2) 비류정

비류정에 대하여 『세종실록지리지』에 "성내에 작은 샘이 있다." 그리고 『동사강목』에 "성 안에 비류정이 있는데…"란 기록이 있다.

이경성은 해방 후 문학산성에 석축 우물이 있었다고 다음과 같이 조사하였는데, "문학산성 동문으로부터 서립(西立)으로 약 160미터 안 되는 한 층 얕은 곳에 석축의 우물이 있다. 현재는 석축이 도괴(倒塊)되어 태반이 매몰(埋沒)되었으니 십몇 년까지도 얕은 물이 항시 넘쳐흐르고 있었다 한다. 표고 280미터 가까운 높은 산상에 이 같은 우물이 있는 것은 지질학상으로 그리 이상한 것은 아니다. 이 우물을 판 것은 산성의 구축한 때를 같이 하였으리라고 본다. 아니 이곳에 물이 나오니까 산성을 구축한지도 모른다. 그런데 이 우물에 관하여 다음과 같은 우스운 이야기가 동리(洞里) 사람들의 입에 오르내리고 있다. 즉 이 우물은 어찌나 깊은지 이곳에서 홍두깨를 찌르면 그 끝이 팔미도 바다에서 나온다고, 아마 몹시나 깊은 우물이 있었고, 또 물이 약간 짰던 것 같다"[120]의 기록이 있다.

---

118 『신증동국여지승람 제9권』 인천도호부 [역원] 미라원(彌羅院)이 관아 동쪽 30리 되는 곳에 있다.
119 『인천광역시사 10』 인천의 관방유적 (상), 인천광역시 문화재과, 2019, 169쪽
120 『문학산 방면 고적전설 조사보고서』 이경성, 1949, 46~48쪽

이종화의 『문학산』(1965)에 '팔미도와 통하였다는 우물'에 대한 또 하나의 기록이 있다. "산성(山城) 동(東)쪽에 있는 안관당(安官堂) 뒷마당에 두 개의 우물이 있다. 높은 산마루에 있는 우물이건마는, 그 옛날에는 언제나 물이 고여 넘쳤다고 한다. 그 물이 어찌나 깊었던지 팔미도(八尾島) 앞바다와 맞닿았다고 하는데 그래서인지 물맛이 짠 것이 탈이었다고 전하고 있다. 그러나 최근(最近) 수십년(數十年)은 우물의 물이 잦아들어서 보이지 않았다"는 내용이다.

"1997년 문학산성 지표조사에서 이 우물은 동문지에서 북서쪽으로 60m 떨어진 곳으로 파악하였는데, 이미 미군 부대 2층 막사가 들어서 있고, 현재 이와 관련된 흔적은 확인되지 않는다. 이 일대는 1970년대 군부대가 시설물을 설치하기 위해 고도가 낮은 계곡부를 메우면서 우물이 사라진 것으로 알려져 있다. 그런데 우물지는 성 내부의 최고 해발고도보다 약 10m 이상 낮은 지역으로 문학산 북사면의 곡간부에 해당한다. 일반적으로 고대 산성은 성내의 곡간부에 집수지를 축조하는 경향을 감안할 때 이곳에 있었다고 전해지는 우물은 집수지일 가능성도 있다"[121]고 추정하였다.

이종화와 문학산(Ⅳ, 슬라이드 필름, 130쪽)

---

121   『문학산성 정밀지표 조사보고서』 인천시립박물관, 2017, 119~120쪽

(3) 안관당 제사

안관당(安官堂)은 임진왜란 때 전사한 인천도호부 도호부사 김민선(金敏善, 1542~1592)의 위패를 모시던 사당이다.

1949년 인천시립박물관의 조사에서 처음 확인되었다. 당시 조사에 따르면 문학산 봉수(烽燧) 동쪽에 석축 유구가 남아 있는데, 유구는 7m×3m의 방형으로 이루어져 있고 사방에 초석이 남아 있었다고 하였다. 그러면서 당시 조사에서 이 건물 터가 안관당 터일 것으로 추정하였다.

1871년 신미양요 당시의 기록인 『소성진중일지(邵城陣中日誌)』[122] 4월 20일 기록에 "맑음. 숙부께서 재계하시고 문학산신(文鶴山神)께 치제하셨다. 취침 후에 군교 한 명이 고하기를, '꿈에 노인이 와서 이르기를 당연히 양적(洋賊)을 대파할 것이라고 했습니다'라고 하여 군중에 널리 알렸다"란 내용이 있다. 이는 군사들의 사기를 크게 북돋아 주려는 인천부사의 지도력을 엿볼 수 있는 대목이다. 1960년대에 문학산 정상에 미군기지가 들어서면서 제사를 중단하게 되었다.

마. 왜성

1592년 5월 19일 부평에 침입한 고니시 유키나가 군사는 계양산성을 수축하여 근거지로 삼고, 그중 일부가 동년 5월 20일 인천으로 침공했는데, 인천 군민의 적극적 방어로 안대평(安垈坪, 간석오거리 일대)에서 이들을 격퇴하였고, 다시 군사를 갖춘 왜병의 침공도 수차례 문학산성에서 막아냈다.[123]

『여지도서(輿地圖書)(1757~1765)』 고적(古跡)에 "지금 동문 밖 100여 보에 봉우리가 솟

---

122 구연상(九然相)이 무신겸선전관(武臣兼宣傳官)으로써 1871. 4. 6.~1871. 5. 23. 총 48일간 인천 진중(문학산)에서 있었던 일로 미(美) 군함의 종적(蹤迹)을 날짜별로 서술하였고, 기상정보, 군사배치, 봉수와 함께 군제와 병법에 관한 대화로써 인천도호부사 구완식의 행적을 기록함, 『(역주)소성진중일지』 6쪽 참조
123 디지털미추홀구문화대전(https://www.grandculture.net) 임진왜란 참조

아 있고, 그 위에는 왜성의 옛터가 남아 있는데 대개 (왜병이) 성을 공격할 때 머물렀던 곳이다(今東門外百餘步有峰突起其上有倭城遺址, 盖攻城留屯處也)"란 기록에서 문학산성에서 한때 왜병과 치열한 전투가 전개되었던 곳이었음을 알 수 있다.

2017년 인천시립박물관의 조사에서, "전(前) 수리봉 왜성지는 현재 동서 34m, 남북 8.9m 규모의 수리봉 동쪽 사면부로 해발이 동쪽으로 가면서 서서히 낮아지는 지형을 보인다. 이 주변으로 추정 석렬 유구와 기와편이 흩어져 있다. 『여지도서』에 따르면 이곳이 문학산성을 공격하기 위한 왜성을 쌓았던 곳이라고 한다. 하지만 수리봉 일대는 100평도 되지 않아 성을 쌓아 방어를 위한 공간으로는 매우 협소하며, 또한 방어와 관련한 유구의 흔적이 확인되지 않는다. 전(前) 수리봉 왜성지 주변으로는 고려~조선시대 기와편이 상당수 산재되어 있을 뿐이다"[124]는 점에서 왜병(倭兵)이 쌓은 성터로 단정하기가 어려운 상황이다.

따라서 "(왜성은) 문학산성으로 통하는 주요 길목에 있으며, 이 일대에서 산성과 문학산 일대의 조망이 가능한 점을 고려하면 망루와 같은 소규모 방어 시설이 있었을 가능성도 있고, 군사 목적이 아닌 제의 기능을 갖는 시설이 존재했을 수도 있다"[125]고 추정한다.

아울러 임진왜란 당시 왜병이 문학산성을 공격하기 위한 전초지로써 바위가 많은 봉우리 주변으로 여러 은폐 시설이 설치되었을 것이고, 산성 공격을 위한 병력 집결 장소가 됨으로써 왜성(倭城)으로 인식하였을 가능성도 있다.

문학산 동문 터(2024. 3. 20.)

---

124 『문학산성 정밀지표 조사보고서』 인천광역시립박물관, 2017, 20쪽
125 『도시마을생활사 관교동·문학동 편』 미추홀구청 문화예술과, 289쪽

왜성 추정지(2024. 5. 24.)

『이종화와 문학산』126   문학산성 동문 터 앞(2024. 3. 20.)

문학산성 동문(문학산, 이종화, 1965)

---

126 Ⅲ, 슬라이드 필름, 인천시립박물관, 101쪽, 흰색 원 안이 왜성 추정지

바. 사묘(祠廟)

조선 건국 후, 1406년경(태종 6) 조선 정부는 국가의 제사 의례를 정비하면서 각 고을에 문묘(文廟), 사직단(社稷壇), 성황사(城隍祠), 여단을 설치하게 됨에 따라, 인천에서도 관아의 객사를 중심으로 사직단(관아 서쪽), 문묘(향교), 성황사(관아 남쪽 1리), 여단(관아 북쪽) 등을 두었다.[127]

관아에서 공식적으로 매년 정해진 날짜에 수령이 문묘, 사직단, 성황사, 여단 순서로 제사를 지내게 되었는데, "문묘와 사직단은 모두 정부의 소관으로 하고, 여단(厲壇)과 성황단(城隍壇)은 대한(大韓) 융희(隆熙) 2년(1908)에 폐지"[128]되었다. 이것은 일제가 대마도 병합(1869) 이후 부산포 왜관을 침범(1872)해 일본 외무성이 왜관을 접수하고, 운요호 사건(1875)을 일으켜 강화도 조약(1876)을 체결함으로써 부산포(1876)·원산(1880)·제물포(1883)를 개항시켜 본격적으로 침략하였고, 조선 국권 강탈의 마지막 단계에서 민간의 전통 문화 근간마저 없애는 주도면밀함을 보여주는 사례일 것이다.

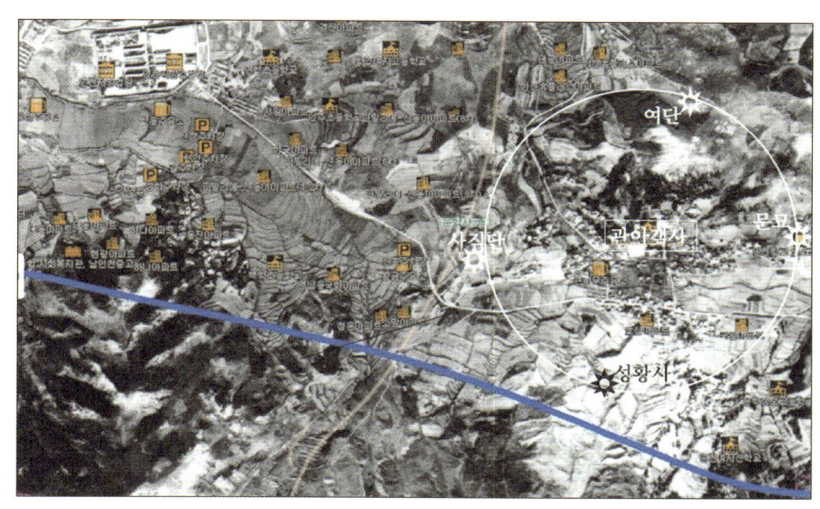

인천의 사묘(여단, 성황사는 추정한 위치임)
(1947년 항공지도, 인천시청)

---

127 『東國輿地志』"祠廟 社稷壇。在府西。文廟。在鄕校。城隍祠。在府南一里。猿島祠。合祠諸島之神于此島, 春秋本邑致祭。厲壇。在府北。" (한국고전종합DB)
128 『순종실록 2권』 순종 1년 7월 23일 3번째 기사 <개정한 제사 제도 칙령을 발표하다>

(1) 성황사(城隍祠)

『인천부읍지, 1842』의 사묘(祠廟) 항목에도 "성황사(城隍祠)는 관아의 남쪽 1리에 있다"라는 기록이 있다.

조선 세종 때, 예조에서 각도 산천 단묘 순심 별감이 보고한 조건에 의해서 마련하여 아뢴 사항 중 각 지방의 성황사와 관련된 부분[129]은 다음과 같다.

예조에서 각도 산천 단묘 순심 별감(各道山川壇廟巡審別監)이 보고한 조건에 의해서 마련하여 아뢰기를,

"1. 전주(全州)의 성황위판(城隍位版)에 '전주부 성황지신(全州府城隍之神)'이라 쓰고, 판위(版位) 뒤에 봉안(奉安)한 신상(神像)이 모두 5위(位)이온데, 영락(永樂) 11년(1413) 6월일 예조의 수교(受敎)에, '산천 성황의 신(神)은 다만 신주(神主) 1위만을 남겨두되 목패(木牌)에 쓰며, 거기에 설치한 신상(神像)은 일체 다 철거하여 사전(祀典)을 바로잡으라.' 하였은즉, 이제 이에 설치된 신상도 또한 철거하여야 합니다.

1. 영흥(永興)의 성황 위판에 '성황 계국백지신(城隍啓國伯之神)'이라 쓰고, 남녀의 목상(木像)을 설치한 것이 모두 6위입니다.

1. 함흥(咸興)의 성황사묘(城隍祀廟)는 3간(間)이오며,

1. 적성현(積城縣) 감악산(紺岳山)의 신은, 위판(位版)이 없고 이상(泥像)을 사용하고 있사온데, 주신(主神) 부처(夫妻) 양위(兩位)와 자신(子神) 부처(夫妻)를 아울러서 모두 6위이며,

1. 회양부(淮陽府) 의관령(義館嶺)의 신은 사당(祀堂) 밖에 따로 1간을 만들고, 여신(女神)의 목상(木像)을 설치하였사온데, 위의 각처에 설치한 신상도 타례(他例)에 의하여 철거해야 합니다.

1. 유후사(留後司) 송악산 성황(松岳山城隍)에는 위판이 없고, 이상(泥像) 4위를 설치해 놓고 봄·가을 두 철에 대소 남녀들이 모여 음사(淫祀)를 지내며 풍악까지 올리오니, 이 신상도 또한 마땅히 철거해야 합니다. 위판을 설치하되, '송악지신(松岳之神)'이라 쓰고, 기명

---

129 『세종실록 49권』 세종 12년(1430) 8월 6일 갑술 4번째 기사(국사편찬위원회)

(器皿)은 모두 바릿대[鉢]를 쓰게 하며, 그 은수저·잔반(盞盤)·향로·향합·등잔·장등(長燈)·병(瓶)·선(鐥)·두고리(豆古里) 등을 모두 은(銀)을 쓰고 있사오니, 의당 모두 공조(工曹)에서 수납(收納)하고 다시 봉상시(奉常寺)의 제기를 쓰도록 할 것입니다.

1. 대황당(大皇堂)에는 위판이 없고, 이상(泥像) 4위를 설치해 놓고 역시 은그릇을 쓰고 있사온데, 그 숫자는 성황당과 같으며, 사당지기[堂直人]는 백성(百姓)으로써 4명이 있사오니, 마땅히 이 대황당을 헐어버리고 신상도 철거하며, 은그릇은 수납하여 들이고, 그 사당지기는 군역(軍役)에 충정할 것입니다.

(중략)

1. 평안도 의주(義州) 압록강(鴨綠江)의 신(神)은 위판이 없고, 제사할 때에 종이를 사용하여 '압록지신(鴨綠之神)'이라 쓰고, 제사를 마치고는 강물에 던진다 하오니, 타례에 의하여 위판을 설치하도록 하소서.

1. 안주(安州) 청천강(淸川江)의 신은 사당 안에 지전(紙錢)을 사용하여 제사하고 있사오니, 단유(壇壝)를 만드는 옛 제도에 의하여 사당을 옮겨 설치하고, 지전을 철거하도록 하소서.

(중략)

1. 각 고을의 단유(壇壝)의 제도가 길이와 나비, 높고 낮은 것이 일정하지 않고, 또 원장(垣墻)이 없기 때문에 사람과 가축들이 마구 밟아 무너뜨리며 더럽히고 있으니, 마땅히 옛 제도를 상고하여 각 도로 하여금 단유(壇壝)를 쌓고, 아울러 예감(瘞坎)을 만들게 하고는, 주위에 담을 두르고 남쪽에 문 한 개를 내어 항상 빗장을 질러 닫아두도록 하소서.

1. 신의 위판을 혹은 소나무·밤나무, 그리고 잡목(雜木)을 사용하여 만들고 있는데, 그 길이와 나비, 두텁고 얇기가 같지 않사오며, 혹은 지방(紙榜)을 쓰기도 하고, 또 그 위판을 사원(寺院) 등에 간직하여 두는 것은 온당하지 않사오니, 마땅히 단유(壇壝)와 가까운 북쪽에 방 한 칸을 만들어 위판을 간직하여 두었다가, 제사 때가 되면 단 위에 봉안해 놓고 치제하게 할 것이요, 또 그 해 연말 안의 원장(願狀)을 제사 지내고 나면 바로 물에 띄우고 있으나, 이도 마땅히 위판실(位版室)에 간직해 두었다가 이듬해에 다시 발원할 때에 물에 넣도록 하자고 한 이상의 두 조항도 아뢴 대로 시행하소서.

1. 각 고을에서 변(籩)·두(豆)·보(簠)·궤(簋)·등(鐙)·형(鉶)·준(尊)·뇌(罍)·조

(俎)·점(坫)·작(爵)·비(篚) 등 제기(祭器)의 제도를 알지 못하여 제 마음대로 만들었기 때문에 정결하지 못하오니, 마땅히 봉상시(奉常寺)의 각색(各色) 제기를 각 도로 나누어 보내어 이를 본떠 주조(鑄造)해 만들도록 하고, 또 제기를 간직해 두는 창고를 만들어 단지기[壇直]로 하여금 간수하게 하자는 윗 조항은 아뢴 대로 시행하게 하되, 제기(祭器)의 주조(鑄造)는 우선 자기(磁器)로 구워서 만들도록 하소서."

하니, 그대로 따랐다.

이상에서 건의 내용은 목상과 이상 등 성황사 신상을 철거하고 대신 위판 하나를 두고 명칭을 바로 잡는 일, 제기의 형태와 재료를 통일하되 은을 쓰지 말고 놋그릇이나 자기를 쓸 것, 제사 때 종이 사용을 중지하고 위판을 설치할 것, 지전(紙錢) 사용의 금지, 단유(壇壝)의 제도 정비 및 제기를 간직해 두는 창고와 단지기를 두는 내용 등이다.

"성황(城隍)이란 성 밖에 파놓은 해자(垓子, 垓字)나 성을 지키는 신을 말한다. 일반적으로 지방에서 성황신을 모시는 장소로는 단(壇)과 당(堂), 사(祠)가 있었다. 단은 건물이 없이 제단만 있는 경우로, 간혹 비를 막을 수 있도록 지붕을 설치하는 경우도 있었다. '당'과 '사'의 구분은 건축에서 민간의 주도 아니면 관제(官制)로 이루어졌는가의 차이였다. 성황사는 조선시대 후기가 되면 성황단(城隍壇)으로 바뀐 경우들이 많고, 고을 수령이 성황 제사를 주관하지 않으며, 지방 향리들이나 일반 백성들이 제사를 주도하면서 민간화하는 경향을 보였다."[130]

성황단은 마을 근처의 산이나 언덕 또는 평지에서 중심지가 될 만한 곳에 단을 만들고, 기암이나 괴목을 서낭신으로 모시거나 사당을 지어 신주(神主)를 모시고 해마다 마을 공동으로 제사를 지내면서 마을의 안녕과 번영을 기원하였다.

---

130 한국향토문화전자대전(한국학중앙연구원) 참조

무너져 내린 문학산성131

지방에 따라 다를 수 있겠으나 보통 산제(山祭)를 지내는 10월 중에 민가에서 서낭제를 지낸다. 서낭당 앞에는 돌을 쌓아두는 풍습이 있는데, 그 유래에 대해 세 가지로 정리할 수 있다. 첫째로, 애니미즘(animism)의 사고방식에서 비롯되었다. 둘째로, 땅을 고르게 하기 위해 논밭에서 돌을 골라낸 후, 서낭당으로 옮기는 병쟁기나 석재 수집의 행사에서 시작되었다. 셋째로, 서낭당이 마을 입구나 산 고개 밑에 있는 것을 볼 때 도성을 방위하는 요충지에 있어 초기 관방 시설의 시작이라고 볼 수 있다.132

---

131 필자는 최성연의 사진(NGB1703, 화도진도서관)을 사라진 '성황사'의 돌담 또는 조선 후기에 '성황사'가 민간 주도의 성황단(서낭당)으로 변하면서 쌓은 돌무더기로 추정됨
132 『한국세시풍속기』, 강무학, 1982, 142~143쪽 참조

(2) 여단(厲壇)

　도덕의 품성과 예법을 중시하는 조선 사회에서 제사는 가정과 친족의 화합, 사회 통합의 기능을 하면서 전해 내려왔다. 여단은 제사를 지내줄 사람이 없는 귀신을 모시는 단으로써, 조선 태종 때 유학자 권근(權近)의 건의로 시작되어 중종 때 전국에 시행되었다.

　태종실록 1권, 태종 1년(1401) 1월 14일 갑술 3번째 기사인 '참찬문하부사 권근이 치도 6조목을 임금에게 권고하다'에서 "…여섯째는 여제(厲祭)를 행하는 것입니다. 옛날부터 무릇 백성에게 공(功)이 있거나, 죽음으로써 일을 부지런히 한 사람은 제사를 지내[致祭]지 않는 일이 없습니다. 제사가 없는 귀신도 또한 태려(泰厲)·국려(國厲)의 법이 있습니다. 지금 홍무예제(洪武禮制)에 그 법이 매우 잘 갖추어져 있습니다. 우리 국가의 조례(朝禮)와 제례(祭禮)가 모두 명(明)나라 법을 따르고 있사온데, 오직 이 여제(厲祭) 한 가지 일만이 거행되지 않사오니, 명명(冥冥)한 가운데에 어찌 원통하고 억울함을 안고 혹은 분한(憤恨)을 품어서 마음속에 맺히어 흩어지지 않고, 배를 주리어 먹기를 구하는 자가 없겠습니까. 이것이 족히 원기(怨氣)가 쌓여 질역(疾疫)이 생기고, 화기(和氣)를 상하여 변괴(變怪)를 가져오는 것입니다. 또 예조(禮曹)로 하여금 전조(前朝) 이후 우리 국초(國初)까지 공이 있어 제사할 만한 사람을 추록(追錄)하여 치제(致祭)하는 법을 상정(詳定)하게 하고, 주군(州郡)의 수령으로 백성에게 사랑을 남긴 자도 또한 그 고을에서 사당을 세워 제사하는 것을 들어주고, 모든 제사를 지내지 않는 귀신의 여제(厲祭)의 법은 일체 홍무예제(洪武禮制)에 의하여 시행하소서…"라는 기록이 있다.

　제사를 받지 못하는 귀신은 원한을 가지고 사람에게 해를 끼친다고 하여 잊히고 버려져 울분과 슬픔에 차 있는 영혼을 위로하는 제사를 지내고자 한 것이다.

　위패는 "전쟁을 만나 죽은 사람, 홍수·화재·도적을 만나 죽은 사람, 재물을 빼앗으려는 사람에게 핍박을 받아 죽은 사람, 아내나 첩을 강탈하려는 자에게 죽음을 당한 사람, 형화(刑禍)를 만나 억울하게 죽은 사람, 천재(天災)나 전염병 때문에 죽은 사람 등의 신위는 왼쪽에 두며, 맹수나 독충에게 물려 죽은 사람, 얼거나 굶주려 죽은 사람, 전투하다가 죽은 사람, 위급한 상황에 놓여 스스로 목을 매어 죽은 사람, 담이나 집에 압사당한 사람, 난산(難産)으로 죽은 사람, 벼락을 맞아 죽은 사람, 높은 곳에서 떨어져 죽은 사람, 죽은 뒤 후손이 없는 사람

등의 신위는 오른쪽에 둔다. 성황(城隍)의 신위는 단(壇) 위에 두며, 제사 지내줄 사람이 없는 귀신의 신위는 단 아래 좌우에 둔다"[133]라는 기록이 있다.

"병이 없는 곳일지라도 각 고을에서 으레 여제(厲祭)를 거행하는 것이므로, 평안도에서만 거행할 수 없으니, 예문(禮文)에 따라 여단(厲壇)에 제사를 베풀 것을 팔도(八道)에 아울러 이르도록 하라"[134]는 기록에서 여제는 중종 때 이르러 전국적으로 지낸 것으로 보인다.

수령이 직접 관장하여 "정기적으로 일 년에 세 차례, 즉 동지(冬至)부터 105일째 되는 날인 청명일과 7월 15일, 그리고 10월 1일에 거행하도록 되어 있었지만, 전염병이나 가뭄 등의 재앙이 있으면 왕명에 의하여 해당 지역에서 부정기적으로 지내기도 하였다"[135]고 한다.

『인천부읍지, 1842』의 사묘(祠廟) 항목에 여단은 관아 북쪽 있다고 기록되어 있다. 이경성의 무자환신제단(無子患神祭壇)[136]에 대한 조사에서 "문학국민학교 뒷산에는 무자환신제단이 있다. 이 제단은 글자 그대로 자손이 없이 죽은 혼들을 위하여 골에서 공동으로 일정한 날 제사를 올리는 곳이다. 그런데 이 제사는 다른 제사와 달리 제사 지내기 전에는 등불을 켜서 놓았다가 자정 제사를 시작할 적에 또는 불을 끄고 깜깜한 가운데 제사를 지는 것이다. 왜 그러냐 하면 사람으로써 자손이 없다는 것은 그의 가계(家系)에 대한 죄악일 뿐 아니라 인류 사회에 대하여도 그리 떳떳한 일이 아니기 때문에 그들 귀신마저 떳떳한 행세를 못하는 까닭에 불을 켜면 부끄러워서 못 오는 고로, 불을 끈 암흑 속에서 제사를 받게 되는 까닭이라고 한다. 그러기에 동리 사람들은 껌껌한 것을 좋아하거나 하면 무자귀신인가라고 한다"[137]라는 기록에서 오래전부터 승학산 골짜기(숫체골)에 여단(厲壇)이 있었음을 알 수 있다. 조선 후기에 여단이 민간 신앙화로 인해 무자환신제단으로 불린 것으로 추정된다.

---

133 『전율통보(典律通補)』별편(別編) 단묘(壇廟), 구윤명, 1786(한국고전종합DB)
134 『중종실록 52권』 중종 20년(1525) 1월 15일 갑술 3번째 기사
135 『조선왕조실록사전』, 한국학진흥사업 성과포털(http://waks.aks.ac.kr/)
136 승학산의 골짜기(흰색 원 안)에 있었을 것으로 추정됨
137 『문학산 방면 고적조사 보고서』, 이경성, 1949, 39~40쪽

승학산의 골짜기(숫체골, 흰색 원 안)　　　　　　　승학산 골짜기 중턱 부근

(3) 사직단(社稷壇)

농업은 우리나라 민생 경제의 근본이었고, 국가의 기반 산업으로써 정치적 안정과 백성의 단결을 위해 고대부터 사직에서 제사를 지냈다. 조선시대, 주(州)와 현(縣)에서의 사직단은 토지신인 '사(社)'와 곡식신인 '직(稷)'을 하나의 단에 함께 모셨다. 지방 수령이 해마다 봄·가을로 제사를 지내왔고, 특히 가뭄에는 기우제를 지내기도 하였다.

과거 학익동에서 문학동으로 넘어가는 도차니 고개 부근에 사직단(社稷壇)이 있다. 특히 도차니 고개는 다음 '각사등록 광무 9년 보고서 제1호'에 도찬현(道贊峴)으로 표기된 사실을 확인할 수 있다.

各司謄錄 京畿道篇 1 光武九年 一月十二日(1905. 1. 12.), 報告書 第一號
  "仁川郡守吳永烈에 第五十二號報告書을 接准ᄒᆞ온즉, 內開에, 今一月五日에 日本人四名이 自仁〈川〉港으로 來到本郡ᄒᆞ와 稱有司令部知委ᄒᆞ고 邑之案山文鶴山及仁磬山峰上에 紅白旗를 豎立ᄒᆞ오며 自首峴至將臺前與校宮下馬碑前及 <u>道贊峴</u>路傍에 鱗次揷木ᄒᆞ고 墥書字號에 一一測量이옵기 問其委折이온즉 答以爲只承司令部指揮擧行而已오…"

『소성진중일지』에 고종 8년(1871) 4월 27일에 "군기(軍機)가 서로 이어져 응하여 진을 이루니 마치 하늘의 별과 같았고, 위와 아래는 하나가 되어 밖으로는 석둔(石屯)을 두르고 안으로는 화포를 갖추었다. 또, 땅을 파서 토갑(土甲)을 만들고 정예 병사를 이미 매복시켰으며, 화공을 모두 갖추어 계획이 완비되었으니 일이 성사됨이 가히 왕업(王業)이 이을 수 있을 것이다"라는 기록이 있다. 그리고 "이 해 4월 초6일 양이(洋夷)의 6척의 큰 배가 몰래 내양(內洋)으로 들어와 본부(本府)의 서로 바라볼 수 있는 곳에 닻을 내렸다. 나는 이에 안으로 아전과 장교를 모으고 충의(忠義)로 분발하고, 밖으로는 포병을 불러 적을 막는 것으로 타이르고 호령하고 분발(分撥)하니 사졸들이 달려왔고, 이에 문학산으로 나가 주둔하였다. 제월(霽月), 십정(十井), 옹암(瓮巖) 등은 수륙(水陸)의 요해처(要害處)이니"[138]에서 이양선이 출몰하던 시기에 제월, 십정, 옹암 등에 석둔이나 토갑이 관방 시설로써 설치된 곳으로 보인다. "후초관(後哨官) 김순엽(金舜燁)에게 본초병을 거느리고 굳게 도찬현(刀鑽峴)을 지키게 하였고"[139]에서 도찬현(道贊峴)과 한자가 다른 도찬현(刀鑽峴)으로 표기한 것은 부근의 훈무당(연무당)에서의 무예 연마 또는 관아 방어 등과 관련하여 일종의 정훈 교육의 의미를 내포한 고개 이름으로 생각된다.

이종화와 문학산(III, 슬라이드 필름, 인천시립박물관, 99쪽)

인천도호부의 향교(문묘)와 사직단도 관아의 좌우에 배치하였는데, 사직단(社稷壇)은 관아 서쪽인 도찬현(道贊峴) 부근에 세워졌다. 『인천부읍지, 1842』 사묘(祠廟) 항목에 사직단

---

138 『(역주) 소성진중일지, 1871』 소성부포계(邵城府砲稧) 절목, 156쪽
139 위의 책 초6일, 22쪽

은 관아의 서쪽에 있다고 기록되어 있다.

서울에서는 "사직서에 입직하는 관원은 5일마다 사직단과 흙담을 관리했다. 사직의 뒤쪽 담장 안은 사직서의 종에게, 담장 바깥은 담장 밑에 사는 주민에게 맡겼다. 인가가 없는 곳은 경계하여 지키는 군사 4명을 두어서 번갈아 지키게 하였다. 만약 기와가 없어지거나 훼손된 곳이 있으면 관리를 맡은 주민과 군사를 조사하고, 이들에게 징수해서 보수하게 하였다. 매년 정월과 7월에는 호조, 예조, 공조의 낭관(郎官)이 사직단 및 흙담을 살폈다. 이때 사직단의 받침돌이 무너졌거나 훼손이 발생할 경우 사직서의 제조가 살펴본 후 예조에 보고하였다"[140]라는 기록이 있다.

'인천부 사직단 신실을 개수할 때 고유제 등에 쓸 향축을 내려보낼 것 등을 청하는 예조의 계'라는 자료에서 "또 아뢰기를, 방금 경기 감사 이의익(李宜翼)의 공문(公文)을 보니, '인천부 사직단(社稷壇)의 신실(神室)이 해가 오래되어 썩어가던 중 이번 장마에 그대로 내려앉고 말았다. 보기에 매우 송구스럽고 민망하므로 지금 개수하려 하니, 이안제(移安祭)와 환안제(還安祭)에 쓸 향, 축문, 폐백을 본조에서 여쭈어 내려보내 달라'는 내용이었습니다. 인천부 사직단 신실을 개수할 때에 고유제, 이안제, 환안제를 지내는 데에 쓸 향, 축문, 폐백을 해사(該司)로 하여금 규례에 비추어 마련하여 내려보내게 하고, 편리한 대로 날을 잡아 거행하도록 분부하는 것이 어떻겠습니까? 하니, 윤허한다고 전교하였다"[141]라는 기록이 있다.

이처럼 사직단은 국가에서 철저히 관리하였는데 1900년 초기에 와서 많은 변화를 겪는다. "사직은 종묘와 더불어 조선 사전(祀典) 체제의 최고 등급에 해당하는 제사 대상이었으며, 종묘와 사직을 합한 '종묘사직'은 왕조의 운명을 의미하는 말이었다. 1902년(광무 6)에 사직단을 관리하던 관아인 사직서(社稷署)를 다른 곳으로 옮기고 사직단을 공원으로 삼은 것은 일제의 침략이 본격화한 증거라 할 수 있다"[142]는 기록에서 대한제국 시기, 유교 사회의 정체성과 왕조의 존립이 불가능한 상태로 진행되고 있음을 확인할 수 있다.

---

140 우리역사넷(http://contents.history.go.kr/)
141 『승정원일기』 고종 4년 정묘(1867) 7월 2일(한국고전종합DB)
142 『조선왕조실록사전』 한국학진흥사업 성과포털(http://waks.aks.ac.kr)

도찬현 부근의 사직단(흰색 원 안)
(1947년 항공지도, 인천시청)

도찬현(刀讚峴)이라고 부르기도 했던 도찬현(道贊峴)의 유래와 관련하여 다음과 같이 정리할 수 있다. 흰색 화살선은 학익동에서 문학동으로 가는 도차니 고개로, 그 부근에 사직단(흰색 원 안, 문학동 351-2, 3, 4, 5 대지 부근)이 있어 정기적으로 유교식 제례 행사에 학익동 방향의 사람들이 오가면서 자연스럽게 부른 고개 이름으로 추정된다.

(4) 원도사(猿島司)

원도제가 처음 나타나는 것은 "…인천군의 자연도(紫燕島)・수심도(水深島)・용류도(龍流島)・고도(孤島)[이상은 같은 군(郡)의 땅이다], 송가도(松家島)・장봉도(長峰島)・검대도(黔對島)[이상은 강화의 땅이다], 소홀도(召忽島)・영흥도(靈興島)・독우도(犢牛島)[이상은 남양의 땅이다], 용매도(龍媒島)[연안의 땅이다], 구음도(苟陰島)・어울도(馭鬱島)・미정도(彌正島)・마전도(麻田島)・구상도(構桑島)・대인도(大忍島)[이상은 여러 도에 있는 것으로써 소재처를 알 수 없다] 상항의 여러 섬들은 원도(猿島)의 단에서 이끌어 청하여 치제(致祭)하였는데…"[143]라는 기록이다.

---

143 『세종실록』76권, 세종 19년(1437) 3월 13일 기사(한국사 데이터베이스)

『인천부읍지, 1842』에 사묘(祠廟) 항목에 '원도사는 지금은 없다'는 기록이 있고, 산천(山川) 항목에서 '원도는 부의 서쪽 20리에 있다. 섬 안에 제도(諸島)의 신에 올리는 제단이 있어, 봄과 가을로 산과 바다, 강의 신에 제사를 올릴 때에는 수령이 친히 참여하였으나, 지금은 폐지되었다. 다만 이곳에서 기우제를 일곱 번 지낸다'는 기록도 있다.

원도사(猿島祠) 터(2024. 7. 31.)

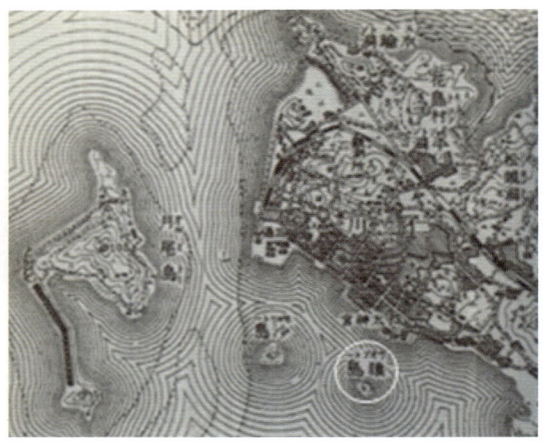
흰 원 부분이 원도(1913)144

(5) 기우제단(祈雨祭壇)

이경성의 조사에 따르면 "문학사(文鶴寺)에서 산 중턱을 끼고 서쪽으로 우회하면 산허리가 길게 돌출한 곳에 다다른다. 돌출부에 선단(先端)은 마치 인공적으로 구축한 것 같은 돌기(突起)를 하고 있는데, 이 선단에 바로 기우제단이 있다. 몇 개의 자연석으로 단을 만들고 날이 가물 때 제관(祭官)이 이 제단에다 정성껏 차려놓고 북면에서 남면 산봉을 올려다보며 산신과 하늘로 향하여 비 오기를 기도하는 것이었다"145라는 기록이 있다.

아울러 '前週 仁川의 縮小 뉴-스欄'의 '文鶴山城서 祈雨祭擧行'이란 제목의 기사도 있다.

"계속되는 한발로 인하여 결실기에 이르는 농작물의 피해가 막심하여 비를 고대하는 농민들의 애타는 심경을 금할 수 없는 요즘 시내 문학동에서는 문학동장 이한진(李韓振) 씨를 위

---

144 『지도로 보는 근대 도시 인천』, 인천대학교 인천학연구원, 2017
145 『문학산 방면 고적조사 보고서』, 이경성, 1949, 36~37쪽

시한 백여 명의 농민들이 23일 문학산성(文鶴山城) 줄기인 알미봉(알美峰=옛祭壇)에서 기우제를 지내는 등 금년도 작년과 같은 풍년을 고대하며 농자천하지대본이라는 농기 아래 온 동민이 이날을 마음껏 즐긴 바 있다"는 내용을 보면, 1950년대에도 문학산에서 마을의 풍년을 빌던 제례가 이어졌음을 알 수 있다.

『인천공보』 제105호(1955. 8. 29.)[146]

(6) 도천단(禱天壇)과 문학동 고인돌

이경성의 조사에서 문학동 고인돌에 대한 내용은 다음과 같다.

"문학동 입구 도천현 바른 측에 큰 고인돌이 하나 있다. 현재는 개석(蓋石, 지름 약 3m) 1매(一枚)가 밭고랑에 있을 뿐이다. 이 고인돌에 관하여는 역시 전사(全辭)에 공통되는 설화가 전하여지고 있으니, 즉 다음과 같다. 명말 청초 중국의 조정이 조선의 서기(瑞氣)가 많아 국가의 기운이 강대하여질 우려가 있어 풍수객을 보내어 산천 곳곳마다 산맥을 끊고 다니며 인재의 탄생을 예방하였는데, 당시 인천에도 이르러 산맥을 끊기 위하여 이곳에 쇠를 끓

---

146 문학산역사관 신문자료

여 붓고 철봉을 땅 깊이 박고, 이 같은 큰 바위로 지기(地氣)를 눌러 놓았다고 한다. 그리하여 산의 맥은 끊어지고 인물은 나지 않게 되었다 한다(1949년 6월 27일 인천박물관에서)"[147]는 기록이 있다.

또 하나의 기록으로써, "관교리에서 문학 읍내로 돌아가는 어귀에 도천현(禱天峴)이 있었고, 그 언덕 위에 크고 넓은 바위가 하나 있으니 이것은 하늘에 제사하는 제단이라고도 하고, 또는 우리나라 산세가 강해서 훌륭한 인재가 많이 나므로 명나라 사람은 이것을 시기하여 이 산허리에 무쇠를 박아 산정기를 끊어놓고 그 위에 바위를 눌러 놓았다고 한다. 그래서 그런지 고려 때에는 한 무리 왕후를 비롯하여 열두 분의 왕자를 낳은 이 문학 읍내에 그 후부터는 훌륭한 인물이 나지 않았다고 한다."[148]

일반적으로 고인돌은 무덤이나 제단으로써 마을의 안녕과 결속을 다지는 기능을 하였는데, 위 설화는 19세기 세도정치로 인한 국가 기강의 해이, 삼정의 문란으로 민심이반(民心離反)과 민중의 저항 그리고 국가 주권을 침해하는 외세의 침탈 등 총체적 위기 속에서 나라를 구할 인재를 갈망하는 백성들의 속내가 우회적으로 표현된 이야기로 보인다.

도천단, 『이종화와 문학산』[149](미루나무가 앞에 있다)

---

147 『문학산 방면 고적전설 조사보고서』 이경성, 1949, 54~55쪽
148 『이종화와 문학산』, 1965, 79쪽
149 도천단, 『이종화와 문학산』(Ⅱ, 슬라이드 필름, 인천시립박물관, 79쪽)

도천단(흰색 원 안, 고인돌)
(1947년 항공지도, 인천시청)

과거 학익동에서 관교동으로 넘어가는 도처니 고개(禱天峴, 흰색 화살표)는 '하늘에 제사를 지내던 고개'라는 뜻으로, 고개 위쪽에 도천단(禱天壇, 흰색 원 안)이 있었다. 도천단(문학동 354-1 대지 부근)에서 주목되는 부분은 앞장의 도천단(『이종화와 문학산』) 사진에서 그 주변에 여러 그루의 나무가 있다.

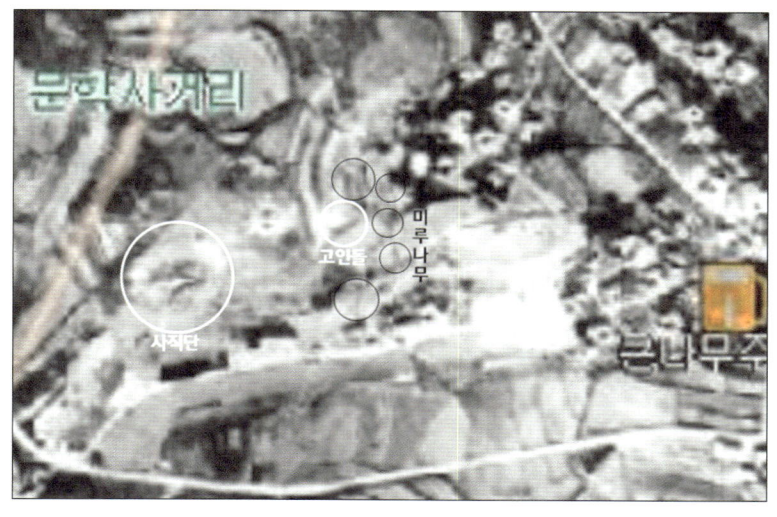

흰색 원 사직단, 고인돌 / 검은색 원 미루나무 추정

앞의 항공사진(인천시청, 1947)에서 고인돌 주변으로 여러 그루의 나무 위치와 생김새가 10여 년의 차이로 생긴 나무 크기의 변화 외에는 거의 비슷한 모습을 띠고 있다. 따라서 도천단과 문학동 고인돌(관청리 지석묘)은 같은 유적임을 알 수 있다.

여기에서 도천현(禱天峴)의 유래를 다음과 같이 정리할 수 있다. 흰색 화살선은 문학동에서 관교동으로 넘어가는 길이 도처니 고개로써, 관교 마을의 안녕과 다복을 하늘에 기원하였다는 도천단(禱天壇)에 관교동 방향의 사람들이 자연스럽게 오가면서 부른 고개 이름으로 추정된다.

고인돌은 청동기 시대에 주로 정치권력과 경제력을 장악했던 족장(군장)의 무덤으로써 껴묻거리로 돌칼, 돌화살촉, 갈돌, 민무늬 토기, 동검, 의례용 거울 등이 발견된다. 그러나 껴묻거리가 출토되지 않는 무덤도 있는데, 그것은 가매장 시설, 묘표석(墓標石), 집회 장소, 농경 사회의 기념물, 의례용 제단 등으로 사용되었을 가능성이 있다.

"고인돌에는 탁자식(卓子式), 바둑판식(碁盤式), 개석식(蓋石式), 위석식(圍石式), 묘표식(墓標式), 굴석식(堀石式), 경사식(傾斜式), 탑파식(塔婆式) 등 여러 형식이 있으나 한반도에서 개석식이 가장 많이 발견된다."[150]

① 탁자식(卓子式) 고인돌은 지표면을 파서 굄돌 2개를 세우고, 마구리돌 2개로 막아 지상에 무덤방을 만들어서 그 위에 덮개돌을 올린다. 덮개돌은 대부분 장방형이다. 주로 한강 이북에서 중국 요녕 지방에 집중되어 분포한다.

② 바둑판식(基盤式) 고인돌은 지하에 무덤방을 만들고, 그 표석으로 대부분 받침돌 3~5개를 놓고 그 위에 거대한 바위를 올린다. 주로 한반도 중부 이남 지역에 분포한다.

③ 개석식(蓋石式) 고인돌은 지하에 무덤방을 만들고 무덤방 뚜껑처럼 직접 덮개돌을 올린다. 지상이나 반지하에 무덤방을 만들고 그 주변에 흙, 돌을 쌓아 낮은 봉분을 만든 후에 그 봉분 위에 덮개돌을 올리는 경향도 있다. 무덤으로 축조된 가장 보편적 형식으로 덮개돌은 남쪽으로 갈수록 두꺼워진다.

---

150   『고인돌과 거석문화』 변광현, 미리내, 2000, 10~21쪽 참조

④ 위석식(圍石式) 고인돌은 6~8개 정도의 굄돌, 받침돌로 무덤방을 만들고 그 위에 덮개돌을 올린다. 제주도에서는 지상 무덤방 안에 다시 지하에 구덩이를 파서 무덤방을 이중으로 하였다.

⑤ 묘표식(墓標式) 고인돌은 지하 무덤에 대한 묘표로써, 지표면에 하나의 덮개돌 아래에 중앙무덤방이 있고, 그 주변으로 무덤방이 여러 개 배열되어 모인무덤(集體墓)의 형태를 갖는다.

⑥ 굴석식(堀石式) 고인돌은 커다란 육면체의 돌덩이의 안을 파내고 그 위에 덮개돌을 올려놓는다. 흑해(黑海) 연안의 코카사스(Caucasas, Kavkaz) 지방에서 가장 많이 발견되었고, 요르단(Jordan)과 이디오피아(Ethiopia)에서도 이 같은 고인돌이 발견된다. 한반도를 비롯한 극동(極東) 아시아에서는 아직 발견된 사례가 없지만 절(山寺)에서 가끔 볼 수 있는 물통(石水槽) 가운데 굴석식 고인돌과 비슷한 것들이 있다.

⑦ 경사식(傾斜式) 고인돌은 덮개돌 아래에 굄돌을 고여 비스듬히 기울여 놓은 형태이다. 덮개돌을 두 쪽으로 쪼개 한쪽은 무덤방 위에 기대어 놓거나, 다른 한쪽은 무덤방 벽변에 기대거나 옆으로 밀어놓아 무덤방의 윗부분이 열려 있다. 탁자식 고인돌의 덮개돌이 깨진 경우에 덮개돌이 비스듬히 기울어져 있어 경사식 고인돌이 되었고, 개석식 고인돌에서는 덮개돌이 두 쪽으로 나란히 놓여지다가(兩分蓋石), 경사식과 복합되면서 이층으로 걸쳐져 탑파식 고인돌이 되었다.

⑧ 탑파식(塔婆式) 고인돌은 커다란 덮개돌이 위, 아래로 겹쳐 있는 형태이다. 불교 석탑의 기원이 되었다는 주장이 있다.

"북한 학자 석광준은 돌널무덤에서 개석식 고인돌로 바뀌었다고 주장하며, 돌널무덤 또한 탁자식 고인돌처럼 지표면에 주검이 놓이고, 무덤방이 만들어진 것이라고 한다. 파묻혀 있는 돌널무덤은 모두 애초에 덮였던 흙무지이거나 주변의 토사(土砂)가 흘러 들어간 것이라고 한다"[151]는 색다른 견해도 있다.

문학산 일대에는 학익동에 7~8기, 주안동에 2기, 문학동에 1기가 분포하고 있었던 것으로

---

151 『고인돌과 거석문화』, 변광현, 미리내, 2000, 290쪽

보고되고 있다. 그러나 현재 실체를 확인할 수 있는 것은 학익동 고인돌 2기, 주안동 고인돌 1기, 문학동 고인돌 1기뿐이다.[152]

도천현의 도천단(『문학산』, 1965)

문학산과 도천단[153]

문학동 고인돌(미추홀 공원, 2024. 2. 19.)

문학동 고인돌 윗면의 흰 줄무늬, 균열 부분, 채석 흔적
(미추홀 공원, 2024. 2. 19.)

---

152   『문학산의 역사와 문화유적』 인하대학교 박물관, 2002, 240쪽
153   NB1418_최성연, 화도진도서관

문학산 서북쪽 도천현(禱天峴) 남쪽 밭 가운데에 위치하였던 문학동 고인돌은 1927년에 조선총독부 박물관 주도로 선사시대 유적조사에서 처음으로 확인된다. 당시에는 발굴조사가 이루어지지 않고, 다음과 같이 유리건판 사진 2장만이 남아 있다.

관청리 지석묘
(국립중앙박물관, 『유리원판목록집 Ⅰ』 p.330-331, 1927)

문학동 고인돌(미추홀 공원, 2024. 2. 19.)

1962년 인천시립박물관장이었던 우문국(禹文國)과 이화여자대학교의 이경성(李慶成)의 약식 발굴에서 유물은 출토되지 않았다. 마름모형 개석의 크기는 길이 3.4m, 너비 2.2m, 두께 35~60cm(위키백과)로, 덮개돌의 윗면에는 채석을 위해 쐐기를 박은 16개의 흔적이 일렬로 배열되어 있다. 한편 문학동 고인돌 크기가 340㎝×220㎝×65㎝[154]로 제시되어 약식 발굴 당시의 크기와 별 차이가 없다.

---

154 『문학산 역사와 문화유적』, 인하대학교 박물관, 2002, 242쪽 표 1

도천현(禱天峴)의 위쪽 '도천단(禱天壇)'으로 전해온 석조물과 관청리 지석묘와 현재 미추홀 공원에 있는 '문학동 고인돌'의 사진들을 확대해 자세히 비교해 보면 뚜렷한 흰 줄무늬, 모서리 부분에서 파편들이 떨어져 나간 흔적, 윗면의 균열 부분과 채석 흔적 등에서 모두 같은 모습으로 나타난다. 단지 사진들은 문학동 고인돌이 놓인 상태, 찍은 방향과 각도의 차이 등으로 다르게 보일 뿐이고, 특히 윗면의 균열 부분이 커진 것은 일부 사람들이 무분별하게 바위에 기념 글자를 새기면서 충격을 주었거나, 택지개발에서 방치되어 다른 장소로 이동하는 과정이 반복됨으로써 발생한 문제로 추정된다. 문학동 고인돌(관청리 지석묘)은 발굴 당시 굄돌과 출토 유물이 없었고, 무덤방의 확인 여부도 알 수 없었다는 사실에서 바둑판식 고인돌의 변형인 개석식 고인돌의 형태로써, 관교 마을의 남쪽 언덕에 위치하여 오랜 세월 도천단의 기능을 유지해 온 '의례용 제단(儀禮用 祭壇)'일 가능성이 크다.

(8) 제사 유적

　삼호현에서 문학산성(동쪽)으로 이어지는 능선으로 150m 거리에 제사 유적이 있다. 2016년에 정밀 발굴조사가 실시되어 그 결과 "제단 형식의 유구가 확인되고, 다량의 기와와 토기잔 등의 유물이 출토된 것을 근거로 제사 유적으로 판단했다. 이 유적이 백제의 대(對)중국 교류와 관련된 전승이 남아 있는 '삼호현, 능허대'와 인접해 있다는 점인데, 이를 근거로 하여 항해와 연관이 있는 제사 유적일 가능성도 제기된 상태이다."[155]

문학산의 제사 유적(2024. 6. 25.)

155　『문학산성 주변 유적 정밀발굴 조사보고서』, 한국고고인류연구소, 2016

사. 절터

다음 절들은 원래의 이름이 아니라 발견 당시 조사된 지역과 관련하여 지어진 절터 명칭이다.

(1) 길마사지(吉馬寺址)

이경성의 조사에 의하면, "문학산의 말봉(末峰)을 길마산(吉馬山)이라 하는데, 이 산 북면(北面) 중(中)턱에 약 10㎡에 걸쳐 2단으로 땅이 고르고 석축의 토대가 남아 있고 큰 초석들이 산재하고 있는데, 이곳을 전하여 오기를 사지(寺址)라 한다. 조사한 결과 조선시대에 속하는 약간의 와편과 토기편을 발견하였다. 실측도(實測圖)는 다음과 같다."[156]

길마사지(2024. 8. 13.)[157]

2010년 인천 지역의 사지 및 폐사지에 대한 현황조사에 의하면, "전(傳) 길마사지는 선학동 산 37-1 일대로 문학경기장에서 남서 방향으로 약 330m 떨어진 곳으로 확인되었다. 당시 조사에서는 사지 추정지에 양계장이 들어서 있었으며, 사지 구역 내 평탄지에서는 초석으로

---

156 『문학산 방면 고적전설 조사보고서』, 이경성, 1949, 1~3쪽
157 양계장 남쪽으로 여러 분묘가 들어서 있음

추정되는 석재와 원형으로 다듬은 석재 1기, 그리고 우물지가 남아 있다고 보고했다. 전(傳) 길마사지 일대에서 확인된 유물로는 집선문, 수파문, 복합문(집선+수파)의 기와편과 분청사기편, 백자편, 토기편 등이 함께 확인된 것으로 보고되었다."[158]

길마사지 북동쪽 전경(2024. 8. 13.)

(2) 문학사지(文鶴寺址)

이경성의 조사에 의하면, "배바위서 산 중턱을 끼고 서(西)로 고개 하나를 넘으니 문학사지에 이르게 된다. 이것 역시 산봉 밑 약 80미터가량의 중턱에다 지대(地台)를 고르고 자연석을 구축하여 만든 조그만 사찰로 현재의 유구(遺構)로 보아 건물은 본당지(本堂趾)와 승방(僧房)의 두 건물로 추측된다. 도시(圖示)하면 다음과 같다."[159]

절터는 제2경인고속도로의 다리를 지나 문학산성 동문 터로 오르는 초입에 위치하고, 좀 더 지나가다 보면 주변으로 물의 정화 능력이 뛰어나다는 고마리 군락이 나타난다.

---

158 『문학산성 정밀지표 조사보고서』 인천광역시립박물관, 2017, 26쪽
159 『문학산 방면 고적전설 조사보고서』 이경성, 1949, 34~35쪽

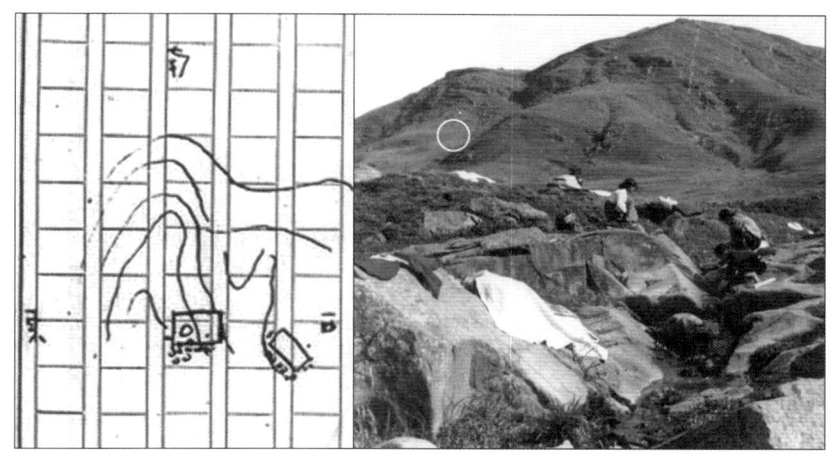

문학사지   문학산(최성연, 화도진도서관)160

    2010년 문화재청과 불교문화재연구소에서 진행한 인천 지역의 사지 현황조사에서, "전(傳) 문학사지의 위치는 문학길70번길 종착지 일대의 경작지로 1977년까지 잔존한 것으로 전해진 석축은 확인되지 않았지만 경작지 주변에서 어골문, 무문, 종선문, 격자문 기와편과 백자편, 토기편 등이 수습되었다고 하며, 사찰의 운영 시기는 고려 중기~후기로 추정했다"[161]는 기록이 있다.

    2017년 인천광역시립박물관 조사에서 "전(傳) 문학사지는 문학산 북록 끝자락의 완만한 경사지 일대로 현재 경작지로 사용되고 있었고, 사지는 동서 방향으로 길게 형성되어 있으며, 경사면을 따라 계단식으로 대지가 조성되어 있다는 사실이 확인된다. 유적 주변에서는 무문의 기와편이 확인되었으며, 사지의 동쪽에는 문학굿당과 서낭나무가 위치하여 있다. 또 굿당 앞에는 제의 대상으로 보이는 동자석 1기가 있다"[162]는 기록도 보인다.

---

160   흰 원 안이 문학사지로 추정됨[인천광역시 미추홀구 문학길70번길 70(경작지)]
161   『한국의 사지 - 사지(폐사지) 현황조사 보고서 (上)』문화재청·불교문화재연구소, 2010, 115쪽
162   『문학산성 정밀지표 조사보고서』인천광역시립박물관, 2017, 25쪽

| 문학굿당 서낭나무 | 동자상 |

| 문학사지 북 → 남 방향 | 문학사지 남 → 북 방향(앞 승학산) |

(3) 연경사지(衍慶寺址)

이경성의 조사에 의하면 "문학산에서 서측으로 삼호현을 건너서 마주 보이는 산은 연경산(衍慶山)이다. 이 산 서쪽 산상 가까이 골짜기에는 연경사지가 있다. 이 사찰은 조그만 암자로 어느 시대에 창건된 것인지 문헌에도 없고 하여 알 길이 없으나 출토 와편으로 보아 고려시대에 속하지 않는가 추측된다. 지금 그의 유구를 보건대 약 30㎡의 사지(寺趾)에다 6간 당 셋을 지은 초석[163]이 있고, 더구나 초석에는 시멘트로 집벽을 이룬 자리가 아직도 역연(歷然)하다. 이것은 이제로부터 약 30년 전 모 중이 이곳 유래 깊은 곳에다 암자를 재건하여 약 1년간 거주하다 어딘지 다른 곳으로 옮기어 간 후 황폐된 것이라 한다. 이 절터에서 남측으로 약 10미터 아래 큰 바위 밑에 우물이 둘 있어 지금도 물이 많이 고이어 있다"[164]는 기록이

---

163 1977년 『문화유적총람』에는 연경사지의 넓이는 약 30㎡이며, 건물 셋을 지은 초석이 있었다고 함(인천광역시 미추홀구 학익동 158-20)

164 『문학산 방면 고적전설 조사보고서』, 이경성, 1949, 52~53쪽

있다.

"연경산 정상의 팔각정에서 북서로 약 130m 떨어진 7부 능선상의 곡부 안쪽 평탄면에 위치하고 있었으며, 규모는 장축 34m, 단축 20m로 파악되었다. 또 내부에는 남북 방향으로 길이 약 3.6m의 추정 석렬 유구가 확인되었고, 유구의 북쪽 끝에는 흙으로 성토된 토담식 둔턱도 확인되었다. 두 유구는 북쪽 방향을 기준으로 'ㄱ'자 형태를 하고 있다. 전(傳) 연경사지의 경우 최초 이경성의 조사와 마찬가지고, 그 규모로 볼 때 큰 사찰이라기보다는 소규모의 암자가 있었던 것으로 판단된다"[165]고 보고되었다.

연경사지 동 → 서 방향 　　　　　　　　　　　연경사지 서 → 동 방향

(4) 학림사지(鶴林寺址)

이경성의 학림사지 조사에서 "8시 30분 학익학교 교정을 통하여 교사 후산(後山)에 있는 고려시대의 사찰 학림사지를 조사하기 시작하였다. 우선 이경성은 사지의 측정에 종사하고, 김윤환 이하 2명은 기와 기타 유물의 검출에 종사하였다. 착후(着後) 약 10분 만에 김정희가 연우(延佑) 4년(서력 1317, 고려 충숙 34) 3월 재명(在銘)의 평와편을 발견하여 일동을 환희시키었다. 그 후 기년명(記年銘)의 기와가 속속 발견되었고, 마침 구경하러 온 학익교 6회생 이순만·곽영인 양인에 의하여 문양 있는 기와와 어형와(魚形瓦)의 자편, 고려자기 자편 등 각종 유물 다수가 발견되었다. 기타 이경성은 사지의 측정을 마치고, 사진촬영을 하였다. 지금 동사지(同寺址)를 도해(圖解)하건대 다음과 같다"[166]고 기록했다.

---

165 『문학산성 정밀지표 조사보고서』, 인천광역시립박물관, 2017, 27~28쪽
166 앞의 조사보고서, 이경성, 1949, 2~3쪽

도해 내용167　　　　　　　학림사지 출토 범자 무늬 암막새(인천광역시립박물관)

　사지(寺址)는 남측이 교사 건축 때문에 헐리어 단지 후방 일부만을 조사할 수 있었고, 더구나 기대하였던 초석은 하나도 발견치 못하여 기와의 방향 기타로 사지를 추측할 정도이었었다. 더구나 사지에다가 보리 심어 무성한 고로 토지는 조금도 발굴할 수가 없었다. 그러나 지향(地向)의 전체를 보아 이 사지가 남향한 산기슭에 넓은 경내 속에 건립되었다는 것을 추측케 하고, 더구나 발견 기와가 고려(高麗) 연우(延祐) 4년 3월 재명(在銘)이 있고, 또 다수의 고려자기 자편이 있는 것을 보면 고려시대 상당히 큰 사찰로 고기(考記)된다. 그러나 전기 연우 4년은 동사(同寺)의 중수(重修) 연대이고, 『여지승람』에도 기록되지 않은 것을 보면 신라시대의 창건이 아닌가 생각한다. 더구나 기와의 문물이 독특한 고려적 의장(意匠)으로 미술적으로도 본보기가 될 만한 것이었다. 이번 가을 이곳을 조직적으로 발굴하여 매몰한 초석을 발견하면 더욱 확실한 사지가 명백하게 되리라. 검출이 끝나고 일동은 학교 교장을 방문하여 학교에서 발견, 수집하여 놓은 13점의 유물(기와 11점, 고려자기 2점)을 기증받고 상오 9시 30분경 이곳을 떠나 홍우순 신도비로 향하였다"[168]는 기록이 있다.

167　앞의 조사보고서, 이경성, 1949, 3쪽 / 학림사지(인천광역시 미추홀구 학익동 330-1)
168　앞의 조사보고서, 이경성, 1949, 4~6쪽

학림사지 수습 유물169

아. 홍우순 신도비

이경성의 조사에 의하면, "연경산 북(北) 기슭에 큰 비(碑)가 서 있으니 이것이 곧 숭정기원 후 4 기묘 5월(조선 고종 16, 서력 1879)170에 건립된 의정부 좌참찬 홍공우순 신도비다. 원래 신도비는 묘비의 일종으로 묘릉(墓陵)의 동남(東南)에 세우는 것이다. 풍수설에는 묘릉의 동남을 신도(神道)라 부른다. 3품 이상은 신도비를 묘릉수도(墓陵隧道) 남면에 세우는 예가 있었다. 신도라 함은 묘에 묻힌 신령(神靈)이 출유(出遊)하는 길을 가리킨다. 조선시대에는 2품 이상의 묘주에게 세울 수 있는 것이 정제(定制)였다. 신도비를 묘릉에 세우는 것은 고려 또는 그 이전부터의 관습이었지만 이 시대의 신도비는 전부 망일(亡逸)되고, 다만 고려시대의 신도비문이 동문선(東文選) 기타 문집에 남아 있을 뿐이다. 조선시대에는 인군

---

169 『인천고적 조사보고서』 22쪽(저자 이경성, 편자 배성수, 2012, 인천문화재단)
170 이경성의 조사에서 '숭정기원 후 4 을묘 5월(조선 철종 6, 서력 1855)'을 신도비 끝부분 '…崇禎紀元後四己卯五月日竪'에 따라 『인천고적 조사보고서』(편자 배성수, 2012, 23쪽)에서 '숭정기원 후 4 기묘 5월(조선 고종 16, 서력 1879) 건립'으로 바로잡음

∙ 사대부 모두 신도비를 세운 예가 있다. 이 비는 고(高)가 9척 7촌, 횡장(橫長)이 2척 6촌, 폭(幅)이 1척 1촌이고, 비는 비교적 새로운 것으로 후세 재건립된 것으로 고기(考記)된다. 그리고 동비(同碑) 비문은 다음과 같다"[171]의 기록이 있다.

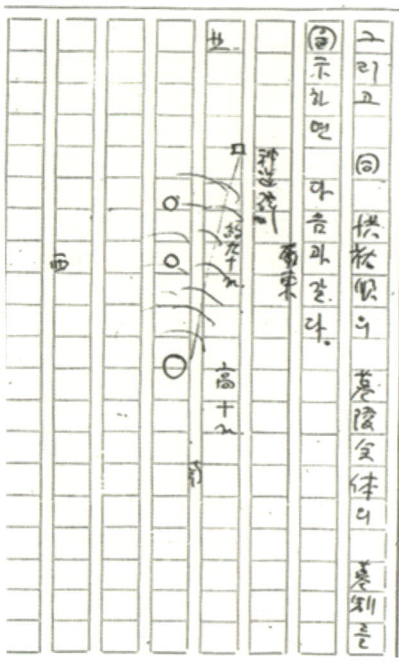

묘제도시(墓制圖示)[172]

홍우순의 신도비[173]

홍우순(1791-1862) 신도비의 앞면 내용을 번역하면 다음과 같다.

171　『문학산 방면 고적전설 조사보고서』 이경성, 1949, 6~8쪽
172　위의 조사보고서, 이경성, 1949, 20쪽
173　홍우순의 신도비는 연경산 제운정 위쪽에 있었는데, 서해안고속도로 건설로 1992년 6월 22일 경기도 일산동구 성석동 산 56-1번지로 옮겨짐

[議政府左參贊贈]

의정부좌참찬에 추서함

有名朝鮮崇政大夫行議政府左參贊兼判義禁府使 知經筵事 贈諡孝貞豐山**洪公祐順神**道碑銘幷序

조선 숭정대부 의정부좌참찬 겸 판의금(의금부) 부사, 지경연사로 이름이 알려졌다. 추서한 시호는 효정풍산홍공우순 신도비명에 겸하여 서두에

男嘉義大夫工曹判書兼同知義禁府事五衛都摠府副摠管**承組**謹撰

아들 가의대부공조판서 겸 참판 겸 동지의금부사, 오위도총부부총관 (홍)승조가 조심스럽게 글을 짓고,

孫男嘉善大夫戶曹判書兼同知 慶延成均館事原任弘文館副提學**遠植**謹書

손자 가선대부는 호조판서 겸 동지경연성균관사 직, 홍문관부제학 (홍)원식이 조심스럽게 글씨를 쓰고,

甥姪 通政大夫吏曹參議 靑松 **沈東臣** 謹篆

생질 통정대부 이조참의 청송 심동신은 조심스럽게 두전(頭篆)[174]을 썼다.

府君諱祐順字耳伯城山其號也豐山洪氏系出高麗直學諱之慶生諱侃舍人號**洪涯**以文章著生諱侑大提學生諱演大提學生諱侑中郎將鼎革初隐高陽高峯高之有洪始此入

돌아가신 아버지의 생전 이름은 우순, 자는 이백, 성산은 그의 호이다. 풍산 홍씨 가계는 고려 직학 출신 (홍)지경과 사인 출신 호가 홍애인 (홍)간은 문장이 뛰어났고, (홍)유대는 제학을 지냈고, 그의 아들 (홍)연은 대제학을 지냈고, 그의 아들인 (홍)유는 중랑장을 지냈는데 조선의 건국 초기에 고양 산골에 은거하면서 이로써 시작되었다.

---

174 비석의 머리 아래에 전자체(篆字體)로 새긴 제목을 말한다.

我朝世有今德有諱履祥大司憲 贈領議政謚文敬

조선에서 세상에 덕을 베푸신 (홍)이상이 대사헌 지내시고, 영의정으로 추서되고 시호는 문경으로 내려졌다.

命不祧經術德行爲 穆陵名臣士林俎豆之世稱**慕堂先生**

경술과 덕행을 한 자는 목릉(선조)에 부조[175]하라는 명으로 명신 사림이 제사 지냈으니 세상이 모당선생이라 칭하였다.

生諱霶號芝溪大司憲邃學姻禮當光海西宮之變疏斥權奸生諱柱一號玄塘牧使善文章歷三世有諱彦輔以詩鳴子其弟德輔之子諱宗漢是爲府君高祖曾祖諱樂靜 贈吏曹參判祖諱喜榮府使

아들 (홍)방의 호는 지계로 대사헌이셨고, 학식이 깊으시니 광해서궁의 변란[176]에 권간을 배척하는 상소를 올렸다. (홍)주일을 낳으시니 호가 현당으로 목사가 되시고, 문장에 뛰어나시어 3세를 이어갔다. (홍)언보는 시로 이름을 날렸고, 그 동생 (홍)덕보의 아들 (홍)종한은 부군의 고조부이시고, 증조부 (홍)약정은 이조참판을 추서 받았다. 조부 (홍)희영은 부사가 되시고,

贈吏曹判書考諱命周號芝泉兵曹判書入耆社謚靖簡受知 健陵疏斥邪敎 贈左贊成大提學以府君貴也妣

이조참판을 추서 받았고, 생각하건대 (홍)명주는 호가 지천으로 병조판서를 하시고, 기로소에 입회하셨고, 시호는 정간으로 수여된 것으로 안다. 건릉(정조)에 사교를 배척하는 상소를 올려 좌찬성과 대제학이 추서되었으니 부군을 귀하게 여기셨음이다. 부인은

---

175 부조묘(不䄻廟) : 본래 4대가 넘는 조상의 신주는 사당에서 꺼내 묻어야 하지만 나라에 공훈이 있는 사람의 신위는 왕의 허락으로 옮기지 않아도 되는 불천지위(不遷之位)가 된다(한국민족문화대백과사전).

176 인목대비 폐위 사건

贈貞敬夫人朔寧崔氏進士照女領議政忠貞公興源九世孫繼妣

贈貞敬夫人全州李氏挺一女參判泰龜五世孫府君以

正廟**辛亥**八月十一日寅時生器宇宏豁性度方嚴甫髫齓言動若成人受靖簡公義方之訓篤於攻學長於幹家於奉先接賓之道裕如也自勝冠人以國器目之純廟**丙子**中進士**乙酉**中到記

정경부인으로 추서되었고, 삭녕 최씨 진사 조의 따님으로써 영의정 충정공 (최)흥원의 9세손이시다. 계비는 정경부인으로 추서되었고, 전주 이씨 정일의 따님으로써 참판 (이)태구의 5세손이시다.

부군께서는 정조 신해년(정조 15, 1791) 8월 11일 인시에 태어나시니 기량이 크고 넓고, 품성과 법도 모두 엄하였으며, 성장하면서 말과 행동이 성인과 같아 정간공의 교훈을 받게 되었고, 배움에 진심을 다하였다. 성장하면서 집안일에 선조의 업과 손님 접대의 도리에 넉넉하여 스스로 관인보다 훌륭함이 있었다. 국가의 그릇으로써 주목하였는데 순조 병자년(순조 16, 1816) 진사에 이르고, 을유년(순조 25, 1825)에 이르는 기록은

殿試登兵戈分隷槐院歷侍講院設書司書成均館典籍文兼宣傳官司諫院正言**辛卯**以都事掌海西試關節不行尋入弘文館爲校理副修撰轉司憲府掌令軍資監正兼弼善司諫副應敎**甲午**冬因雷異應旨疏陳賞罰不公言路不廣反覆累千言言甚劀直

전시에서 병과로 합격하였다. 괴원[177]에 속하여 시강원 설서, 사서, 성균관 전적을 겸하여 선전관, 사간원 정원을 역임하였다. 신묘년(순조 31, 1831)에 도사로써 해서의 과거를 관장했고, 중요한 자리에 있는 사람에게 뇌물을 주거나 청탁하지 않고 연구하여 홍문관에 들어가 교리, 부수찬으로 있었고, 한층 더 사헌부 장령, 군자감 정, 겸하여 필선, 사간, 부응교를 거쳤다. 갑오년(헌종 즉위년, 1834) 겨울에 벼락으로 인해 상벌이 공정하지 못하고 언로가 막힌 것을 상소하여 아룀에 많은 말이 심히 사리에 맞고 강직하니

上批以指陳闕失言皆切實詡之 純廟賔天差實錄廳郎尋差

임금께서 답하시기를 조정의 실언을 지적하여 상소에 대해 모두 절실하다고 칭찬하셨다.

---

177 외교문서를 맡아보던 관아

순조께서 승하하시니 실록청 낭관과

山陵都監郎廳敍勳通政拜兮 兵曹參議同副承旨至左承旨歷兵曹參知**庚子**冬以參贊官晝講詩蓼蕭奏曰此君臣燕樂詩也古昔哲王於逸豫時猶相警勅況今雷異之後正宜恐懼修省

산릉도감 낭청으로 임명되어 수고하셨다. 통정의 벼슬을 받아 병조참의, 동부승지, 좌승지를 역임하셨다. 병조참지로 있던 경자년(헌종 6, 1840) 겨울 참찬관으로써 시료소[178]를 강의하고 아뢰어 말하기를 "이는 군신이 즐기는 시입니다. 옛날 철왕이 편안히 즐길 때 오히려 서로 경계하였는데 하물며 지금 우레가 있어 이상하니 이후 두려움으로 살펴 마땅히 바르게 행하셔야 합니다." 하니

上嘉納之**辛丑**遭靖簡公憂制闋拜右承旨坐事罷旋敍除春川府使政淸而簡民以易治邑舊多逋至是奸猾革面滯簿畢刷瓜歸民立碑志不忘**丁未**因大臣筵秦進嘉善授左右尹同春秋副摠管兵曹參判同慶筵

임금께서 그것을 받아들이셨다. 신축년(헌종 7, 1841)에 정간공의 상을 당하여 절제하며 마치고는 우승지 벼슬을 받았으나 연좌된 일로 파하였고, 진술함에 면제받아 춘천 부사로 돌게 되었다. 정사에 청렴하고 정성으로 백성을 다스려 고을의 체납한 세금을 받아내 간활함을 고치고, 정리되지 않은 장부를 마감하였다. 깨끗하게 정돈하고 돌아오니 백성들이 비를 세워 그의 행적을 잊지 않았다. 정미년(헌종 13, 1847)에 대신들이 경연에서 가선대부를 청하여 나아가니 좌우윤, 동춘추부총관, 병조참판, 동경연이 수여되었다.

辛亥秋拜江原道觀察使爲治廉公嚴明鋤奸懲墨一路淸平 時有貴戚 (子倅管下怙勢藏亡吏不敢詰府君檄倅示必搜狀捽乃逸歸鄕省有小警傳海諸郡譸訛胥煽若將有變府君…)

신해년(철종 2, 1851) 가을 강원도관찰사 관직을 받아 공평하고 엄격하게 다스리고, 어긋나고 간사함을 명확히 하고, 징계와 형벌을 내려 한결같이 깨끗하고 평온하였다. 이때 귀척의 (아들이 고을 수령의 관할 아래에 있으면서 권세를 믿고 도망한 향리를 숨겨주었는데, 부

---

178 『시경(詩經)』 소아(小雅) 남유가어지십(南有嘉魚之什)의 '요소(蓼蕭)'라는 시

군께 감히 아뢰지 않고 수령을 비방하여, 수령은 모두를 잃고 인근 관아에 의탁하였다. 작은 변고가 널리 여러 고을에 알려졌는데, 장차 부군에게 변이 있을 것같이 거짓이 잠깐 사이에 퍼져갔다…)

- 홍우순 신도비의 앞면 내용 끝

자. 황운조 선정비

府使黃公運祚淸白善政碑
崇禎紀元三己未五月 日立

부사 황공운조 청백선정비
숭정 원년(1628)으로부터
세 번째 기미년(1799) 5월에 세움

숭정은 명의 16대 황제(의종)의 연호임, 재위 기간은 1628~1644년, 명(明)의 멸망 후 반청(反淸) 사상이 강한 유학자들의 대명의리론과 관련하여 조선에서 18세기까지도 숭정 연호를 사용함

황운조 선정비(청학사 입구, 2021. 11. 16.)

　황운조는 인천도호부사를 2회 역임하면서, 재직 중에 선정으로 공적비 3기와 효행(孝行)으로 명성이 알려져 순조 14년(1814)에 고향인 강화에 정문(旌門)이 세워졌다. 서예가로써 윤순(尹淳)·김상숙(金相肅)과 함께 강도 삼절(江都三絶)로 불렸다. 정조대왕 어제시(正祖大王御製詩), 황일호의 신도비, 김재구(金載久) 묘의 묘비문, 쌍봉사 사적비(雙峯寺寺蹟碑) 등을 썼다.[179]

　정조 21년(1797) 왕이 화성 현륭원(顯隆園)으로 행차하는 도중, 인천 경내를 지날 때 1편의 시를 지어 인천도호부사 황운조에게 쓰게 하여 인천도호부 관아에 걸도록 하였다.

179　한국학중앙연구원(향토문화전자대전) 참조

⟨정조대왕 어제시⟩[180]

깃발을 펄럭이며 바닷가로 돌아드니
소래산의 수려한 빛 눈이 번쩍 열리도다
드높은 군자봉 바로 앞에 솟았으니
혹여 그 안쪽에 숨은 인재 있으려나

정사년 8월 간행하여 동헌에 걸었다
사롱(紗籠)이 있다

차. 미추왕릉(彌鄒王陵)

"남산(南山, 문학산)에 있는데, 부에서 2리쯤 떨어져 있다. 예로부터 고을에서 속칭 '미추왕릉'이라 불렀다. 그러나 산소가 무너져 알아볼 수 없게 되었고, 단지 석인상(石人像) 1개만이 섬돌 앞에 넘어져 있을 뿐이다. 고을 사람들이 와서 주변에 장사(葬事) 지내는 자가 있어, 이에 곧 파내어 이장(移葬)하도록 영(令)을 내렸다. 그러나 고쳐 쌓고 정비하여 보전함으로써 의심스런 것은 그대로 두어 후대에 전하는 도리를 아직 못하고 있다."[181]

塚墓[在勝覽者, 不錄]
彌鄒王陵[在南山, 距府二里 ○自古, 邑俗稱爲彌鄒王陵, 而塋城崩顔, 無可辨認, 只有一石人, 倒在階前, 邑民至, 有遍葬者, 故卽令掘移, 尙未改築修護, 以爲傳疑之道]

---

180 『역주 인천부읍지』, 인천광역시 역사자료관 역사문화연구실, 2004, 27쪽
181 위의 책, 인천광역시 역사자료관 역사문화연구실, 2004, 20쪽

카. 백제 우물터

"비류의 도읍 미추홀의 문학산 동남쪽 청학동에 위치한 이 샘은 백제 우물이라 알려져 있다. 인천에서 백제 관련 유적과 전승은 대부분 문학산 일대에서 확인되고 있어 이곳은 선사시대 이래 인천 역사의 중심지였다. 우물은 마을 공동체의 구심점을 이루는 생활 근거지로 정보 교류가 이루어지는 만남과 소통의 장이었는데, 기록에 의하면 문학산성(文鶴山城) 안에 두 개의 우물이 있었다고 전하니 이곳 우물은 성 밖 일반 백성들이 사용했던 것으로 보인다. 그러나 한편으로는 우물이 깊다는 의미의 '백자(百尺)' 우물로 전승된 것으로 추정되기도 한다."[182]

백제 우물터(2024. 8. 8.)

---

182 연수구청의 '백제 우물터' 유적 안내판 내용

04

관방 시설 토둔(土屯)

    1871년 신미양요 당시『소성진중일지』에 문학산 일대의 관방과 관련한 기록이다.

    "전초(前哨)의 초관 하제우에게는 본초병(本哨兵)을 이끌고 관문(官門)에 결진하게 하였다. 중초의 초관 공재선은 본초병을 거느리고 문학산 서현(西峴) 및 제월봉(霽月峰)을 굳게 지키도록 하였다. 별장 최흥구(崔興九)에게는 봉군(烽軍)을 이끌고 산성터에 매복하게 하였으며, 아전 김재건과 형리 김진성에게는 화포군을 거느리고 문학산의 동쪽과 서쪽에 매포(埋砲)하도록 하였다. 퇴인(退印) 박순복, 김이연에게 화포군을 거느리고 문학산의 앞뒤로 매복하게 하였다. 그리고 후초관(後哨官) 김순엽에게 본초병(本哨兵)을 거느리고 굳게 도찬현(刀鑽峴)을 지키게 하였고, 중군 이규현에게는 부내(府內)의 포병들을 거느리고 굳게 뒷산을 지키게 하였다. 공택선, 김진효, 이한규, 이광표, 김윤현 등은 화포군 및 수노병(手弩兵)을 거느리고 보병현, 무주현, 망현, 마근현, 마을 입구 5군데에서 복병을 하고 있다가, 적이 들어오면 낮에는 깃발을 올리고, 밤에는 횃불을 올리도록 분부하였다"[183]에서 군사 배치와 복무요령 등을 지시하고 있다.

---

183   『역주 소성진중일지』 4월 초6일, 인천광역시 역사자료관 역사문화연구실, 22~23쪽

"또 문학산에는 고성(古城)이 있어 이는 하늘이 내린 험지(險地)로 이미 왜란 때의 전투 시 방어했던 곳으로 지금은 비록 여장(女墻)이 무너지고 풀이 우거졌으며 거칠어지고 더러워졌지만, 만약 수리를 한다면 일은 반으로 하면서 공은 배로 늘리니 서울의 관방으로 이보다 요처로 삼을 만한 곳이 없을 것이다. 그러므로 지금의 계책은 군사를 양성하는 것만 한 것이 없고, 군사 양성의 중요한 점은 둔전(屯田)만 한 것이 없다"[184]에서 문학산의 관방 시설의 수리와 군사 양성에 둔전의 필요성을 제시하고 있다.

"배는 육지를 갈 수 없고 대포는 산을 넘을 수 없으니 나는 이미 그것을 제압하는 방법을 아뢰었다. 함께 아전과 사졸들에게 명령하여 굴을 파서 토갑(土甲)을 만들고, 안으로 몸을 숨겨서 적이 만약 상륙하면 너희들은 일어나 탄환을 쏘라고 약속하고 앉아서 헤아리니 이것이 진실로 적을 반드시 격파하는 방법이다"[185]는 토갑 전술 방법에 대한 설명이다.

토둔은 2006년 문학산 일대 고려시대 유적조사 보고서에 보고된 유구이다. 노적산(제월봉) 자락에서 확인할 수 있는 토둔 4곳이 확인되었다. "1호 토둔은 청학동 주택단지 뒤편의 정상부에 위치하며, 주변에는 시민들의 체력단련 시설이 있다. 토둔의 크기는 약 20×20m로 말각방형이며, 노적산 서쪽 능선 끝단의 정상부를 절토한 면을 이용하여 토둔을 마련한 시설로 추정된다. 내부에는 잡목이 자라고 있으며, 낙엽이 상당량 쌓여 있다. 시기를 추정할 수 있는 유물은 수습되지 않았다. 2호 토둔은 1호 토둔과 인접하며, 동쪽 방향의 약간 하단부에 위치하며, 크기는 약 40×30m의 말각방형이다. 북동쪽 부분이 출입구로 추정되며, 노출된 단면으로 보아 흙과 석재를 이용하여 축조한 것으로 추정된다. 시기를 알 수 있는 유물은 수습되지 않았다. 3호 토둔은 인천시립옥련사격장 뒤편에 위치하며, 노적산 능선의 중턱에서 서쪽을 조망할 수 있는 곳에 자리하고 있으며, 북동쪽의 자연 암반을 토둔의 내벽 한 면으로 이용하고 있다. 이들 토둔은 문학산 일대로 들어오는 승기천(承基川)과 한진(漢津)이 위치한 서해 연안에 대한 조망권이 어느 정도 확보되는 지리적 특징이 있다."[186]

---

184 『역주 소성진중일지』 5월 22일, 135쪽
185 위의 책, 부록(소성부포계절목), 156쪽
186 『문학산성 정밀지표 조사보고서』, 인천시립박물관, 2017, 24~25쪽

『소성진중일지』에 마근현(麻根峴)으로 표기된 마근대미 고개가 있다.

"미국 함선의 출몰에 따라 인천 관아로 통하는 고개와 같은 요로(要路)에 방수군(防戍軍)을 배치한 곳으로 나타난다. 이 시기 인천 연안에 대한 방비 상황을 그린 『화도진도』에는 적이 상륙하기 쉬운 나루나, 지지(地池)로 통하는 골짜기 주변에 토둔(土屯)이라 표기한 소규모의 토루(土壘)를 설치한 것을 군데군데 볼 수 있다. 마근대미 고개에 있었다는 토성도 이와 같은 토둔의 하나가 아닐까 여겨진다."[187]

"이 고개는 문학초등학교 서쪽을 끼고 서북으로 신기촌 쌍룡아파트로 넘어가는 고개이다. 고갯마루의 동쪽은 배수장이 자리하고, 서쪽은 주택지로 변하였다. 과거 관아에서 주안 방향으로 향하는 요로(要路)였다. 마근대미라는 이름도 막아놓은 듯하다는 뜻이다."[188]

미추홀구 학익동 서광사에서 남쪽으로 200m 거리에 토루 유적(학익동 191-34)이 있는데, 1999년 인하대학교 박물관의 조사에서 "토루의 축조방식은 먼저 기저부에 2~3단의 석축렬을 조성하고, 그 상면으로 흙으로 성토한 것으로 파악되었다. 내부 전체 면적은 약 625㎡이다."[189]

2017년 인천시립박물관의 정밀지표에서 "학익동 건물지의 토루 형태는 청학동 토둔과 상당한 유사성을 보인다. 능선의 말단에 조성되고, 능선의 경사면을 잘라 삭평한 후 절개면을 그대로 토둔의 한쪽 벽으로 이용했다. 기존의 조사된 토둔들과 학익동 건물지는 지표상에서 유물이나 유구의 흔적이 확인되지 않으며, 모두 문학산 주 능선을 배후에 두고 있어 비고가 높아 주변을 조망하기에 유리한 입지 조건을 가진다"[190]라고 기록하고 있다.

---

187   『문학산 역사와 문화유적』, 인하대학교 박물관, 2002, 262쪽
188   위의 책, 인하대학교 박물관, 2002, 261쪽
189   『문학산 일대 문화유적 지표조사 보고서』, 인하대학교박물관, 1999
190   『문학산성 정밀지표 조사보고서』, 인천시립박물관, 2017, 29쪽

옥련사격장 뒤 청학동 토둔 3호

학익동 건물지191

---

191 『문학산성 정밀지표 조사보고서』, 인천시립박물관, 2017, 18쪽 사진 19 학익동 건물지 북 → 남

주택단지 뒤편 청학동 토둔 1호

토둔 1호 아래 청학동 토둔 2호

05

문학산 인근 마을

가. 학익동(鶴翼洞)

학익이란 이름은 연경산(인경산)이라고 불리는 학익산을 멀리서 보면 '학이 날개를 편 모양'이라 해서 문학산과 함께 연경산의 봉우리가 두 날개처럼 펼쳐져 동네를 감싸고 있는 형상이라고 한다.

또한 학익동이 바다와 가까워 조개가 많이 났다 하여 합골, 핵골, 핵굴로 불리다가 학산으로 이어졌다. 이와 다르게 주변을 '둘러싸다'의 옛말 '두루다'의 명사형 '두룸'이 두루미와 혼동하여 두루미산의 한자어 '학산'이라 불렀다는 견해도 있다.[192]

학익동의 옛 이름인 제운리의 이름과 관련 있는 기록으로써, 조선 숙종 때 부평 이씨 문중의 제운(齊雲)[193] 선생이란 덕망 높은 학자가 있었다는 내용과 연경산 북록의 홍우순의 신도

---

192 『도시마을생활사 용현동·학익동』, 인천광역시 남구청 문화예술과, 2016, 61~62쪽 참조
193 이세주(李世冑, 1626~1710)의 호, 인천 학익동(제운리)에서 태어났다. 학문을 숭상하여 환로(宦路)[벼슬길]에 오르지 않고 고향에 거주하면서 경학(經學)에 힘썼으며, 40세 이후 후진 교육에 전력을 다한 학자이다. 제운리는 부평 이씨의 세거지로써 이세주의 호는 마을 이름에서 연유하였다. 그의 문하에서 수학한 학생이 수백 명에 이르렀는데, 그중 과거에 오른 자가 세 사람이고, 성균관에 들어간 자가 10명이었으며, 주현(州縣) 향시(鄕試)에 합격한 자는 헤

비에서 장지를 부내현 제운리로 표기하고 있으며, 『소성진중일지』에 노적봉을 제월봉(霽月峰)으로 표기하고 있다.

대한제국 시기인 1903년에 학익리로, 일제강점기인 1940년에 학익정으로, 해방 후 1946년에 학익동으로 개칭하여 현재에 이르렀다.

나. 옥련동

『인천부읍지(1842, 1899)』 방리(坊里) 편에 "먼우금면(遠又尒面)은 관아문에서 서쪽으로 10리에 있다. 옹암리·흑암리·동막리·망해리·척전리·한진리·함박리·대아도리·소아도리·야동·옥동 등이 있다"란 기록이 있다. 여기서 먼우금면은 1906년에 서면(西面)으로 고쳤다가 일제강점기였던 1914년 조선총독부령 제111호 전국 행정구역 통폐합에 따라 부천군 문학면이 되었다. 먼우금(遠又尒)의 유력한 해석은 "동춘동과 연수동 사이에 옛날에는 큰 개울이 깊숙이 가로막고 있어 서로 왕래하면서 10리 이상을 돌아가야만 하였다. 그래서 걸어가려면 먼 길이고, 눈으로 보면 지척이라는 뜻에서 '먼우금'이라 불렀다는 것이다."[194]

1936년 10월 인천부의 제1차 부역 확장 당시 부천군 문학면에 속해 있었던 옥련리가 인천부로 이관되면서 '송도정'이라는 행정지명이 붙게 된다. 행정지명으로써 '송도'라는 이름이 등장하여 약 9년간 사용되다가 해방과 함께 '옥련동'으로 바뀌어 현재에 이르고 있다.[195]

다. 청학동(靑鶴洞)

청학동은 전해오는 이야기에 따르면, 1600년대 초반에 경주 최씨를 비롯해 반남 박씨, 진주 김씨 일가들이 모여 살면서 마을이 형성되었다고 한다. 이중 경주 최씨가 주로 살던 곳이

　　　아리기 어려울 정도였다고 한다(디지털미추홀구문화대전).
194　『인천의 땅이름』, 이형석, 1998, 109쪽
195　『문학산의 역사와 문화유적』, 인하대학교 박물관, 2002, 52쪽 참조

본말, 반남 박씨가 모여 살던 곳이 청릉마을, 진주 김씨가 모여 살던 곳이 물푸레골이었다고 전한다.[196]

『인천부읍지』에 청학동은 인천부의 원우이면(먼우금면)에 속해 있었다.

"청학동의 모태가 된 서면 2리에는 모두 3개의 자연부락이 있었다. 1910년 『조선지지자료』에 의하면 후곡, 내곡, 청릉(靑凌)이 그것이다. 1914년 행정구역 통폐합에 따라 청릉 뒷골, 물푸레꼴, 안골, 옥골 등을 통합하여 청릉과 문학산의 이름을 한 글자씩 따서 청학리로 하여 부천군 문학면에 편입하였다. 1940년 4월 1일에 다시 인천부에 편입되었고, 해방 뒤인 1946년 1월 1일 청학동이 되었다."[197]

이곳에는 인천에서 무역상으로 활동하며 많은 이익을 챙긴 세창양행의 헤르만 헹겔, 타운센드 상회의 월터 타운센드, 청국 외교관 출신으로 오늘날 인천세관의 전신인 인천해관에서 일을 했던 오례당 등의 많은 역사적 인물들이 묻혀 있다.[198] 이들 묘지 66기는 2017년 5월에 인천가족공원으로 이장하였다.

라. 연수동

인천부 먼우금면(遠又尒面)에 속했던 망해리와 함박리 지역이었다. 이 지역은 1903년 인천부가 동네 이름을 바꿀 때 함박리(咸朴里)와 망해리(望海里)의 둘로 나뉘어졌다가 1914년에 부천군 문학면에 편입되었다. 1940년 인천부에 편입되면서 연수정으로 개칭하였고, 1946년 연수동으로 바뀌었다. 이후 청학동과 함께 행정동 연수·청학동이 되었다가 1977년 5월 10일 연수·청학동에서 연수동으로 개칭하였으며, 1994년 연수 1, 2동, 청학동으로 분동되었다. 1995년 3월 1일 남구에서 연수구가 분구될 때 연수구에 편입되었다.

함박리에서 '함박'의 '함'을 역시 '크다'는 '한'의 변형으로 보면서 '박'은 '밝다'는 뜻을 나타내는 것으로 보는 견해가 있다. '밝'은 하늘에 제사를 지내는 '천신제(天神祭)' 사상이 담겨 있는

---

196 중앙신문, 2024. 4. 17. '옛 인천의 향수를 찾아서(50)' 기사 참조
197 앞의 책, 인하대학교 박물관, 2002, 49쪽 참조
198 중앙신문, 2024. 4. 17. '옛 인천의 향수를 찾아서(50)' 기사 참조

말로써, 함박마을은 '크게 밝은 마을'이란 뜻으로 미추왕과 관련하여 오래전에 이곳이나 주변 산에서 천신제를 지냈을 것으로 추정할 수 있는 해석이다.[199]

연수동은 100여 년 전까지만 해도 곳곳에 바닷물이 들어오는 바닷가 마을이었다. 이곳에 살던 사람들은 곳곳에 방죽을 쌓고 농경지를 만들려 애를 썼는데, 그래서 지금까지도 숭어방죽이나 변산이방죽, 함박리방죽 등 여러 방죽의 이름이 전해오고 있고, 일제시대에는 천일염(天日鹽)의 주산지로써 역할을 하여 염전마을이라는 이름이 아직도 남아 있다. 1980년대 초반까지만 해도 연수지구 택지개발 사업이 시작되면서 수년 사이에 그 모습이 완전히 바뀌었다.[200]

마. 선학동

선학동은 "1872년 제작된 『조선후기지방지도』에 수록된 인천도호부 지도에 부내면 관할의 사창(社倉)이 그려져 있고, 그 아래 도장리가 표기되어 있다. 기록으로는 1910년경 편찬된 『조선지지자료』에 처음 보인다. 1912년 기록에도 도장리가 나타나고, 1913년 일제에 의한 동명 개편 때에 학산리 일부를 합쳐 부천군 문학면 도장리가 되었다고 한다."[201]

『지지조서 문학면부도(地誌調書 文鶴面附圖, 1916)』에 소도장(小道章), 간도장(間道章), 대도장(大道章)으로 표기되어 있다. 일제가 무학정(舞鶴町)으로 개명(1940)하기 전까지만 해도 도장리(道章里)로 불려졌다는 사실이다. 선학동은 광복 후 1946년 1월 1일에 고친 이름이다.

그러면 선학동의 원래 이름인 도장리에 어떤 의미가 있을까? 조선시대 중종 때 어문학자 최세진이 아동의 한자 학습서인 《훈몽자회》에서 도장을 '규합(閨閤)'으로 표기하고 있으므로, 사전의 의미로는 '안주인이 거처하는 방'으로써 규방(閨房) 또는 내방(內房)이라고도 부른다. 한 사례로써 빙허각 이씨가 쓴 여성생활백과(1809)인 『규합총서(閨閤叢書)』가 있다.

---

199   『인천광역시사』, 2002 참조
200   중앙신문, 2024. 04. 24. '옛 인천의 향수를 찾아서(51)' 기사 참조
201   『문학산의 역사와 문화유적』, 인하대학교 박물관, 2002, 45쪽

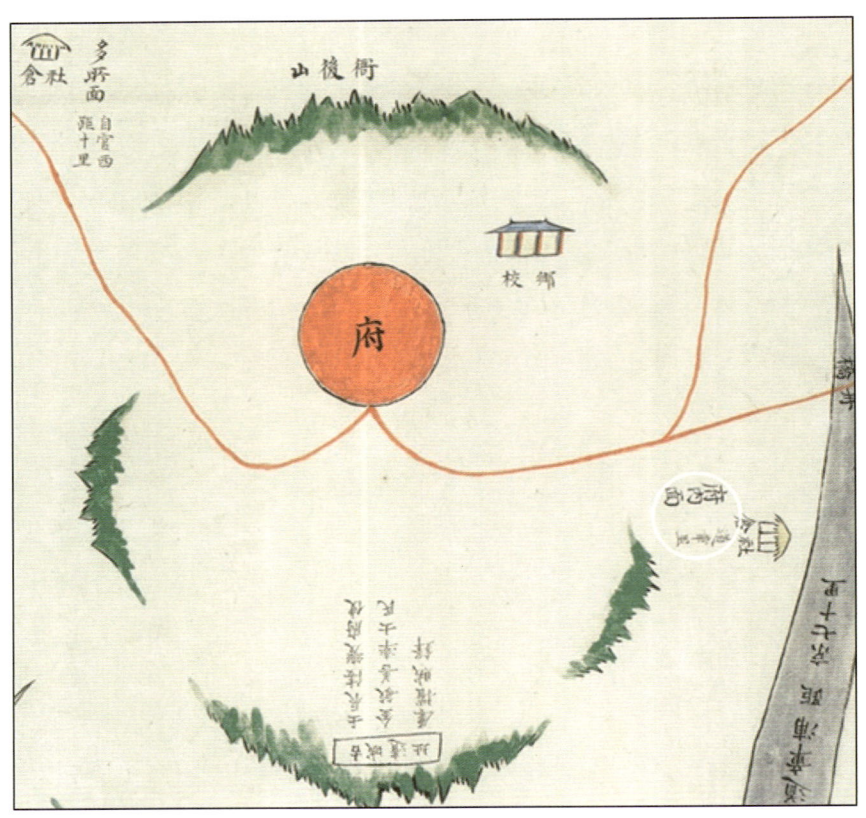

지방지도 인천도호부(흰색 원 안이 도장리)202

　도장리나 도장골이 마을 명칭으로 쓰일 때는 "주변이 산으로 둘러싸인 아늑한 마을이라는 의미로 해석할 수 있으며, 이 마을들은 풍수지리로 보아도 명당에 위치한 마을이라고 할 것이다."203

　우리나라는 청동기 시대부터 뒤쪽으로 산이 둘러싸여 겨울의 북서풍을 막아주고, 앞쪽으로 하천을 끼고 있어 농업용수나 생활용수를 끌어다 쓸 수 있는 배산임수형(背山臨水形)의 마을이 발달한다. 이런 환경을 중시하는 농경사회에서 도장은 '사방이 산으로 둘러싸여 안방처럼 아늑한 느낌을 주는 마을이나 골짜기'를 의미는 자연스러운 현상이다.

202　1872년에 제작된 조선 후기 지방지도(규장각 한국학연구원)
203　충북일보, 충북지명산책, 2016. 1. 20.

세월이 흐르면서 음은 같으나 훈이 다른 한자로 표기하였던 사례는 '道章, 倒葬, 道場, 道長, 道壯, 道庄, 都莊, 桃長' 등 마을의 특수한 상황과 관련한 마을 이름을 다수 찾아볼 수 있다.

인천광역시 여러 지역에서 도장리, 도장골도 지역의 역사적 사실과 관련한 의미도 다양하게 찾아볼 수 있다.

① 연수구 선학동의 옛 이름 도장리(道章里)와 달리 벼슬의 높낮이를 기준으로 하여 "부평 이씨 선조의 산소를, 차례를 거꾸로 바꾸어 장사 지냈다는 도장(倒葬)에서 마을 이름이 연유한다는 설도 있다."[204]

② 강화군 양도면 도장리(道場里)는 "팔만대장경의 원목을 관리하던 대장도감의 분사 정도의 도감이 있던 자리"[205]와 관련이 있다.

③ 옹진군 영흥도의 도장골은 밀물 때면 산비탈의 좁은 길이 멀고 길다고 하여 붙여진 지명이라 전한다.

④ 옹진군 대청도의 도장골은 "북쪽을 향해 포근하게 앉아 있는 골짜기로써, 1860년경에 천주교 박해를 피해 살던 곳이라는 이야기가 전해오며, 이름의 유래에 대해서는 해적과 관계되는 것"[206]으로 추정한다.

⑤ 옹진군 대이작도의 도장골은 "옛날 제사 지낼 때 소나 돼지를 잡던 도살장이 있던 곳"[207]과 관계가 있다고 한다.

이처럼 한자 표기에 있어서 본질과 다르게 특정의 사실과 관련하여 명칭이 새롭게 변화되어 사용되는 것을 볼 수 있다. 역사에서 문화 전승이란 면에서 본래의 뜻이 존중되어야 한다. 우리 언어 속에는 고유의 미풍양속이 속속 들어 있음을 볼 수 있는데, 우리말의 의미를 바르게 되새겨보면서 발전적 측면으로 아름답게 가꿔가는 자세가 필요하다.

---

204 『문학산의 역사와 문화유적』, 인하대학교 박물관, 2002, 48쪽
205 강화뉴스, 강화섬 재발견, 2020. 10. 28.
206 충북일보, 충북지명산책, 2016. 1. 20.
207 충북일보, 충북지명산책, 2016. 1. 20.

바. 관교동

　　조선시대 인천의 중심지였던 관교동은 문학동과 함께 인천부 부내면의 일부였다. 인천도호부 관아가 있어 부(府)의 중심이었고, '읍내'라 불렀다. 그 주변에는 승기리, 동촌, 서촌 등의 자연부락이 있었다. 1903년 읍내리와 동촌 승기리로 분리되었고, 1906년 읍내리가 관청리와 향교리로, 동촌 승기리는 대승기리와 소승기리로 다시 분리되었다. 1914년 일제가 전국 행정구역을 새로 결정할 때 관청리와 향교리를 합쳐 관교리로, 대승기리와 소승기리는 승기리로 합쳐졌다. 그리고 1940년 일본식 지명으로 관교리와 승기리를 합쳐 원정(元町)으로 변경하였다. 해방 후 1946년 관교동으로 바뀌어 현재에 이르고 있다.[208]

　　관아에서 제물포로 가는 길은 학익리, 독정리(용현동)와 장천리(숭의동), 선창리(해안동)를 거쳤다. 조선시대 전국을 연결하는 도로의 기점이 도성이었다면, 지방 고을에서는 관아를 중심으로 도로망이 구성되었다. 인천부의 도로망도 관아가 있던 부내면을 기점으로 모이고 흩어졌다. 부내면은 북쪽과 남쪽, 서쪽이 문학산 줄기로 막혀 있고, 동쪽으로 도장포(道章浦) 갯골이 흘러들어 유사시 외부에서 접근이 어려웠다. 관아를 중심으로 이어진 도로망은 서쪽 도차니 고개(道贊峴) 앞에서 문학산을 넘어 먼우금(遠又今, 지금 연수구)으로 향하는 사모지 고개(三呼峴) 길과 도차니 고개를 넘어 제물포 해안에 연결되는 도로가 있었다.[209]

사. 문학동

　　관교동과 함께 인천도호부의 중심 마을로써 남산마을로 불렸다. 1903년 서촌 산성리와 남산리로 분리되고, 다시 산성리와 학산리로 마을 이름이 변경되었다. 1914년 행정구역 조정에 따라 산성리와 학산리를 합쳐 문학리로, 1940년 문학정(文鶴町)이 되었다가 해방 후에 문

208　『도시마을생활사 관교동·문학동 편』 미추홀구청 문화예술과, 2019, 18~19쪽 참조
209　『미추홀구사 Ⅰ』 미추홀구사편찬위원회, 2022, 219쪽 참조

학동으로 변경되었다.

    필자는 앞서 문학(文鶴)을 조선 문관의 복식(服飾)에서 '각대(角帶) 위로 학이 비상하는 흉배(胸背)의 장식'을 '성곽 위로 나는 학의 모습'과 관련지었다. 즉 향교 교육의 입지권학(立志勸學)에서 문학(文鶴)의 형상화는 과거 합격의 목표를 이루는 데 희망과 용기를 주는 자극제 역할을 하였을 것이다.

    문학동이 다른 지역에 비해 개발이 늦은 것은 승기산과 문학산의 사이에 입지하고 있어 면적 자체가 넓은 편이 아니고, 읍치와 관련된 시설들의 존재, 그리고 문학산에 있는 군부대의 영향을 고려할 수 있으며, 1992년에 시행된 문학 토지구획 정리사업으로 현재의 모습을 갖추게 되었다.[210]

---

[210] 『도시마을생활사 관교동·문학동 편』 미추홀구청 문화예술과, 2019, 94~95쪽 참조

문학산 일대의 설화

'문학산 옛이야기 길' 안내자료

가. 삼호현

이경성의 조사에서 "관교동에서 문학산과 연경산 사이 고갯길을 한참 올라가면 고개 마루 터기에 이르게 된다. 이 고개를 삼호현(三呼峴)이라고 부른다"[211]란 기록이 있다. 그리고 별

---

211 『문학산 방면 고적전설 조사보고서』, 이경성, 1949, 59~60쪽

리(別離) 고개에 대해 "옛날 중국으로 사신(使臣)을 가자면, 해로(海路)의 경우는 능호대(凌壺臺, 인천 송도 소재)에서 배를 타게 마련이었으므로 서울을 떠나는 사신을 전별하는 가족과 친지들은 이 별리고개에 이르러서 아쉬운 작별을 하게 되었다. 한편 삼호현까지 전진한 사신 일행은 별리고개에 남기고 온 가족 친지와 멀리 마주 서서 마지막 이별을 고하였는데, 이때 세 번씩 큰 소리로 불렀다고 해서 삼호현이 되었고, 이로써 별리고개라는 이름의 내력이 또한 분명하게 증명된다"[212]는 기록이 있다.

삼호현

별리고개(최성연, 화도진도서관)[213]

---

212 『문학산』, 이종화, 1965 / 『문학산』, 인천책30㎝서가운동본부, 2005
213 조선시대 부평과 인천의 경계에 해당하며, 한양에서 인천으로 향하는 첫 관문이다. 별리현(別離峴)에서 '헤어질 별(別)'을 '별 성(星)'로 오인하여 성현(星峴)으로도 불렸고, 남동구 만수동과 부평구 일신동의 경계에 해당한다. 『(역주) 소성진중일지』 각주 12 참조

나. 술바위

이경성의 조사에 따르면 "이 마루터기(삼호현)에 향하여 좌측에 큰 바위가 길옆에 있다. 동리 사람들 사이에는 다음과 같은 여러 가지 이야기가 전하여지고 있다. 산 넘어 어느 절에 한 중이 있었다. 이 중은 매일 같이 볼 일이 있어 이 고개를 넘게 되는데 어느 날 몹시 목이 말라서 혼잣말로 '아, 술 한 잔만 마시었으면 좋겠다'라고 하였으니 난데없는 예쁜 색시가 길가 큰 바위에서 나오매 고운 손 맵시로 맛 좋은 술 석 잔을 따라주어 중이 마시고 나니간 또 바위 속으로 사라지었다. 이렇게 하기를 달포나 계속한 어느 날 이날도 역시 중이 '아, 술 한 잔만 마시었으면' 하여 여전히 색시가 나와 전과 같이 술 석 잔을 따라주고 바위 속으로 들어갔다. 술을 마시고 난 중은 전에 없이 '또 한 잔만 주시오.' 하니 색시는 바위에서 나타나 또한 잔을 부어주고 바위로 사라졌다. 이 술을 마신 중은 '또 한 잔만 주시오.' 하고 청하였으나 바위에서 색시는 안 나온다. 두 번 세 번 암만 고함을 질러도 색시는 좀체 나오지를 않았다. 참다 못하여 중은 바위를 붙들고 바위에 무르팍을 대어 이마로 받았으나 색시는 나오지 않고 말았다. 그리하여 지금 이 바위에는 손자국과 무릎 자국 자리가 나 아직도 있다.

일설에는 이 같은 색시가 아니고 중이 이 고개에서 앉아 쉬느라니까 어디서 물소리가 나기에 목도 말라 가본즉 바위에서 술이 나오더라. 그래서 석 잔만 마시었다. 그 후 어느 날은 몹시 조간이 나서 넉 잔을 마시었더니 술이 뚝 끝이고 다시는 안 나오기에 손과 무릎을 대고 이마로 받았다고.

또 일설에는 옛적에 이 동리에 한 효자가 있었다. 이 효자의 아버지는 매우 술을 즐기었으나 집이 가난한 고로 술 한 잔을 살래야 살 수도 없었다. 어느 날 이 효자가 이곳을 지날 때에 어디서인지 뚝뚝 소리가 들려왔다. 이상하게 생각하여 사방을 돌아다보니 길가 커다란 바위에서 물이 흘러 떨어진다. 목마른 판에 이 물을 받아 마시었더니 의외에도 그것은 술이었다. 그는 기뻐하여 이 술을 받아 아버지에게 드리며 효도를 다하였다고 한다"[214]란 기록이 있다.

---

214 『문학산 방면 고적전설 조사보고서』, 이경성, 1949, 60~65쪽

술바위(2021. 11. 9.)

다. 갑옷바위

 이경성의 조사에서 "전기(前記) 삼호현에서 서쪽으로 연경산(衍慶山)을 향하여 약 15미터를 올라가면 포개진 것 같은 큰 바위가 있다. 이것을 동리(洞里) 사람들은 갑옷바위라고 부른다. 그런데 이 바위는 옛적에 어느 장수가 이곳 하부 바위에다 석함(石函)을 파고 자기 갑옷을 간직하고 석구(石口)를 만들고 상부 바위로 덮어놓았다고 전하여 내려온다. 그리고 악행(惡行) 이것을 사람이 옮기거나 하면 파괴(破壞)하면 하늘에서 번개가 내리어 곧 죽어 버린다고 한다. 그런데 이제로부터 몇 십 년 전, 문학산정 안관당 당직(堂直)이가 이 소리를 듣고 내가 한 번 이 바위를 파괴하여 본다고 웃바위 하부를 망치로 깨트렸으니 별안간 하늘에서 번개가 번쩍이고 천지가 명동(鳴動)하였다 한다. 그리하여 지금 갑옷바위 하부는 4분지 1가량 파괴된 채로 있다"[215]라는 내용을 기록하고 있다.

---

215 『문학산 방면 고적전설 조사보고서』, 이경성, 1949, 69~72쪽

갑옷바위(2021. 11. 9.)

이 바위에 대해 이형석은 "이 갑옷바위 생김새로 보나 전해오는 전설로 보나 고인돌일 가능성이 매우 크다"[216]라고 하는데, "하부 바위에다 석함(石函)을 파고"라는 설화 내용상으로 추리하면 굴석식 고인돌[217] 유형에 속한다. 발굴하여 확인이 필요하겠으나 굴석식 유형일 경우 동서문화 해양 교류의 흔적을 찾아볼 수 있는 국내 유일한 고인돌이 될 가능성이 있다.

라. 안관당

이경성의 조사에서 "문학산 봉수 동쪽 조금 밑에 지금도 석축의 건물 유구가 남아 있다. 경(經) 12미터의 부지에 동면(東面)만 남겨놓고 고 5척의 석축벽이 거의 문형(門形)으로 쌓여 있고, 그 가운데 맹지 7미터, 동서 3미터의 건물 유적이 있어 사방에 초석이 있고, 동서 초석 가운데는 석단(石段)이 있다. 조선시대라고 인정되는 약간의 기와와 자기 외 자편(磁片)이 발견되었다. 이곳은 약 30년 전까지도 안관당이라는 사당이 있는 곳으로, 그 이전에는 혹

---

[216] 『인천의 땅이름』, 이형석, 1998, 78쪽
[217] 『고인돌과 거석문화』(변광현, 2000) 19쪽, "멀리 흑해 연안의 코카사스(Caucasas, Kavkaz) 지방에서 가장 많이 발견되었으며, 요르단(Jordan)과 이디오피아(Ethiopia)에서도 이 같은 고인돌이 발견된다."

산성의 병관(兵官)이나 창고로 사용된 건물지인지도 모른다. 이승범(李昇範) 씨의 말에 의하면 이곳에 사당이 있었고, 사당 옆인 곳에는 수백 년 묵은 큰 참기목(경남방언사전, 기목=느티나무)이 울창하게 서 있었다 한다. 그리고 사당에는 목각으로 남녀 양상(兩像)을 만들어 그것에다 의복을 입히어 곁에는 대소(大小)의 목마, 창, 검이 놓여 있었다 한다. 그리고 봉수 남면에는 당직이의 집이 있어 항상 이곳을 관리하였다고 한다. 그런데 안관당의 유래에 관하여는 다음과 같은 설화가 전하여지고 있다. 인천부사에 김모(金某)라는 이가 있었다. 이 사람이 죽은 후 가끔 영모(令某)의 영적(靈蹟)이 내리는 고로 동리 사람들이 이곳 안관당에 모시었다 한다. 마치 연년(延年, 수명을 더욱더 오래 늘려 나감)의 임 장군 사당과도 같은 유(類)에 속한다. 그런데 김 장군에 관하여 또 있을 이야기가 있다. 즉 이곳에 병란(兵亂) 같은 변사(變事)가 있을 적에는 김 장군이 목마를 타고 창과 칼을 들고 산을 돌아다니어 또 사당이 보이는 산하(山下)를 승마(乘馬)한 채 지나가면 말굽이 붙어서 움직이지 않았다 한다."[218]

"마을 주민은 이 목각상을 안관할아버지, 안관할머니로 불렀고, 안관할아버지를 문학산 산신으로 믿어 안관당에서 제사를 지냈다. 이를 안관제, 안관당제라고 불렀다. 안관당제는 매년 정월 보름 안에 지냈으며, 마을회의에서 제관을 선정했다. 제의는 유교식으로 진행됐으나, 나중에는 동네 무속인이 끼어들며 무속신앙으로 변질하기도 했다."[219]

안관당의 제의는 전래의 신앙 위에 지방 수령이 제관(祭官)으로 나서는 등 유교 제례가 습합된 형태였다.[220] 민간신앙 대상은 임진왜란 당시 전공을 세운 인천도호부사 김민선의 추모에서, 더 나아가 안관당 내에 목조의 남녀 신상을 안치하였다는 점에서 인천 관아와 지역민을 수호하는 문학산의 산신신앙으로써 확대된 모습을 보여주고 있다.

---

218 『문학산 방면 고적전설 조사보고서』, 이경성, 1949, 48~51쪽 / 『인천의 고적, 1953』에서는 김 장군을 김민선으로 표기
219 『도시마을생활사 관교동·문학동 편』, 2019, 318~319쪽 일부 발췌
220 『문학산의 역사와 문화유적』, 인하대학교 박물관, 2002, 126쪽

안관당 터(『문학산』, 이종화, 1965)

마. 산신우물

　이경성의 조사에서 "문학국민학교 교장택 뒷산 숫체골[221]에 산신우물이 있다. 이 산신우물에 관하여 다음과 같은 이야기가 동리(洞里) 사람들에 오르내리고 있다. 즉 어느 부부가 있었는데 소생이 없어 고심하던 차, 이 산신우물에 백일기도를 올리면 효험을 얻으리라는 말을 듣고 부부가 매일 밤 열두 시 이 우물가에서 당신(堂神) 할머니께 정성을 드리었다. 그리하여 백일 만기가 되는 날 아침, 밤새 기도를 마치고 부지런히 부정이 타기 전에 집으로 돌아가려고 막 산길을 나서려 할 때 길가 조그만 오막살이집에서 사는 어느 부인이 아침밥을 질 물을 길으려고 이곳을 올라오다가 이 부인을 만나 아침 일찍 어딜 갔다 오십니까 하고 인사를 하였다. 그러나 그 부인은 부정이 탈까 보아 아무 대답도 없이 집으로 돌아왔다. 그런데 정성을 들인 부인에게는 태기가 없고 길가에서 만난 부인에게 태기가 그날부터 있어 옥 같은

221　수태골이 숫체골로 변화 가능성이 있다. 수태(水台)는 물이 유난히 맑고 깨끗하다는 뜻, 산신우물과 관련하여 아기를 가진다는 수태(受胎)로 보기도 함(향토문화전자대전 참조)

아들을 낳다 한다. 그리하여 이것을 안 사람들은 태기가 옮기어졌다고 생각하였다"[222]는 기록이 있으나 우물의 위치는 지형의 변화로 확인되지 않고 있다.

산신우물(『문학산』, 이종화, 1965)

현재 문학동 삼신공원 주변에도 산신우물 하나가 위치하고 있다.

"삼신은 아기를 점지하고 아이의 건강을 보살펴 주는 신이다. 흔히 삼신할머니라 불리었다. 산후, 삼칠일, 가족의 생일, 아들을 바라거나 아기가 아플 때 삼신할머니에게 치성을 드렸다"[223]고 한다.

---

222 『문학산 방면 고적전설 조사보고서』, 이경성, 1949, 66~68쪽
223 『도시마을생활사 관교동·문학동 편』, 2019, 317쪽

현재의 산신우물(2024. 7. 5.)

바. 배바위

이경성의 조사에서 "문학산 북쪽 중턱에 큰 바위가 아래 우로 산 밑을 향하여 나란히 서 있다. 이 바위를 동리 사람들은 배바위라 불러온다. 과연 바위의 형태가 배의 이물 같고. 전체적 인상이 마치 웅도(雄途)에 오르고자 진수(進水)하는 선박 같다. 이곳 사람들은 전하여 내려오기를 태고적에는 이곳 일대가 바다이고, 문학산 중턱(고 약 150미터다) 배바위가 있는 곳이 바로 해안선이었다고 한다"[224]는 기록이 있다.

배바위(2022. 1. 8.)

---

224 『문학산 방면 고적전설 조사보고서』, 이경성, 1949, 33~34쪽 / 이물=뱃머리

미추홀구 유적 안내자료에는 "이 바위는 모양이 마치 배와 같이 생겼다 하여 '배바위'라 일컬어 오고 있다. 옛날 조물주가 천지창조를 할 때, 후세 사람들에게 여기가 바다와 육지의 경계선이라 이런 모양의 배가 있었다는 사실을 증거물로 남기기 위해 만들어졌다고 전한다"라고 표기되어 있다.

사. 청학동 흔들못

이경성의 조사에서 문학산 방면 고적전설 조사보고서에 의하면, "문학산 남면 청학동에 지금은 논으로 화하여 버렸지만, 이 못에서 용마가 나왔는데 천동지명(天動地鳴)이 극심하였으며, 동시에 동리 최모의 집 어린이에게 별안간 날개가 돋아서 어린아이가 천정에 붙었다 방바닥에 나리었다 하며 날아다니었다 한다. 이 광경을 본 어린이의 부모는 장차 닥쳐올 화를 생각하고 이 어린 것을 눌러 죽이었다. 그러니 못에서 나온 용마가 슬픈 음성으로 울면서 하늘을 이리저리로 날아다니고 하늘에서 번갯불이 번쩍하였다고 한다."[225]

이는 혼탁해진 사회 분위기에서 용마[226]로 비유되는 용감하고 지략이 뛰어난 인물의 부국강병과 민생안정을 위한 개혁을 기대하나 역모 사건으로 몰리게 될 경우 연좌법으로 책임을 물어 가문의 피해가 심각해짐을 짐작할 수 있다.

조선 후기, 근대 사회를 향한 움직임이 일어나는 가운데 지배구조가 흔들리고, 붕당의 폐해와 관리의 부정, 도적 출현 등으로 어수선한 사회 분위기 속에 권력에 대한 민심의 동향을 살펴볼 수 있는 설화이다.

특히 기상이변이나 자연재해를 왕의 통치와 결부하여 해석하는 것은 왕은 하늘을 공경하고 백성을 사랑하는 것으로 근본을 삼는[227] 덕치(德治)에 힘쓰도록 함에 있었으나 여러 환국

---

225 앞의 책, 이경성, 1949, 71~72쪽
226 청학동의 최씨 문중과 관련된 것으로 추정함(『옛날옛적에 인천은』, 2004, 255쪽)
227 『숙종실록 1권』 숙종 즉위년(1674) 10월 11일 신축 1번째 기사, …임금이 허적(許積) 등에게 이르기를, "강화부의 변고는 극히 놀랍다." 하니, 허적 등이, "항상 경계하고 두려워하는 마음을 가져서 하늘을 공경하고 백성을 사랑하는 것으로 근본을 삼으소서." 하였다(국사편찬위원회).

(換局)과 지진 발생이 잦았던 숙종 시기[228]에 "인천(仁川)·김포(金浦)·부평(富平) 등의 고을에서 지진(地震)이 있었다"[229]는 기록과 영조 시기에 "…경기의 부평(富平)·인천(仁川)·김포(金浦)·양천(陽川) 등 고을에는 이달 초1일 오시(午時)에 햇빛이 어두침침하면서 크게 천둥하였다"[230]는 기록은 '청학동 흔들못'과 관련성이 있을 것으로 추정된다.

---

[228] 숙종 즉위년(1674)~숙종 45년(1719)의 지진 발생 기록 일수 총 199일
[229] 『숙종실록 31권』 숙종 23년(1697) 윤3월 16일 2번째 기사(국사편찬위원회)
[230] 『영조실록 42권』 영조 12년(1736) 12월 4일 1번째 기사(국사편찬위원회)

제3장

해동지도 인천부

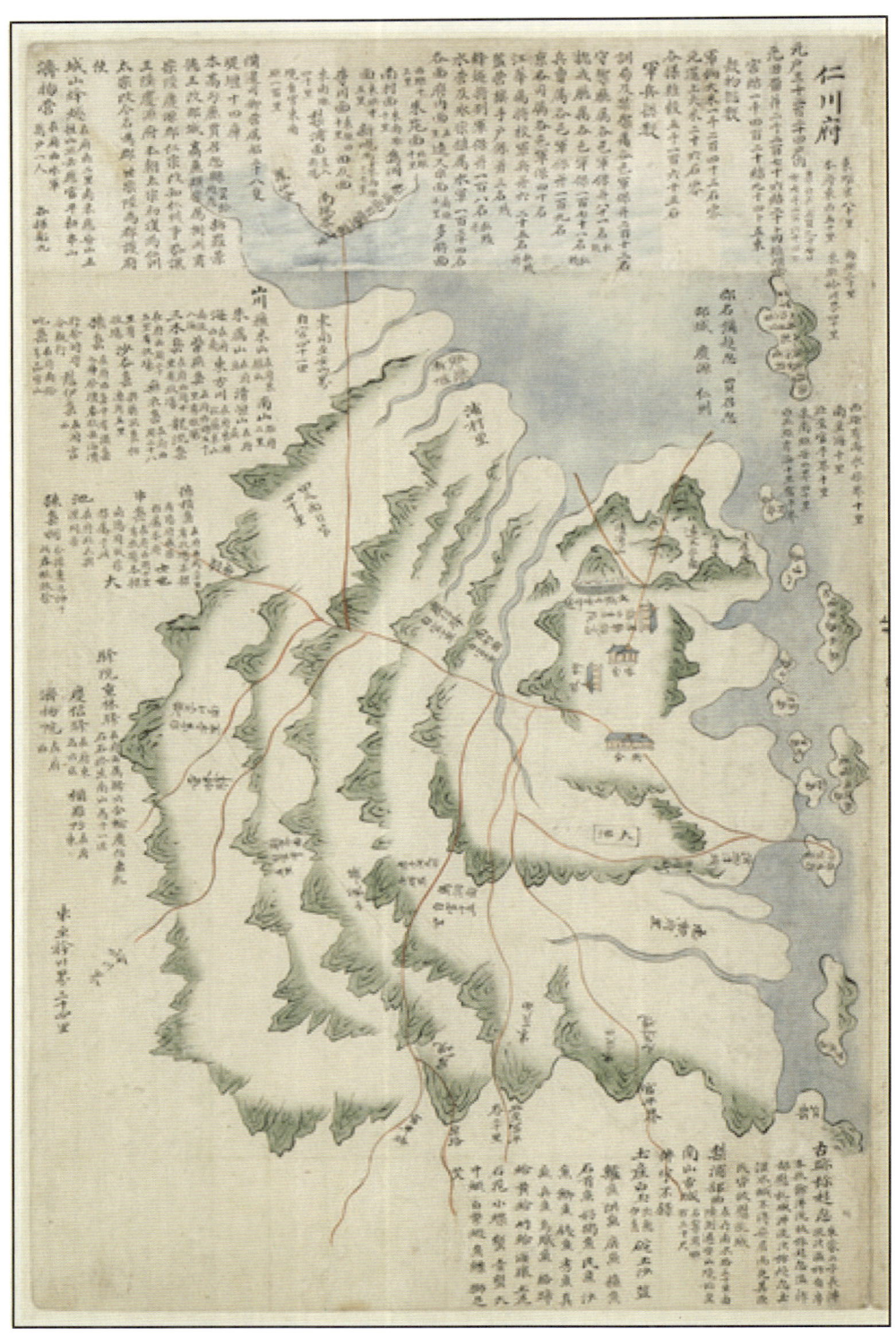

『해동지도』 인천부
(海東地圖 仁川府, 18C 중엽, 서울대학교 규장각)

◉『해동지도』인천부 지지(地誌) 내용을 번역하면 다음과 같다.

[海東地圖 仁川府]
東距京八十里 本府東西五十里 南北二十里 東距衿川界四十里

동으로 거리 서울이 80리, 본관아 동서로 50리, 남북으로 20리, 동으로 거리 금천 경계가 40리

西距有海永宗界十里 南至海十里 北至富平界十里 東南距安山界四十里 西北距有海十里富平界

서로 거리가 바다 영종 경계가 10리, 남으로 바다가 10리에 이르고, 북으로 부평 경계 10리, 동남 거리 안산 경계 40리, 서북 거리 해안으로 부평 경계 10리

郡名 彌趨忽 買召忽 邵城 慶源 仁川
군이름 미추홀, 매소홀, 소성, 경원, 인천

元戶三千二百二十四戶內 男(六?)千五百九十七口 女七千一百六十四口
원래 집 3,224호 내 남자 (6?),597명, 여자 7,164명

元田畓幷二千二百七十六結二十卜內雜頉除
원래 전답 2,776결[231] 20복 이내인데 여러 사정으로 제외시키고 나면,

實結一千四百二十結九十四卜五束
실제 결수가 1,420결 94복 5속이다.

---

231   조선 세종 26년(1444)부터는 1등전 1결의 넓이는 고려 때 하등전 1결의 3분의 2의 넓이로, 그 넓이는 주척 477.5척 사방의 정방형으로 하여 9,859.7㎡로 변했다. 인조 12년(1634)부터 1등전의 1결 넓이가 10,809㎡가 되었다가 대한제국 광무 6년(1902)부터는 1만 ㎡인 1㏊를 1결로 제정하였다(한국민족대백과사전).

穀物摠數
곡물총수

軍餉大米一千二百四十三石零
군량 대미 1,243석 남음

元還上大米二十六石零
원래 환(환곡) 상대미 26석 남음

各樣雜穀五千一百六十五石
여러 가지 잡곡 5,165석

軍兵摠數
군병총수

訓局及禁禦屬色軍保幷二百十三名
훈국(훈련도감) 및 금어(금위영) 소속 색군[232], 보인을 합해 213명

守御廳屬各色軍保幷八十一名(私賤)
수어청 소속 각 색군, 보인을 합해 81명(사천)

總戎廳屬各色軍保一百七十一名(私賤)
총융청 소속 각 색군과 보인이 171명(사천)

---

232 색군(色軍) : 조선시대 군대 편제의 하나. 평상시에는 병역의 의무가 없었으나 유사시(有事時)를 대비한 형식상의 군대임

兵曹屬各色軍保幷一百九名
병조 소속 각 색군과 보인을 합해 109명

京各司屬各色軍保四十名
서울 각사 소속 각 색군과 보인을 합해 40명

江華屬將校軍幷六 二十五名(私賤幷)
강화 소속 장교와 정병을 합해 6명, 25명(사천을 합해)

監營旗手戶保幷三名(賤)
감영기수 호(정병), 보인을 합해 3명(천)

烽燧將別軍保幷一百八名(私賤幷)
봉수장, 별군, 보인을 합해 108명(사천을 합해)

水營及永宗鎭屬水軍一百三十四名
수영 및 영종진 소속 수군이 134명

各面府內面(五里) 遠又尒面(**南**距十里) 多所面(**西**距十五里)
각면[233] 부내면(5리), 원우이면(**남쪽** 거리 10리), 다소면(**서쪽** 거리 15리)

朱岸面(**北**距十里) 南村面(東南距十里) 鳥洞面(東距十五里)
주안면(**북쪽** 거리 10리), 남촌면(동남쪽 거리 10리), 조동면(동쪽 거리 15리)

---

233 『인천부읍지』에 원우이면(서쪽), 다소면(북쪽), 주안면(동쪽)으로 표기, 이(尒)를 금(今)으로도 표기

新峴面(東南距三十里) (黃)等川面(東距四十里)
신현면(동남쪽 거리 30리), (황)등천면(동쪽 거리 40리)

田反面(東南距四十里) 梨浦面(直入南陽) 南陽界(境自官東南距一百里) 梨浦面自官一百十里
전번면(동남쪽 거리 40리), 이포면(남양으로 바로 들어간다), 남양 경계(경계는 관아로부터 동남쪽 거리 일백 리), 이포면은 관아로부터 110리

備邊司御營屬艦二十八隻
비변사와 어영청 소속 군함 28척

提堰十四庫
제언(둑) 14고(곳)

本高句麗買召忽縣(一云彌趨忽) 新羅景德王改邵城
원래 고구려 매소홀현(일명 미추홀) 신라 경덕왕 때 소성

高麗顯宗屬樹州 肅宗陞慶源郡 仁宗改知仁州事 恭讓王慶源郡 本朝太宗初復爲仁州 太宗改今名爲郡 世宗陞爲都護府使
고려 현종 때 수주(부평)에 속했다가 숙종 때 경원군으로 높이고, 인종 때 지인주사로 고쳤다. 공양왕 때 경원군으로, 본조(조선) 태종 초 인주로 복원하고, 태종 때 지금 이름(인천)으로 고쳐 군으로 하고, 세종 때 높여 도호부사가 다스렸다.

城山烽燧(在府南二里南來應安山正往山北去應富平杻串山)
성산봉화(관아 남쪽 2리에 있고 남쪽으로 안산 정왕산과, 북쪽으로 부평 축곶산과 마주하고 있다)

濟物營(在府西水軍萬戶一人 各樣船九)
제물영(관아 서쪽에 있고 수군만호 1인이 있다. 여러 형태의 배가 9척)

東南至安山界自官四十一里
동남쪽으로 안산 경계에 이르는데 관아에서 41리

山川
산천

蘇來山(在府東鎭山) 南山(距府二里)
소래산(관아 동쪽에 있는 진산) 남산(거리 관아에서 2리)

朱鴈山(在府北)
주안산(관아 북쪽에 있다)[234]

淸凉山(在府南 海在府西南)
청량산(관아 남쪽에 있다. 바다는 관아 서남쪽에 있다)

海(在府西南) 東方川(在府東源出蘇來山南流入海)
바다(관아 서남쪽에 있다) 동방천(관아 동쪽 소래산에서 발원해 남쪽으로 흘러 바다로 간다)

紫燕島(在府西距五十里有牧場)
자연도(관아 서쪽으로 50리, 목장이 있다)[235]

---

234 현재 만월산,『신증동국여지승람, 1530』에 朱雁山,『여지도서, 1760년경』에 朱岸山으로 표기
235 현재 영종도

三木島(在府西周十里有牧場)
삼목도(관아 서쪽으로 둘레 10리, 목장이 있다)

龍流島(在府西周二十五里有牧場)
용유도(관아 서쪽으로 둘레 25리, 목장이 있다)

無衣島(在府西周二十八里有牧場)
무의도(관아 서쪽으로 둘레 28리, 목장이 있다)

沙吞島(與龍流島相連周五里)
사탄도(용유도와 함께 이어지며 둘레 5리)

猿島(在府西島中有諸島之神祭壇春秋岳海濱行祭時守令親行)
원도(관아 서쪽 여러 섬 가운데 신단이 있어 봄·가을에 큰 산과 해안에 제사 시 수령이 친히 지낸다)

愁伊島(在府西)
수이도(관아 서쪽에 있다)

叱島(在府南俗号品官山)
질도(관아 남쪽에 있고, 일반적 이름이 품관산이다)

德積島(在府西周三十里有牧場本隸南陽府成宗移屬本府)
덕적도(관아 서쪽에 둘레 30리 목장이 있고, 본래 남양부에 속했으나 성종 때 이전하여 본 관아에 속했다)

士也串島(在府西周十里有牧場本南陽府成宗移屬于此)

사야곶도(관아 서쪽 위치 둘레 10리 목장이 있고, 본래 남양부에 속했으나 성종 때 이전하여 본 관아에 속했다)

大池(在府北 大與漢同音)

대지(관아 북쪽에 있다. 대는 한어와 같은 음)

猿島祠(合諸島之神于此春秋致祭)

원도사(여러 섬의 신을 모아 봄, 가을에 제사를 지낸다)

驛院重林驛(在府西屬驛六金輪慶信盤乳石谷終生南山馬十一匹)

역원중림역(관아 서쪽에 있고 역이 6개 속해 있다. 금륜, 경신, 반유, 석곡, 종생, 남산이다. 말 11필)

慶信驛(在府東馬六匹)

경신역(관아 동쪽에 있다. 말 6필)

彌羅防(在府東) 濟物院(在府西)

미라방(관아 동쪽에 있다)[236] 제물원(관아 서쪽에 있다)

東至衿川界三十四里

동쪽으로 금천 경계는 34리에 이른다.

北至富平界二十里

북쪽으로 부평 경계는 20리에 이른다.

---

236 『신증동국여지승람 제9권』 인천도호부 [역원] 항목에 미라원(彌羅院)이 관아 동쪽 30리 되는 곳에 있다고 기록함

古跡彌趨忽

고적미추홀

朱蒙二子長沸流次溫祚自卒本扶餘沸流皈彌趨忽溫祚都慰禮城沸流次彌趨忽土濕水醎不得安居而死其臣民皆皈慰禮城

주몽의 두 아들 첫째 비류와 둘째 온조는 스스로 졸본부여를 떠나 비류는 미추홀에, 온조는 위례성을 도읍으로 했으나 차츰 비류는 미추홀 땅이 습하고 짜서 편하게 살기 어려워 죽게 되고, 그의 신하와 백성이 모두 위례성으로 귀속하였다.

梨浦部曲 在府南水路 三十里由陸則過安山境始至

이포부곡[237] 관아 남쪽 수로에 위치한다. 육지로 30리 곧 안산 경계 초입인데, (그곳을) 지나간다.

南山古城 石築周四百三十尺

남산고성 석축 둘레가 430척

佛宇不錄

불당은 기록하지 않았다.

土産白玉(出愁伊島) 碇玉沙 鹽

토산백옥(수이도에서 난다), 정옥사[238], 염(소금)

鱸魚 洪魚 廣魚 蘇魚

노어(농어), 홍어, 광어(넙치), 소어(밴댕이)

---

237 부곡 : 농업에 종사하는 천민 부락임
238 옥과 돌을 갈거나 깎는 단단한 적갈색의 모래를 뜻한다[『가례도감의궤 영조 정순왕후』 도감청, 영조 35년(1759) 6월(한국고전종합DB)].

石首魚 好獨漁 民魚 沙魚
석수어(조기), 호독어(꼴뚜기), 민어, 사어(상어)

鯽魚 錢魚 秀魚 眞魚
즉어(붕어), 전어, 수어(숭어), 진어(준치)

兵漁 烏賊魚 絡蹄
병어, 오적어(오징어), 낙제(낙지)

蛤 黃蛤 竹蛤 海䑋 土花
합(조개), 황합(모시조개), 죽합(맛조개), 해양(해파리), 토화(미네굴)

石花 小螺 蟹 靑蟹
석화(굴), 소라, 해(게), 청해(방게)

大中蝦 白紫蝦 魚鰾 獅足艾
대중하(크거나 중간새우), 백자하(곤쟁이), 어표(부레), 사족애(사자발쑥)

◉ 해동지도 인천부 지지(地誌) 내용 끝

맺음말

인(仁)으로 다져낸 '상생의 역사'

한반도 서해 연안을 따라 남하하여 해상교통의 요지인 미추홀(彌趨忽)에 개척의 깃발을 세운 비류는 미래에 대한 안목이 뛰어난 지도자였다. 과거 고조선이 멸망하면서 남하한 준왕 일행의 이동 경로가 있었고, 고구려의 연안 교역 등으로 경험한 서해 연안 항로는 크게 낯설지 않았을 것이다.

비류 집단은 농경이 주가 된 마한 땅에서 새로운 발상으로 경제 발전의 시나리오를 구상하면서, 삼면이 바다로 둘러싸여 있는 문학산 일대를 거점으로 삼은 것은 영종도를 비롯한 수많은 도서가 남북으로 이어져 연안 교역으로 경제력을 크게 창출할 지역으로 판단하였기 때문이겠다.

이주 초기에는 생활 기반 시설이 열악하고, 부족한 농업 생산력은 안정된 생활을 위해 시급히 해결되어야 할 과제였다. 또한 새로운 환경과 교역의 경험도 부족한 상태에서 정치적 이견과 갈등으로부터 화합과 단결을 이뤄내야 하는 상황이 비류 집단에게 큰 부담감으로 작용할 수 있었다.

하지만 연안 교역에서 유리한 교통로를 가진 비류 세력이 온조 세력의 십제와 연맹체를 이룩해 나감으로써 3세기 백제 고이왕 때 고대 국가로 안정된 기반을 다져가 4세기 중반 근초고왕에 이르러 요서[239], 산둥, 규슈 등에 진출하여 서해와 남해 해상 무역의 주도권을 장악

---

[239] 『양서(梁書)』 동이열전(東夷列傳) 백제(百濟) 편에 "晉나라 때에 이르러 [高]句驪가 이미 遼東을 경략하자, 百濟 역시 遼西·晉平 2郡의 땅을 점거하여 스스로 百濟郡을 설치하였다." (한국사데이터베이스)

한 역사가 있다.

비류 집단은 부여·고구려의 대륙 문명을 임진강 이남에 전파와 함께 일찍이 백제가 해양 진출의 기반을 마련할 수 있도록 상생하는 방향으로 개방적 태도를 보였다. 실패는 성공 과정에서 겪는 경험이라고 보통 말하듯이, 토습수함(土濕水鹹)의 자연환경을 인내하여 성숙한 인(仁)으로 극복한 세월 속에 진취적이고 개방적 성향이 있었다. 이것은 자발적으로 사회의 성장 에너지를 일으키고, 폭넓은 사회문화를 이룩하는 데 숨은 역량을 발휘하도록 자극한다.

미추홀 여기에 진취성과 개방성의 씨를 뿌린 비류 집단이 거친 환경의 도전에 대한 응전으로 상생의 길을 선택한 지혜를 반추(反芻)할 만하다. 세계물류의 중심지로 비상하는 인천, 그 문학산 줄기 인경산과 마주한 맏형 제월봉에서는 오늘도 비류의 용감한 지도력으로 해양 강국 백제가 가능하도록 기초를 다진 사실에 대해 나누는 대화는 서해 앞바다를 시원스럽게 출렁이게 한다.

참고문헌

(1) 고문헌

- 『삼국사기(三國史記)』
- 『조선왕조실록(朝鮮王朝實錄)』
- 『경국대전(經國大典)』,『속대전(續大典)』,『전율통보(典律通補)』
- 『승정원일기(承政院日記)』
- 『신증동국여지승람(新增東國輿地勝覽, 1530)』
- 『인천부읍지(仁川府邑誌, 1842, 1899)』
- 『해동지도 인천부(海東地圖 仁川府, 18세기 중엽)』
- 『청구도(靑邱圖)(金正浩, 1834.)』
- 『대동여지도(大東輿地圖, 1861)』
- 『北史 94권』백제(百濟)
- 『양서(梁書)』동이열전(東夷列傳) 백제(百濟)

(2) 단행본

- 『문학산 방면 고적전설 조사보고서』, 이경성, 1949
- 『한국사론』3, 조선 전기, 국사편찬위원회, 1985
- 『한국사론』8, 조선 전기 서원과 향약, 국사편찬위원회, 1985
- 『한국사론』9, 조선 후기 국방체제의 제문제, 국사편찬위원회, 1985
- 『문학산의 역사와 문화유적』, 인하대학교 박물관, 2002
- 『역주 인천부읍지』, 인천광역시 역사자료관 역사문화연구실, 2004
- 『2006 문학산 일대 고려시대 유적조사 보고서』, 인천광역시립박물관, 2006
- 『역주 소성진중일지』, 인천광역시 역사자료관 역사문화연구실, 2007
- 『인천고적조사보고서』, 저자 이경성, 편자 배성수, 인천문화재단, 2012

- 『문학산성, 정밀지표 조사보고서』, 인천시립박물관, 2017
- 『미추홀구 도시마을생활사 용현동・학익동』, 미추홀구청 문화예술과, 2016
- 『미추홀구 도시마을생활사 관교동・문학동』, 미추홀구청 문화예술과, 2019
- 『인천의 문화사적과 역사 터 (상)』, 인천광역시사편찬위원회, 2020
- 『한 권으로 읽는 미추홀구사』, 인천광역시 미추홀구청 문화예술과, 2022
- 『제6차 인천광역시사』, 인천광역시 문화유산과, 2023
- 『한국세시풍속기』, 강무학, 동호서관, 1982
- 『한국어(韓國語)의 계통(系統)』, 김방한, 민음사, 1983
- 『한국고대사론』 백제사의 재인식, 노중국, 1993
- 『인천의 땅이름』, 이형석, 1998
- 『고인돌과 거석문화』, 변광현, 미리내, 2000
- 『옛날옛적에 인천은』, 인천광역시 역사자료관 역사문화연구실, 2004
- 『백제어 어휘 연구』, 도수희, 제이엔씨, 2005
- 『문학산』, 인천책30㎝서가운동본부, 2005
- 『지도로 보는 근대 도시 인천』, 인천대학교 인천학연구원, 2017

(3) 인터넷 자료

- 규장각 원문검색서비스(https://kyudb.snu.ac.kr)
- 조선왕조실록(https://sillok.history.go.kr)
- 한국사 데이터베이스(https://db.history.go.kr)
- 우리역사넷(http://contents.history.go.kr)
- 한국고전종합DB(https://db.itkc.or.kr)
- 디지털미추홀구문화대전(http://www.grandculture.net/michuhol)
- 제6차 인천광역시사 제1권, 제2권(https://ebook.incheon.go.kr)
- 한국민족문화대백과사전(https://encykorea.aks.ac.kr/Article)
- 한국향토문화전자대전(https://www.aks.ac.kr)
- 나무위키(https://namu.wiki)

- 조선왕조실록사전, 한국학진흥사업 성과포털(http://waks.aks.ac.kr)
- 국토지리정보원, 대한민국 국가지도집(http://nationalatlas.ngii.go.kr)
- 인천사랑운동시민협의회(http://www.incheonsamo.or.kr), 인천역사 E-BOOK
- 동아디지털아카이브(https://www.donga.com/archive/newslibrary)
- 중앙신문(http://www.joongang.tv/news)
- 중부일보(https://www.joongboo.com/news)
- 강화뉴스(http://www.ganghwanews.com/news)
- 충북일보(https://www.inews365.com/news)

부록

목차

가. 『조선왕조실록』• 166

    (1) 『세종실록』• 166
    가) 80권, 세종 20년(1438) 1월 15일 경자 4번째 기사 • 변방 방어책 • 166
    나) 114권, 세종 28년(1446) 10월 6일 경자 4번째 기사 • 봉수의 법 • 168
    다) 115권, 세종 29년(1447) 3월 4일 병인 1번째 기사 • 연대 축조 • 171

    (2) 『숙종실록』• 173
    - 숙종 연간의 지진 기록

나. 『소성진중일지(원본 : 소성군중일기)』 사진 자료 • 183
다. 이산서원(伊山書院) 원규(院規) • 184
라. 학교모범(學校模範) • 187
마. 『신증동국여지승람』 제9권, 경기(京畿) 인천도호부(仁川都護府) • 206

    (1) 객관 • 206
    (2) 향교 • 207

바. 문학산 관련 시 • 210

    (1) 등문학봉(권시) • 210
    (2) 문학산(이병연) • 212
    (3) 문학산성(이규상) • 213

사. 화도진도(花島鎭圖) • 214
아. 지지조서 문학면부도 • 215
자. 인천 관아의 건물 배치(문학초), 이경성의 관아 도시(圖示) 자료 • 216
차. 백두대간과 한남정맥 • 217
카. 청구도, 대동여지도의 인천 지역 • 218
타. 홍우순의 신도비 • 220
파. 『여지도서(1760년경)』 인천 인구 통계 • 221
   - 인천 행정구역 명칭의 변천과 미추홀구

하. 문학산 일대 유적 분포도, 봉수로, 지형도 • 223
   (1) 문학동의 사묘 • 223
   (2) 문학산 일대 문화유적 분포도 • 224
   (3) 문학산성 주변 문화유적 분포도 • 225
   (4) 조선시대 봉수로 • 226
   (5) 『인천』 제2차 지형도(제물포) • 227
   (6) 인천 원도사제 • 228

가. 『조선왕조실록』

(1) 세종실록

가) 80권, 세종 20년(1438) 1월 15일 경자 4번째 기사
  - '의정부에서 변방 방어책의 구체적 사안을 올리다'

의정부에서 병조 정문에 의거하여 아뢰기를,

"강계에서 의주까지 연변 각 고을은 비록 고을마다 진을 설치할 수 없다면, 한 고을씩 간격을 두고라도 진을 설치한 다음이라야 중앙을 방어하는 실효가 있을 것이니, 벽동군(碧潼郡)에다 진을 설치하고 그 진에 소속된 군사를 도절제사에게 마감하여 아뢰도록 합니다. 연변 각 고을 방수에 오는 군사는 매달마다 교대하므로 1년 동안에 여러 차례나 험한 곳을 넘나들게 되어 사람과 말이 모두 고달프게 되매, 군정 수효는 비록 많더라도 실제는 소용이 없습니다. 이후에는 도내 마·보병을 모두 다섯 사람씩 항오(行伍)를 만들어 각 항오마다 건장(健壯)하고 용감한 자를 한 사람씩 가리고 (그 사람들을) 세 번으로 나누며, 한 번마다 마병 몇 명과 보병 몇 명을 원근 거리를 요량하여 아무 고을 읍성을 방수하는 데에는 아무 고을에서 마병 몇 명, 보병 몇 명이 가고, 아무 구자를 방수하는 데에는 아무 고을에서 마병 몇 명, 보병 몇 명이 가도록 미리 배정하고, 번을 돌려가면서 방수하는 것입니다. 그리고 남은 네 사람은 방수에 간 사람의 식량을 마련하게 하는데, 그 고을 관리가 따라서 검찰하면 매달마다 교대하느라 겪는 괴로운 폐단이 없을 뿐 아니라, 또한 군정 수효가 전보다 줄지 않고 실효도 있을 것입니다. 대개 각 곳 방수에 가는 군사를 그 고을 마·보병의 숫자에서 제외하더라도 읍성에는 마병이 2백 명, 보병도 1백 명에 모자라지 않고, 구자에는 마병은 1백 명, 보병은 5십 명에 모자라지 않을 것입니다. 읍성에 있는 보병 백 명 중에 방패군이 3십 명, 대포군(大砲軍)이 3십 명이고, 구자에는 방패군 15명, 대포군이 15명인데, 이것을 아울러 계산해야 편리할 것이니, 도절제사에게 타당한가 않은가를 마감하여 아뢰도록 합니다. 적을 제압하는 데에는 화포와 편전만 한 것이 없는데, 화포는 화약을 잇달아 공급하기가 어려워 상시로 연습할 수 없으나, 편전은 모름지기 연습하여 적을 제압할 수 있습니다. 작년에 평안·함길 두 도 변군에는 활쏘기를 연습하여 상을 주는 법을 정했으나, 편전에 연습하는 규례에 들지 않은 것은 함길도 변군은 야인과 섞여서 살고 있으므로 편전을 연습하기가 불편하다고 하니, 평안도는 편전도 아울러 연습하여 상을 주도록 하는 것입니다. 연대를 설치한 것은 적을 망보는 것인데, 이제 여연 등 각 고을에 연대는 쌓았지만 1년도 못 되어 혹 무너지기도 하니, 이것을 쌓는 일을 감독한 관리가 애쓰지 않은 때문입니다. 연대는 사면으로 아래쪽이 넓어 한 면의 넓이가 2십 척, 높이는 3십 척인데, 모두 포백을 재는 자[尺]의 치수를 제도로 하여 고쳐 쌓도록 하고 사면에는 구덩이를 파두도록 합니다. 군사 다섯 사람에게 병기와 화포를 가지고 열흘 만에 서로 교대하며 밤낮으로 망보게 하고, 만일 함부로 위치를 이탈(離脫)하는 자가 있으면 율에 의하여 엄하게 징계할 것입니다. 연변 여러 구자에 돌 보루(堡壘)를 쌓을 때에도 적대·옹성(甕城) 및 연대의 견양(見樣)을 수성전선색(修城典船色)에게 도본(圖本)을 만들게 한 다음, 도절제사에게 내려보내 이를 참고하고 쌓는 것을 감독하도록 하옵소서."

하니, 그대로 따랐다.

[원문] 議政府據兵曹呈啓:

"自江界至義州沿邊各官, 雖不得每邑置鎭, 間一邑置鎭, 然後防禦有實。於中央碧潼郡設鎭, 其鎭屬軍人, 令都節制使磨勘以啓。沿邊各官赴防軍人, 因每月遞代, 一年之間, 累次越險, 人馬俱疲, 軍額雖多, 實無所用。今後道內馬步兵, 皆以五人爲伍, 每伍擇壯勇者一人, 分爲三番, 每一番馬步兵幾名, 量其程途遐近, 某官邑城赴防, 則某官馬兵幾名, 步兵幾名, 某口子赴防, 則某官馬兵幾名, 步兵幾名, 預先分定, 輪番防戍, 餘四人, 令辦赴者糧料, 所在官從而檢察, 則非惟除每月遞代困苦之弊, 抑亦軍額不減於前, 而有實矣。然大槪各處赴防軍, 除其官馬步兵之數, 邑城則馬兵不下二百, 步兵不下一百; 口子則馬兵不下一百, 步兵不下五十。其邑城步兵一百內, 防牌三十, 火砲軍三十; 口子步兵五十內, 防牌十五, 火砲軍十五, 幷計爲便, 令都節制使磨勘便否以啓。制賊之要, 莫如火砲片箭。火砲則火藥難繼, 固未得常時(隷)[肄] 習, 片箭須當肄習, 可以制敵。去年已立平安, 咸吉兩道邊郡習射論賞之法, 片箭不在肄習之例。咸吉道邊郡, 與野人雜處, 竝肄片箭, 固爲未便, 平道道[平安道]

則竝令肄習論賞。烟臺之設, 所以候賊也。今聞延等處各官造築烟臺, 未經一年, 或致傾圮, 專是監築官吏不用心也。烟臺四面下廣, 每一面二十尺, 高三十尺, 皆用布帛尺定制改築, 四面皆置坑坎, 使五人持兵器火砲, 十日相遞, 晝夜候望, 如有擅離者, 依律痛懲。沿邊各口子造築石堡時, 敵臺甕城及烟臺見樣, 令修城典船色圖畫, 下送都節制使, 憑考監築。"

從之。

[출전 : 『조선왕조실록』, 국사편찬위원회(https://sillok.history.go.kr)]

나) 114권, 세종 28년(1446) 10월 6일 경자 4번째 기사
- '봉수의 법을 주밀하게 정하고 상세히 개유하게 하였다'

의정부에서 아뢰기를,

"봉수(烽燧)의 법은 변경(邊警)에 관계되므로 이해(利害)가 작지 않습니다. 그런 까닭에 역대(歷代)의 제도가 거의 모두 봉화(烽火)로써 소중히 여겼던 것입니다. 국가에서 역대(歷代)의 법을 참작하여 영갑(令甲)에 기재하고, 《속전(續典)》에 기재한 것이 그 법이 지극히 상세하고 주밀하였는데, 다만 변방의 관리들이 검거(檢擧)함이 엄격하지 않음으로 인하여 점차로 쇠폐(衰廢)하게 되어, 마침내 긴요한 변보(邊報)로 하여금 중도에서 폐하여 이르지 않게 되니 진실로 부당한 일입니다. 근일에 야인(野人)이 무창(茂昌)에 쳐들어 왔을 때에 그 실수를 알 수가 있었습니다. 폐단을 구제하는 계책은 주밀하지 않아서는 안 될 것입니다. 각도 연변(沿邊)의 연대(煙臺) 1소(所)에 봉화군(烽火軍) 10명과 감고(監考) 2명을 정하여, 나누어 상번(上番)과 하번(下番)으로 삼게 하고, 중복(中腹)의 여러 봉후(烽堠)에도 봉화군(烽火軍)을 매 1소(所)에 6명과 감고(監考) 2명을 정하고, 또한 2번(番)으로 나누어 밤낮으로 항시 있으면서 망보게 하고, 이미 만들어진 법에 의거하여 낮에는 연기로, 밤에는 불로써 서울에 전달하게 하고, 각 도의 수로(水路)와 육지(陸地)의 봉화를 서로 온 길에 준하게 하고, 병조로 하여금 아무 곳의 봉화는 아무 곳의 봉화에 준하게 하여 산명(山名)과 식수(息數)를 수로(水路)와 육지(陸地)로 나누어 장부에 등록하게 하고, 병조·승정원·의정부와 봉화가 있는 곳의 각 고을의 관찰사·절제사·처치사(處置使)의 영(營)에 각기 1건(件)씩을 간수하여 후일의 참고에 빙거(憑據)로 삼게 하고, 관찰사와 절제사의 관할하는 각처에 사람을 보내어 조사[擲簡]하여, 만약 혹시 점고(點考)에 빠지면 초범(初犯)은 태형(笞刑) 50대를 집행하고, 재범(再犯)은 장형(杖刑) 80대를 집행하고, 삼범(三犯)은 장형(杖刑) 1백 대를 집행하고, 능히 고찰(考察)하지 못한 관리는 초범은 태형 50대를 집행하고, 재범은 1등을 가하여 죄가 장형(杖刑) 1백 대에 이르게 하고 관직을 파면시키며, 만약 노약(老弱)과 잔질(殘疾)로써 그 임무를 감내하지 못하여 사적으로 스스로 대체시킨 사람은《대명률(大明律)》의 '수어 군인(守禦軍人)이 사람을 고용(雇用)하여 이름을 속여 대체시킨 자는 각기 2등을 감형한다'는 조목에 의거하여, 대체한 자는 장형(杖刑) 60대를 집행하고 명적(名籍)을 회수하여 충군(充軍)하고, 정신(正身)은 장형을 80대를 집행하고 그전대로 충군하며, 그 자손(子孫)·제질(弟姪)과 동거(同居)하는 친속(親屬)의 봉족인(奉足人) 내에서 능히 그 임무를 감내할 만한 사람이 대체하기를 지원한다면 허가해 주고, 상시(常時)로 낮에는 연기로, 밤에는 불로써 하게 하여, 만약 앞의 봉화가 준하지 않으면《당률(唐律)》에 의거하여 즉시 다음 봉화에 가서 알리고, 있는 소재관(所在官)에서는 사연(辭緣)을 추고(推考)하여 병조에 공문을 보내게 하며, 그 연기를 내고 불을 켜는 일을 준행하지 않는 군사는, 변고가 있는 시기에는 율문(律文)의 '군사의 정보를 빨리 보고하는 일에 있어 숨기고 속히 주문(奏聞)하지 않는 사람은 장형 1백 대를 집행한다'는 조문에 의거하여 죄를 판결하게 하고, 사변이 없을 시기에는 명령을 어긴 것으로써 논죄(論罪)하게 하며, 만약 봉수(烽燧)를 조심하지 아니하여 군사를 미처 정돈하지 못해서 호구(戶口)와 군인의 성(城) 지키는 것을 함패(陷敗)시킨 자는, 당해 봉화군(烽火軍)은 율문(律文)의 '높은 곳에서 망보고 순찰하는 사람이 빨리 보고하는 일에 실수하여, 성을 함락시키고 군사를 손실(損失)시킨 사람은 참형(斬刑)에 처하고, 만약 적병이 경내(境內)에 침입하여 인민을 침략(侵掠)하게 한 사람은 장형 1백 대를 집행하고 변방의 먼 곳으로 보내어 충군(充軍)시킨다'는 조문에 의거하여 논죄 처치하고, 서울과 지방의 죄인이 도형(徒刑)을 범한 사람은 즉시 봉화군의 원액(元額)을 구애하지 말고 봉화군으로 정해 보내어 공역(供役)하게 하고, 역(役)이 만기가 되면 놓아 보내게 하며, 서울의 남산 봉화(南山烽火) 5소(所)의 간망군(看望軍)은 전에는 15명이었는데, 지금은 5명을 더하고 상번(上番)과 하번(下番)으로 나누어, 매 1소(所)마다 2명은 입직(入直)하고, 5명은 경수상직(警守上直)하는 예(例)에 의거하여 봉화가 있는 곳에 서로 번갈아 밤낮으로 입직(入直)하게 하고, 군인이 출근하고 출근하지 않는 것과 망보는 것의 근만(勤慢)을 고찰(考察)해서,《육전(六典)》에 의거하여 날마다 사변이 있고 없는 것을 열기(列記)해 써서 병조에 바치게 하고, 병조에서는 또 전일의 것에 의거하여 검거(檢擧) 고찰(考察)할 것이며, 또 연변(沿邊) 연대(煙臺)의 축조(築造)하는 법식과 중부(中部) 봉화의 배설(排設)하는 제도 및 군인의 출근을 감고(監考)하여 관직을 상주어 권려(勸勵)하고 완호(完護)하는 조목은 주관한 병조로 하여금 마련(磨鍊)하여 시행하게 하소서. 이 앞서 봉수(烽燧)의 법이 한결같이 쇠퇴(衰頹)한 지경에 이르게 된 것은 오로지 법령을 등한히 한 때문인데, 지금 비록 이와 같이 법을 제정하더라도 봉행하는 관리가 이것을 높은 다락 위에 얹어두고 즉시 효유(曉諭)하지 않는다면, 마침내 우매한 백성으로 하여금 법률을 알지 못하여 갑자기 죄고(罪辜)에 빠지게 할 것이니 염려하지 않을 수 없습니다. 상항의 각 조목을 군인을 감고(監考)하는 곳에 상세히 개유(開諭)하여 법률을 범하지 않도록 하고, 곡진하게 포치(布置)하게 하소서."

하니, 그대로 따랐다.

[원문] 議政府啓:

"烽燧之法, 關係邊警, 利害不小, 故歷代之制, 率以謹烽火爲重。國家參酌歷代之法, 載在令甲,《續典》所載, 其法至爲詳密, 第因邊方官吏檢擧不嚴, 馴致陵夷, 遂使緊關邊報中廢不至, 誠爲不當。近日野人寇茂昌之時, 可知其失也, 救弊之策, 不可不周。各道沿邊烟臺一所, 定烽火軍十名, 監考二名, 分爲上下番; 腹裏諸烽堠, 定烽火軍每一所六名, 監考二名, 亦分二番, 晝夜恒在看望, 依已成之法, 晝烟夜火, 以達于京。而各道水陸烽火, 相準來路, 令兵曹某處烽火準某處烽火, 幷山名息數水陸分揀, 置簿兵曹承政院議政府, 烽火所在各官觀察使節制使處置使營, 各藏一件, 以憑後考。觀察使節制使所管各處, 差人擲簡, 如或闕點, 初犯笞五十, 再犯杖八十, 三犯杖一百; 不能考察官吏, 初犯笞五十, 再犯加一等罪, 至杖一百罷職。若以老弱殘疾不堪其任者, 私自代替人, 依《大明律》守禦軍人雇人冒名代替者各減二等條, 替身杖六十, 收籍充軍; 正身杖八十, 依舊充軍。其子孫弟姪同居親屬奉足人內, 能堪其任者, 自願代替, 則聽許。常時晝烟夜火, 若前烽不準, 則依唐律, 卽時往告于次烽火所在官, 辭緣推考, 移文兵曹。其烟火不準之軍, 有變時則依律文凡飛報軍情隱匿不速奏聞者杖一百條決罪, 無事時則以違令論罪。若烽燧不謹, 未及整兵, 以致陷敗戶口軍人城守者, 當該烽火軍, 依律文望高巡哨之人失於飛報以致陷城損軍者斬。若被賊侵入境內, 侵掠人民者, 杖一百, 發邊遠充軍條論置. 京外罪人犯徒者, 隨卽不拘烽火元額, 定送供役, 役滿放遣. 京城南山烽火五所看望軍, 在前十五名, 今加五名, 分爲上下番, 每一所定二名入直; 五員依警守上直例, 烽火在處, 輪次晝夜入直. 軍人到未到及看望勤慢考察, 依《六典》, 每日事變有無, 開寫呈兵曹, 兵曹又依前檢擧考察. 且沿邊烟臺造築之式, 與腹裏烽火排設之制及監考軍人給到賞職勸勵完護之條, 令主將兵曹磨鍊施行. 前此烽燧之法, 一至陵夷, 專是慢令所致. 今雖如此立法, 奉行官吏, 束之高閣, 不卽曉諭, 遂使愚民不知法律, 遽陷罪辜, 不可不慮. 上項各條, 於監考軍人處, 備細開諭, 使不犯律, 曲盡布置."

　　從之.

[출전 :『조선왕조실록』, 국사편찬위원회(https://sillok.history.go.kr)]

다) 세종실록 115권, 세종 29년(1447) 3월 4일 병인 1번째 기사
　　- '연대 축조 방식과 봉화 배설 제도를 마련하였다'

의정부에서 병조의 정장(呈狀)에 의거하여 아뢰기를,

"연변(沿邊)의 연대(煙臺)를 축조하는 방식과, 복리(腹裏)에 봉화(烽火)를 배설하는 제도와, 감고(監考)하는 군인을 권려하고 완호(完護)하는 조목을 폐지할 점과 마련할 점을 참작하여 후면에 기록합니다.

1. 연변의 각 곳에 연대(煙臺)를 축조하되, 높이는 25척이고 둘레는 70척이며, 연대 밑의 사면은 30척으로 하고, 밖에 참호(塹濠)를 파는데 깊이와 넓이는 각기 10척으로 하고 모두 영조척(營造尺)을 사용하게 하며, 또 갱참(坑塹)의 외면에 나무 말뚝을 설치하는데 길이 3척이나 되는 것을 껍질을 깎아버리고 위를 뾰족하게 하여 땅에 심고 넓이는 10척이나 되게 하며, 연대 위에는 가옥(假屋)을 만들어 병기(兵器)와 조석(朝夕)에 사용하는 물과 불을 담는 기명(器皿) 등 물건을 간수하고, 망보는 사람은 10일 동안에 서로 번갈아 이를 지키게 하고, 새로 온 사람과 그전에 있던 사람 사이에 양식이 떨어질 때에는, 있는 곳의 고을 관원과 감사(監司)와 절제사가 적당히 모자라는 것을 보충해 주게 하며,

1. 감고(監考)와 봉화(烽火)와 바다를 망보는 인호(人戶)는 공부(貢賦) 외에 잡역(雜役)은 일체 모두 감면하게 하며,

1. 감고(監考) 중에 부지런하고 조심성 있는 사람은 매 6년마다 한 차례씩 산관직(散官職)을 제수하게 하며, 봉화와 바다를 망보는 사람이 능히 사변을 알려서 적(賊)을 잡게 한 사람은 《속병전(續兵典)》에 의거하여 서용하고 상을 내리게 하며, 그 나머지 각 사람들은 선군(船軍)의 예(例)에 의거하여 그 도숙(到宿)을 계산하여 해령직(海領職)을 임명하게 하고, 복리(腹裏)의 봉화(烽火)는 연변 지방에 있는 연대의 비교가 아니니, 전에 있던 배설한 곳에 연대를 쌓지 말고, 산봉우리 위에 땅을 쓸고 연기 부엌을 쌓아 올려 위는 뾰족하게 하고 밑은 크게 하며, 혹은 모나게 하고 혹은 둥글기도 하며, 높이는 10척에 지나지 않게 하고, 또 원장(垣墻)을 둘러쌓아 흉악한 짐승을 피하게 하며,

　1. 봉화(烽火)는 사변이 있으면 감고(監考)가 즉시 그 고을 관원에게 알리고, 사변이 없으면 매 10일마다 한 번씩 알려서 감사에게 전해 보고하고, 매 사계월(四季月)마다 병조에 통첩을 보내어 후일의 참고에 증거로 삼게 하고, 감고와 간수인(看守人)의 근실하고 태만한 것은 감사와 수령이 일정한 시기가 없이 고찰하게 하고, 군기(軍器)를 점고(點考)하는 경차관(敬差官)도 또한 아울러 사실을 검사하여 계문(啓聞)하게 하소서."

하니, 그대로 따랐다.

[원문] 丙寅/議政府據兵曹呈啓:
"沿邊(炯)[烟] 臺造築之式, 腹(衷)[裏] 烽火排設之制及監考軍人勸勵完護之條, 參酌(廢)[磨] 鍊後錄。 一, 沿邊各處烟臺造築, 高二十五尺, 圍七十尺。 臺下四面三十尺外掘塹, 深廣各十尺, 皆用營造尺。 又於坑塹外面設木杙, 長三尺, 削皮銳上植地, 廣十尺。 臺上造假屋, 藏兵器及朝夕供用水火器皿等物。 看望人, 十日相遞守之, 新舊間絶糧時, 所在官及監司節制使隨宜補乏。 一, 監考及烽火海望人戶, 貢賦外雜役, 一皆蠲免。 一, 監考勤謹者, 每六年一次, 散官職除授; 烽火海望人能告事變捕賊者, 依《續兵典》敍用行賞; 其餘各人, 依船軍例, 計其到宿, 差海領職。 一, 腹裏烽火, 非沿邊烟臺之比, 勿築臺於在前排設峯頭, 除地築烟竈, 上尖下大, 或方或圓, 高不過十尺。 且繚以垣墻, 以避惡獸, 一, 烽火, 有事則監考卽告于其官, 無事則每十日一告, 傳報監司, 每四季月, 移牒本曹, 以憑後考。 監考及看守人勤慢, 監司守令無時考察; 軍器點考敬差官, 亦竝檢覈啓聞。"
從之。

[출전 : 『조선왕조실록』, 국사편찬위원회(https://sillok.history.go.kr)]

(2) 『숙종실록』
- 숙종 연간의 지진 기록(숙종 즉위년~숙종 46년)

번호	숙종 연간	연	월	일	지진 기록 내용
1	숙종 즉위년	1674	10	28	밤에 지진이 일어났으나, 일관(日官)이 아뢰지 않았다.
2	숙종 즉위년	1674	10	29	삼수군(三水郡)에서 지진(地震)이 일어났다.
3	숙종 1년	1675	9	13	경상도에서 8월 27일에 선산(善山)·개령(開寧)·상주(尙州)·예천(醴泉)에서 지진하였다고 아뢰었다.
4	숙종 1년	1675	11	9	영변(寧邊)에서 지난달 26일에 천둥이 치고 인하여 지진하였고, 29일에 지진하였는데, 도신(道臣)이 계문(啓聞)하였다.
5	숙종 2년	1676	4	10	용강(龍崗)·삼화(三和)·함종(咸從) 등지에는 지진(地震)이 일어나고, 평양성 안에는 불이 나서 13집이 연소되었으며…
6	숙종 2년	1676	5	19	충청도에서 지진(地震)이 일어났다.
7	숙종 2년	1676	6	7	전라도 동복(同福)·화순(和順)·능주(綾州) 등 세 고을에 지진이 일어나서 집이 흔들렸다.
8	숙종 3년	1677	7	16	의주(義州)·철산(鐵山)·용천(龍川) 지역에 두 차례 지진이 일어났다.
9	숙종 4년	1678	1	20	평양(平壤) 등 3고을과 해주(海州) 등 6고을에 지진(地震)하였다.
10	숙종 4년	1678	3	27	호남(湖南) 8읍(邑)에 지진(地震)이 있었다.
11	숙종 4년	1678	5	29	춘천(春川)·강릉(江陵)·평창(平昌)·삼척(三陟)·양양(襄陽) 등의 고을에 지진(地震)이 있었다.
12	숙종 4년	1678	8	14	지진(地震)이 일어나고, 달무리가 목성(木星)을 빙 둘렀다.
13	숙종 4년	1678	11	19	진안(鎭安)·장수(長水)에 지진이 있었다.
14	숙종 5년	1679	5	22	은진(恩津)에 지진이 일어났다.
15	숙종 5년	1679	6	4	공주(公州)·은진(恩津)에 지진이 나니 해괴제(解怪祭)를 거행하라고 명하였다.
16	숙종 6년	1680	1	16	은산(殷山) 등 3고을에서 지진이 있었다는 것을 장계로 알려왔다.
17	숙종 6년	1680	6	11	충청도 청주(淸州)에서 지진이 있었다.
18	숙종 6년	1680	12	13	전라도(全羅道) 구례(求禮)·곡성(谷城) 등의 고을에 지진이 있었는데, 도신(道臣)이 장계(狀啓)로 알렸다.
19	숙종 7년	1681	4	2	전라도(全羅道) 광주(光州)·남평(南平) 등지에서 지진(地震)이 일어났다.
20	숙종 7년	1681	4	26	간방(艮方)으로부터 곤방(坤方)까지 지진(地震)이 일어났는데, 집이 몹시 흔들리고 창(窓)과 벽(壁)이 흔들렸으며, 길을 가던 사람 중에는 말이 놀라 떨어져 죽은 사람도 있다.

번호	숙종 연간	연	월	일	지진 기록 내용
21	숙종 7년	1681	4	29	개성부(開城府)에서 지진(地震)이 일어났다.
22	숙종 7년	1681	5	2	경사(京師)에서 지진(地震)이 일어났다.
23	숙종 7년	1681	5	3	경기(京畿) 광주(廣州) 등의 고을에서 지진이 일어났다.
24	숙종 7년	1681	5	4	강화(江華)에서 지진(地震)이 일어났다.
25	숙종 7년	1681	5	7	경기(京畿) 각 고을에서 지진(地震)이 일어났다.
26	숙종 7년	1681	5	9	공홍도(公洪道)의 온 도(道)에 지진이 일어났다.
27	숙종 7년	1681	5	11	강원도(江原道)에서 지진(地震)이 일어났는데, 소리가 우레가 같았고 담벽이 무너졌으며…
28	숙종 7년	1681	6	19	승정원(承政院)에서 아뢰기를, "18일 이른 새벽에 두 번 지진(地震)이 일어났는데…
29	숙종 7년	1681	6	21	5월 28일부터 6월 초5일까지 영천(榮川)·예안(禮安)·안동(安東)·예천(醴泉)·풍기(豐基)·진보(眞寶)·봉화(奉化) 등의 고을에 혹 2, 3차례 혹 한 차례 지진(地震)이 일어났다고…
30	숙종 7년	1681	6	22	경기 관찰사(京畿觀察使)가 수원(水原)·음죽(陰竹)에서 이달 17일과 18일에 지진(地震)이 일어났었다고 계문(啓聞)하였다.
31	숙종 7년	1681	8	27	영변(寧邊)에 눈이 내리고, 삼척(三陟)·안동(安東)·영해(寧海)·청하(淸河)에는 지진(地震)이 있었다고 도신(道臣)이 아뢰었다.
32	숙종 7년	1681	11	11	강원도 강릉(江陵)·삼척(三陟)·울진(蔚珍)·평해(平海)·양양(襄陽) 등 지역에 여러 날 계속하여 지진이 일어났다.
33	숙종 7년	1681	11	12	경상도(慶尙道) 김해(金海)·안동(安東) 등 여덟 고을과 공홍도(公洪道) 홍주(洪州)·충주(忠州) 등의 고을에 지진(地震)이 일어났다.
34	숙종 7년	1681	11	20	강원도(江原道) 평해(平海)·울진(蔚珍) 등의 고을에 지진(地震)이 있었다.
35	숙종 7년	1681	12	3	유성(流星)이 천원성(天苑星) 아래에서 나와 동방(東方)으로 들어가고 경사(京師)에는 지진이 있었다.
36	숙종 7년	1681	12	15	공홍도(公洪道)의 천안(天安) 등 다섯 고을에 지진이 있었는데, 소리가 우레와 같았다.
37	숙종 8년	1682	1	8	황주(黃州)에 지진(地震)이 있었는데 동방에서 소리가 일어나 서방으로 옮겨갔다.
38	숙종 8년	1682	2	11	강원도 울진(蔚珍)·평해(平海) 등지에 지진(地震)이 있었고…
39	숙종 8년	1682	3	24	경상도 대구(大丘) 등 고을에 지진이 있었다.
40	숙종 8년	1682	5	22	여러 도(道)에 크게 가뭄이 들었는데, 강원도 금성현(金城縣)에서는 지진이 일어났고…
41	숙종 8년	1682	6	17	은진현(恩津縣)에서는 지진(地震)이 일어났다.

번호	숙종 연간	연	월	일	지진 기록 내용
42	숙종 9년	1683	1	15	강원도(江原道)의 강릉(江陵)·삼척(三陟)·평해(平海)·울진(蔚珍)·평창(平昌)과 경상도(慶尙道)의 안동(安東)·청송(靑松)·진보(眞寶) 등지에서 지진(地震)이 있었으므로 해괴제(解怪祭)를 지내도록 명하였다.
43	숙종 9년	1683	1	18	전라도(全羅道)의 무주(茂朱)·금산(錦山)·용담(龍潭) 등의 세 고을에 지진이 있었으므로…
44	숙종 9년	1683	2	2	경상도(慶尙道) 예천군(醴泉郡)의 돌샘[石泉]이 흐름을 끊었고, 안동(安東)·청송(靑松)·진보(眞寶) 등의 고을에서 지진(地震)이 일어났다.
45	숙종 9년	1683	9	25	전주(全州) 등 고을에 지진이 일어났다.
46	숙종 10년	1684	3	23	평안도 창성부(昌城府)에서 이 달 4일에 소리가 뇌고(擂鼓) 같고 기와가 다 움직이는 지진이 세 번 있었고…
47	숙종 10년	1684	8	18	황해도 금천군(金川郡)에서 지진(地震)하였다.
48	숙종 11년	1685	3	12	전라도(全羅道)에서 전주(全州)·익산(益山)·임피(臨陂) 등 읍(邑)에 지진이 일어났다.
49	숙종 12년	1686	3	29	문의(文義) 등 16고을에 3월 12일에 지진이 우레같이 일어 지붕이 흔들렸다고 관찰사가 계문(啓聞)하였다.
50	숙종 12년	1686	4	17	평안도 강서(江西) 등 일곱 고을에 이 달 초열흘에 지진이 있었는데…
51	숙종 12년	1686	5	8	함열(咸悅)에 지진이 일어났다.
52	숙종 12년	1686	11	13	여주(驪州) 지역에 초9일에 지진(地震)이 있었는데, 감사(監司)가 이를 알렸다.
53	숙종 13년	1687	1	3	평안도(平安道) 선천부(宣川府)에 지진하였다.
54	숙종 13년	1687	1	22	호남(湖南)의 전주(全州) 등 11고을에서 크게 지진이 일어났다.
55	숙종 13년	1687	3	29	평안도(平安道) 함종현(咸從縣)에서 지진하였다.
56	숙종 13년	1687	8	22	경상도(慶尙道) 단성(丹城)·창원(昌原) 등의 고을에 지진이 일어났다.
57	숙종 13년	1687	12	15	경상도(慶尙道) 청도(淸道) 등의 고을에 지진이 일어났는데, 소리가 천둥과 같았다.
58	숙종 13년	1687	12	17	경상도(慶尙道) 상주(尙州) 등의 고을에 지진이 일어났다.
59	숙종 14년	1688	2	8	경상도 창원(昌原) 등 고을에 지진(地震)이 있었다.
60	숙종 14년	1688	3	6	경상도(慶尙道) 동래(東萊) 등 읍(邑)에 지진이 일어났다.
61	숙종 14년	1688	12	1	함경도(咸鏡道) 문천군(文川郡)에 지진이 일어났으므로, 도신(道臣)이 계문(啓聞)하였다.
62	숙종 15년	1689	6	1	지동(地動)하였다. 지동(地動) 지진

번호	숙종 연간	연	월	일	지진 기록 내용
63	숙종 16년	1690	1	21	충청도 비인현(庇仁縣)에 지진(地震)이 있었는데, 도신(道臣)이 계문(啓聞)하였다.
64	숙종 16년	1690	6	20	충청도 결성(結城) 등의 고을에 지진이 있었다.
65	숙종 16년	1690	9	17	경상도 지례현(知禮縣)에서 8월에 지진(地震)이 있었고…
66	숙종 16년	1690	11	10	전라도 금구현(金溝縣)에서 천둥하고 임실현(任實縣)에서 지진(地震)이 있었다.
67	숙종 17년	1691	7	14	호서(湖西)에서 지진하였다고 계문(啓聞)하였다.
68	숙종 17년	1691	7	21	호남(湖南)에서 지진하였다고 계문(啓聞)하였다.
69	숙종 18년	1692	2	18	호서(湖西)에서 지진하였다고 계문(啓聞)하였다.
70	숙종 18년	1692	9	24	밤 2경(二更)에 서울 지역에서 크게 지진이 일었다. 이날 경기·충청도·전라도·경상도·강원도 등에서 모두 지진이 일었는데…
71	숙종 18년	1692	10	23	광주(廣州)에서 지진이 발생하였다.
72	숙종 18년	1692	11	14	연안(延安) 지방에서 지진이 일었고…
73	숙종 18년	1692	12	12	지진이 발생하였다.
74	숙종 19년	1693	1	4	경상도 상주(尙州) 등의 고을에 지진이 있었다.
75	숙종 19년	1693	2	26	관북(關北)에서 지진(地震)이 생겼는데, 집이 흔들리고 삐거덕 삐거덕하는 소리가 있었다.
76	숙종 19년	1693	9	16	함경도의 이성(利城)·단천(端川)·갑산(甲山)·경성(鏡城) 등의 지역에 천둥[雷動]과 지진이 있었으므로, 해괴제(解怪祭)를 행하도록 명하였다.
77	숙종 19년	1693	10	29	임금이 천둥[雷動]과 지진(地震)의 이변으로 대신과 의금부(義禁府)·형조(刑曹)의 당상관(堂上官)을 인견(引見)하였다.
78	숙종 20년	1694	2	11	경상도 의령(宜寧)·합천(陜川) 등지에 지진이 있었으므로, 도신(道臣)이 이 사실을 알렸다.
79	숙종 20년	1694	2	16	전라도·경상도 등에서 지진(地震)이 일어났으므로, 도신(道臣)이 이 사실을 알렸다.
80	숙종 20년	1694	4	8	경상도 경주(慶州)·언양(彦陽)에 지진(地震)이 있었는데, 도신(道臣)이 치문(馳聞)하였다.
81	숙종 20년	1694	4	16	개성부(開城府)에 지진(地震)이 있었다.
82	숙종 20년	1694	10	1	충청도 아산(牙山)에 지진하고 천둥했다.
83	숙종 20년	1694	10	3	강화부(江華府)에 천둥하고 지진했다.
84	숙종 20년	1694	12	11	경기 가평군(加平郡)에 지진이 일어났다.

번호	숙종 연간	연	월	일	지진 기록 내용
85	숙종 21년	1695	3	24	충청도 결성(結城) 지방에 지진이 일어났다.
86	숙종 21년	1695	3	26	충청도 결성(結城) 지방에 지진이 일어났다.
87	숙종 21년	1695	7	13	충청도의 서산(瑞山) 등지에 지진이 있었다.
88	숙종 21년	1695	8	7	전라도 정읍(井邑) 등 세 고을에 지진이 있었다.
89	숙종 21년	1695	11	14	평안도 영변부(寧邊府)에 지진이 있었다.
90	숙종 21년	1695	12	29	경상도(慶尙道)의 안음(安陰)과 전라도(全羅道)의 함열(咸悅) 등지에 지진(地震)이 있었다.
91	숙종 22년	1896	2	17	경상도에서 대구(大丘) 등 아홉 고을에 지진(地震)이 있었던 일을 계문(啓聞)하였다.
92	숙종 22년	1696	2	20	공주(公州)에 지진(地震)이 있었다.
93	숙종 22년	1696	2	30	대구(大丘) 등 아홉 고을에 지진(地震)이 있었는데, 도신(道臣)이 계문(啓聞)하였다.
94	숙종 22년	1696	3	15	경기 죽산(竹山) 등 아홉 고을에서 지진(地震)이 있었는데, 도신(道臣)이 계문(啓聞)하였다.
95	숙종 22년	1696	3	25	충청도 신창(新昌) 등 여덟 고을에서 지진이 있었는데, 도신(道臣)이 계문(啓聞)하였다.
96	숙종 23년	1697	1	19	석성(石城) 등 일곱 고을에서 이 달 19일에 지진하였다고 본도(本道)에서 장문(狀問)하였다.
97	숙종 23년	1697	2	9	지진(地震)이 있었다.
98	숙종 23년	1697	3	4	홍주목(洪州牧)에 지진(地震)이 있었다.
99	숙종 23년	1697	윤3	16	인천(仁川)·김포(金浦)·부평(富平) 등의 고을에서 지진(地震)이 있었다.
100	숙종 23년	1697	10	23	전라도와 경상도에 지진(地震)이 있었다.
101	숙종 23년	1697	11	14	황해도 장연(長淵)에 지진(地震)이 있었다.
102	숙종 23년	1697	12	5	평창군(平昌郡)에 지진(地震)이 있었다.
103	숙종 24년	1698	2	19	진위(振威) 등지에 지진(地震)하였는데, 천둥 같은 소리가 났다.
104	숙종 26년	1700	3	11	경상도 대구(大邱) 등의 24개 고을에 지진이 일어나, 진주(晋州)·사천(泗川) 사이의 성첩(城堞)이 무너지고 길 가는 사람이 넘어졌다.
105	숙종 27년	1701	2	11	전라도 전주(全州) 등지와 충청도 영동(永同)·황간(黃澗)에 지진이 있었다.
106	숙종 27년	1701	3	17	경상도 현풍현(玄風縣)에 지진이 일어났다.

번호	숙종 연간	연	월	일	지진 기록 내용
107	숙종 27년	1701	6	14	전라도 김제(金堤) 등지에 5월 19일에 지진(地震)이 있었다.
108	숙종 27년	1701	7	25	경상도 대구부(大丘府)에 지진이 있었다.
109	숙종 27년	1701	9	4	경상도 김해(金海) 등의 고을에 지진(地震)이 일어났다.
110	숙종 27년	1701	9	17	충청도 보은현(報恩縣)에 지진이 일어났다.
111	숙종 27년	1701	9	19	황해도 황주(黃州)에서 지진이 일어났는데, 마치 벼락과 같았으며, 인가(人家)가 모두 진동하였다.
112	숙종 27년	1701	12	5	전라도(全羅道) 순천(順天) 등 세 고을에 지진(地震)이 있었고…
113	숙종 27년	1701	12	10	충청도(忠淸道) 옥천(沃川) 등 고을에 지진(地震)이 있었고…
114	숙종 28년	1702	윤6	6	전라도(全羅道) 순천(順天) 등의 고을에 지진(地震)이 있었다.
115	숙종 28년	1702	7	4	경기(京畿)·충청도(忠淸道)·강원도(江原道)·전라도(全羅道)·경상도(慶尙道) 5도(道)에서 같은 날 같은 시각에 지진이 있었다.
116	숙종 28년	1702	8	4	경상도(慶尙道) 대구(大丘) 등의 고을에 지진(地震)이 있었고…
117	숙종 28년	1702	8	6	전라도(全羅道)의 광산(光山) 등 11고을에서 지진(地震)이 있었다.
118	숙종 28년	1702	8	11	지진(地震)이 있었다.
119	숙종 28년	1702	8	18	경기 수원부(水原府)에서 지진이 있었다.
120	숙종 28년	1702	9	2	전라도(全羅道) 전주부(全州府)에서 8월 22일에 지진(地震)이 있었는데, 타도(他道)에서도 또한 연달아 계문(啓聞)하였다.
121	숙종 29년	1703	2	23	초겨울에 천둥하고 8도에 지진이 있었으며…
122	숙종 29년	1703	4	21	충청도 충주(忠州) 등 아홉 고을에 지진(地震)이 일어났다.
123	숙종 29년	1703	4	29	충청도 공주(公州) 등 여덟 고을에서 지진(地震)이 일어났다.
124	숙종 29년	1703	6	18	전주(全州)에서 지진(地震)이 일어났다.
125	숙종 29년	1703	7	27	청양(靑陽)·대흥(大興) 등지에 지진이 있었다.
126	숙종 29년	1703	11	2	숙천(肅川)에는 지진(地震)이 일어나고, 청천강(淸川江)·대동강(大同江) 두 강에서는 물이 넘쳤다.
127	숙종 29년	1703	12	10	경상도 대구(大丘)에 지진이 일어났다.
128	숙종 29년	1703	12	12	경상도 경주(慶州)·청송(靑松)·청도(淸道)·진보(眞寶)·신녕(新寧)에 지진이 우레처럼 일어났다.

번호	숙종 연간	연	월	일	지진 기록 내용
129	숙종 29년	1703	12	17	경상도 진주(晋州) 등 8읍(邑)에 지진(地震)이 일어났다.
130	숙종 30년	1704	2	21	태천(泰川)에서 지진이 있었는데, 소리가 산이 무너지는 것 같았다고…
131	숙종 30년	1704	5	8	풍기(豊基)와 순흥(順興)에 지진이 있었다.
132	숙종 30년	1704	8	12	강릉(江陵)·양양(襄陽)·비인(庇仁)·남포(藍浦) 등 고을에 지진(地震)하였는데…
133	숙종 30년	1704	9	20	해주(海州)에 지진(地震)이 있었는데…
134	숙종 30년	1704	10	3	정산(定山)에 지진(地震)이 있었는데, 도신(道臣)이 계문(啓聞)하였다.
135	숙종 30년	1704	10	24	웅천(熊川)·창원(昌原) 등 고을에 지진이 있었다.
136	숙종 30년	1704	12	2	괴산(槐山) 등 고을에 지진이 있었다.
137	숙종 31년	1705	2	17	청주(淸州) 문의현(文義縣)에 지진이 있었다.
138	숙종 31년	1705	7	15	이날 공주(公州) 등 고을에 지진이 있었다.
139	숙종 31년	1705	10	5	경상도 대구(大丘)에 지진(地震)이 있었다.
140	숙종 32년	1706	1	4	전주(全州) 등 4읍(邑)에 지난 12월 15일에 지진(地震)이 있었는데…
141	숙종 32년	1706	6	7	충청도(忠淸道) 부여(扶餘)·한산(韓山) 등 10고을에 지진(地震)이 있었으므로…
142	숙종 32년	1706	11	30	밤에 지진이 있었다.
143	숙종 33년	1707	2	1	지진(地震)이 일어났다.
144	숙종 33년	1707	5	14	지진(地震)이 일어났다.
145	숙종 33년	1707	12	10	지진이 일어났다.
146	숙종 34년	1708	7	2	지동(地動)하였다.
147	숙종 35년	1709	6	5	지진이 일어났다.
148	숙종 35년	1709	12	19	용천(龍川) 등 다섯 고을에 지진하고, 창성(昌城)에는 천둥하고 지진하였다.
149	숙종 36년	1710	1	2	경상도(慶尙道) 동래부(東萊府)에서 천둥하고 지진(地震)이 있었다.
150	숙종 36년	1710	1	7	경상도(慶尙道) 영천(榮川)·풍기(豊基) 등의 고을에서 지진(地震)이 있었다.

번호	숙종 연간	연	월	일	지진 기록 내용
151	숙종 36년	1710	2	12	충청도 문의(文義)·연기(燕岐)에 지진이 있었고, 경상도 경주(慶州) 등의 고을에서 지진이 있었다.
152	숙종 36년	1710	2	22	평안도(平安道) 평양(平壤)에 지진이 있었다.
153	숙종 36년	1710	5	3	경상도 밀양(密陽)·청도(淸道) 등지에서 지진(地震)이 있었다.
154	숙종 36년	1710	10	6	강원도(江原道) 안협현(安峽縣)과 황해도(黃海道) 황주(黃州) 등 일곱 고을에서 지진이 있었다.
155	숙종 36년	1710	10	7	평안도(平安道) 평양(平壤) 등 13고을에서 지진(地震)이 있었다.
156	숙종 36년	1710	10	23	경상도(慶尙道) 풍기(豊基) 등 10여 고을에서 지진(地震)이 있었다.
157	숙종 36년	1710	10	24	경상도(慶尙道) 안음현(安陰縣)에서 지진(地震)이 있었다.
158	숙종 37년	1711	3	3	건방(乾方)에서 동방(東方)까지 지진(地震)이 일어났고, 이튿날에도 지진이 있었다.
159	숙종 37년	1711	3	12	전라도 용담(龍潭) 등지에서 지진이 일어났다.
160	숙종 37년	1711	3	16	전라도 용담현(龍潭縣)과 평안도 강서현(江西縣)에 지진(地震)이 일어났다.
161	숙종 37년	1711	3	20	평안도 강서현(江西縣)에 지진이 일어났다.
162	숙종 37년	1711	4	15	평안도(平安道) 강서(江西)·함종(咸從) 등의 지방에 지진(地震)이 일어났고…
163	숙종 37년	1711	4	24	충청도 서산현(瑞山縣)에 지진이 일어났다.
164	숙종 37년	1711	5	9	지진(地震)이 일어났다.
165	숙종 37년	1711	5	24	전라도(全羅道) 무주(茂朱) 땅에 지진(地震)이 일어났다.
166	숙종 37년	1711	5	25	충청도(忠淸道) 임천(林川) 등 고을에 지진(地震)이 일어났다.
167	숙종 37년	1711	6	4	전라도(全羅道)의 진안현(鎭安縣)에 지진(地震)이 일어났다.
168	숙종 37년	1711	8	2	전라도 장성(長城) 등 고을에 지진이 있었다.
169	숙종 38년	1712	1	15	평안도(平安道) 순천(順川) 등 고을에 지진(地震)이 있었다.
170	숙종 38년	1712	4	1	경기(京畿) 양주(楊州) 등 고을에는 우박이 쏟아지고 영평(永平)에는 지진(地震)이 일어났다.
171	숙종 38년	1712	4	17	밤에 지진(地震)이 일어났다.
172	숙종 38년	1712	6	6	평안도(平安道) 삼등현(三登縣)에 지진(地震)이 일어났다.

번호	숙종 연간	연	월	일	지진 기록 내용
173	숙종 38년	1712	9	3	평안도 평양(平壤) 등지에 지진이 일어났다.
174	숙종 38년	1712	9	20	경상도 성주(星州)에 지진이 일어났다.
175	숙종 39년	1713	1	20	경상도(慶尙道) 칠곡(漆谷)에서 지진이 일어났는데, 그 소리가 천둥 울리는 것과 같았다.
176	숙종 39년	1713	2	11	밤에 지진(地震)이 일어났다. 외방(外方)에서도 연속하여 장문(狀聞)하였다.
177	숙종 39년	1713	3	2	평안도(平安道) 평양(平壤)에 지진이 일어나서 가옥(家屋)이 흔들리고…
178	숙종 39년	1713	6	17	경상도 대구 등의 고을에 지진이 있었다.
179	숙종 39년	1713	9	14	평안도 철산(鐵山) 등지에 지진이 있었다.
180	숙종 39년	1713	12	12	충청도 남포(藍浦) 등지와 강원도 회양(淮陽) 땅에 지진이 있었고…
181	숙종 40년	1714	1	22	지진이 일어났다. 달이 방수(房宿) 제2성(第二星)을 범하였다.
182	숙종 40년	1714	1	30	강화(江華)·개성(開城)과 평안도(平安道)의 평양(平壤) 등 20고을 및 경기의 수원·안성과 황해도의 해주 등지에서 지진이 일어났다. 이 뒤에 팔도에서 모두 장문(狀聞)하였다.
183	숙종 40년	1714	2	4	지진이 일어났다.
184	숙종 40년	1714	7	21	충청도 공주(公州) 등 9고을에서는 3월 21일에 지진이 일어났으며…
185	숙종 40년	1714	9	30	평안도 창성(昌城) 등 고을에 천둥과 번개가 치고 지진이 일어났다.
186	숙종 40년	1714	11	1	경상도 대구(大丘) 등지(等地)에서 지진이 일어났다.
187	숙종 40년	1714	11	3	충청도 괴산(槐山) 등지에 지진이 일어났다.
188	숙종 41년	1715	3	18	경기(京畿)의 이천(利川) 등 여섯 고을에 지진이 있었다.
189	숙종 41년	1715	4	14	충청도 보은현(報恩縣)에 지진이 일었다.
190	숙종 42년	1716	1	1	전라도 장흥(長興)·강진(康津) 등에 지진(地震)이 있었는데, 소리가 북을 치는 듯하였다.
191	숙종 42년	1716	3	7	평안도 강동현(江東縣)에 지진(地震)이 있었다.
192	숙종 42년	1716	4	7	평안도 삭주부(朔州府)에 서리가 내리고, 경상도 개령현(開寧縣)에 지진(地震)이 있었고…
193	숙종 42년	1716	10	15	평안도 영원(寧遠)에 큰 눈과 우박이 두 치쯤 내리고, 개천(价川)에 지진(地震)이 있었다.

번호	숙종 연간	연	월	일	지진 기록 내용
194	숙종 42년	1716	10	20	9월에 웅천(熊川)·김해(金海) 지방에서 지진이 있었고 이날 용궁(龍宮)에도 지진이 있었는데…
195	숙종 43년	1717	1	8	경상도 청송(靑松)·영양(英陽)·진보(眞寶) 등 고을에 지난달 14일에 지진이 일어났고, 대구(大丘)·경주(慶州)·동래(東萊)·의성(義城)에 지난달 21일에 지진이 일어났는데, 도신(道臣)이 아뢰었다.
196	숙종 43년	1717	4	15	평안도 벽동군(碧潼郡)에 지진(地震)이 있었다.
197	숙종 44년	1718	9	14	경상도(慶尙道) 영양(英陽)·안동(安東)·청송(靑松)·진보(眞寶) 등의 고을에 지진이 있었다.
198	숙종 45년	1719	2	11	충청도(忠淸道) 대흥(大興) 등 여섯 고을에서 지진이 있었는데, 도신(道臣)이 계문(啓聞)하였다.
199	숙종 46년	1720	2	30	지진(地震)이 있었다.

* 『숙종실록』(국사편찬위원회), 숙종 연간의 지진 기록 일수, 총 199일
* 숙종 재위 기간 중 숙종 25년(1699)에 유일하게 지진 기록이 없음

나. 소성진중일지

(원본 : 소성군중일기)

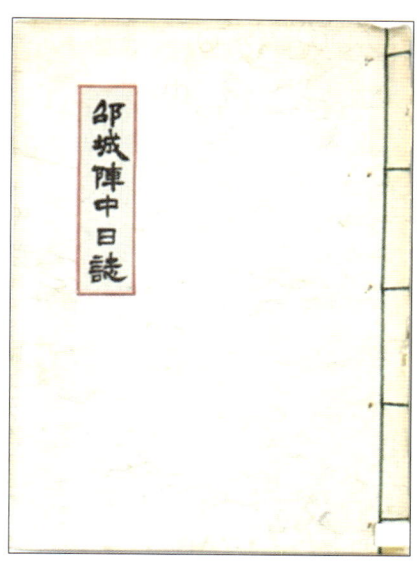

소성진중일지(인천광역시립박물관)

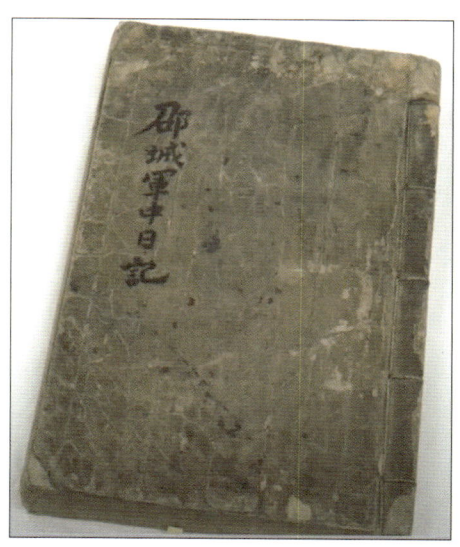

원본 공개 : 뉴스투데이 MBC(2023. 10. 30.)

다. 이산서원(伊山書院) 원규(院規)

1. 제생(諸生)들은 독서하는 데 사서(四書)·오경(五經)을 본원으로 삼고 <소학(小學)>과 <가례(家禮)>를 문호(門戶)로 삼으며, 국가의 인재를 진작시키고 양성하는 방법을 따르고 성현의 친절한 교훈을 지켜서 온갖 선(善)이 본래 내게 갖추어진 것을 알고 옛 도(道)가 오늘날에도 실천할 수 있는 것을 믿어서, 모두 몸으로 행하고 마음으로 체득하며 체(體)를 밝히고 용(用)을 적합하게 하는 학문에 힘쓰도록 한다. 여러 사서(史書)와 자서(子書)와 문집, 문장(文章)과 과거 공부 또한 널리 힘쓰고 두루 통달하지 않으면 안 된다. 그러나 마땅히 내외(內外)·본말(本末)의 경중(輕重)과 완급(緩急)의 차례를 알아서 항상 스스로 격려하여 타락하지 않게 하고, 그 나머지 사특하고 요망하고 음탕한 글은 모두 원내(院內)에 들이어 눈에 가까이 해서 도(道)를 어지럽히고 뜻을 미혹하지 못하게 한다.

1. 제생들 가운데 뜻을 굳게 세우고 나아가는 길을 정직하게 하며, 사업은 원대한 것으로 스스로 기약하고 행실은 도의를 귀추(歸趨)로 삼는 자는 잘 배우는 것이고, 마음가짐이 비천하고 취사(取捨)가 현혹되며, 지식은 저속하고 비루함을 벗어나지 못하고 뜻과 희망이 오로지 이욕에만 있는 자는 잘못 배우는 것이다. 만일 성품과 행실이 괴이하여 예법을 비웃고 성현을 업신여기며 정도(正道)를 위반하고 추한 말로 친한 이를 욕하며, 여러 사람을 괴롭히고 법도를 따르지 않는 자는 원중(院中)에서 함께 의논하여 쫓아내도록 한다.

1. 제생들은 항상 각자 서재에서 조용히 있으면서 오로지 독서에 정진하고, 의심나고 어려운 것을 강론하는 일이 아니면 부질없이 다른 방에 가서 쓸데없는 얘기로 시간을 보내어 피차간에 생각을 거칠게 하거나 학업을 폐해서는 안 된다.

1. 까닭 없이 알리지 않고 자주 출입해서는 절대로 안 된다. 무릇 의관과 행동거지와 언행에 대해 각기 간곡하게 권면하도록 힘쓰며 서로 보고 선(善)해지도록 한다.

1. 성균관의 명륜당(明倫堂)에 이천(伊川) 선생의 <사물잠(四勿箴)>과 회암(晦菴) 선생의 <백록동규(白鹿洞規)> 10훈(十訓)과, 진무경(陳茂卿)의 <숙흥야매잠(夙興夜寐箴)>을 써서 걸었는데 이 뜻이 매우 좋다. 원 중에도 또한 이것을 벽에 게시하여 서로 타이르고

일깨우도록 하다.

1. 책은 문밖에 내갈 수 없고 여색(女色)은 문 안에 들어올 수 없으며, 술은 빚어서는 안 되고 형벌은 써서는 안 된다. 책은 내가면 잃기 쉽고 여색은 들어오면 더럽혀지기 쉽다. 술은 학사(學舍)에 마땅한 것이 아니고 형벌은 유생의 일이 아니다. 형벌은 제생이나 유사(有司)가 개인적인 노여움으로 바깥사람을 구타하는 종류를 말하는데, 이것은 절대로 단서를 열어 놓아서는 안 된다. 원속(院屬)들에게 죄가 있는 경우는 온전히 용서할 수 없으니, 작은 죄는 유사가, 큰 죄는 상유사(上有司)와 상의하여 형벌을 논한다.

1. 서원의 유사는 근처에 사는 청렴하고 재간 있는 품관(品官) 두 사람으로 정하고, 또 선비 중에 사리를 알고 조행(操行)이 있어서 여러 사람이 추앙하고 복종할 수 있는 사람 하나를 골라서 상유사로 삼되 모두 2년마다 교체한다.

1. 제생과 유사는 힘써 예모로써 서로 대하고, 공경과 믿음으로 서로 대우하여야 한다.

1. 원속들을 잘 돌봐주도록 한다. 유사와 제생들은 항상 하인을 애호하여, 원(院)의 일과 재(齋)의 일 이외에는 누구나 사사로이 부리지 못하도록 하며, 개인적인 노여움으로 벌주지 못한다.

1. 서원을 세워서 선비를 양성하는 것은 국가에서 문교를 숭상하고 학교를 일으켜 인재를 새로 길러내는 뜻을 받드는 것이니, 누군들 마음을 다하지 않겠는가. 이제부터 이 고을에 부임하는 자는 반드시 서원의 일에 대하여 제도를 증가시키고 그 규약을 줄이지 않는다면 사문(斯文)에 있어 어찌 다행이 아니겠는가.

1. 동몽(童蒙)들은 수업을 받거나 초청한 경우가 아니면 입덕문(入德門) 안에 들어오지 못한다.

1. 임시로 서원에 있는 생도들은 관례(冠禮)의 여부와 상관없이 정해진 인원 없이 재목을 이루어야 서원에 오르도록 한다.

출처 : 퇴계집, 퇴계선생문집 41, 잡저

[한국고전번역원, 권오돈외 11명(공역), 1968]

[원문] 伊山院規
一。諸生讀書。以四書五經爲本原。小學, 家禮爲門戶。遵國家作養之方。守聖賢親切之

訓。知萬善本具於我。信古道可踐於今。皆務爲躬行心得明體適用之學。其諸史子集。文章科擧之業。亦不可不爲之旁務博通。然當知內外本末輕重緩急之序。常自激昂。莫令隳墮。自餘邪誕妖異淫僻之書。竝不得入院近眼。以亂道惑志。

一。諸生立志堅苦。趨向正直。業以遠大自期。行以道義爲歸者爲善學。其處心卑下。取舍眩惑。知識未脫於俗陋。意望專在於利欲者爲非學。如有性行乖常。非笑禮法。侮慢聖賢。詭經反道。醜言辱親。敗羣不率者。院中共議擯之。

一。諸生常宜靜處各齋。專精讀書。非因講究疑難。不宜浪過他齋。虛談度日。以致彼我荒思廢業。

一。無故無告。切無頻數出入。凡衣冠作止言行之間。各務切偲。相觀而善。

一。泮宮明倫堂。書揭伊川先生四勿箴。晦菴先生白鹿洞規十訓。陳茂卿夙興夜寐箴。此意甚好。院中亦宜以此揭諸壁上。以相規警。

一。書不得出門。色不得入門。酒不得釀。刑不得用。書出易失。色入易汚。釀非學舍宜。刑非儒冠事。刑謂諸生或有司以私怒捶打外人之類。此最不可開端。若院屬人有罪。則不可全赦。小則有司。大則與上有司同議論罰。

一。院有司。以近居廉幹品官二人差定。又擇儒士之識事理有行義衆所推服者一人。爲上有司。皆二年相遞。

一。諸生與有司。務以禮貌相接。敬信相待。

一。院屬人完恤。有司與諸生。常須愛護下人。院事齋事外。毋得人人私使喚。毋得私怒罰。

一。立院養士。所以奉國家右文興學。作新人才之意。人誰不盡心。繼今莅縣者。必於院事。有增其制。無損其約。其於斯文。豈不幸甚。

一。童蒙。非因受業與招致。不得入入德門內。

一。寓生。不拘冠未冠。無定額。成才乃升院。

(『退溪集』, 退溪先生文集卷之四十一, 雜著)

[한국고전번역원, 영인표점 한국문집총간, 1989]

라. 학교모범(學校模範)[240]

하늘이 만백성을 낳으니 사물이 있으면 법칙이 있는 것이다. 천부(天賦)의 거룩한 덕을 누구나 다 받았건마는, 사도(師道)가 끊어지고 교화(敎化)가 밝지 못함으로 말미암아 진작시킬 수가 없었다. 그래서 선비의 풍습이 경박하여지고 양심(良心)이 마비되어 부박(浮薄)한 공명만 숭상하고 실행을 힘쓰지 않아서 위로는 조정에 인재가 모자라서 벼슬에 빈자리가 많으며, 아래로는 풍속이 날로 퇴폐하고 윤리의 기강(紀綱)이 날로 무너져 없어지고 있다. 생각이 여기에 이르니 참으로 한심하지 않을 수 없다. 이제 장차 지난날의 물든 습속을 일소하고 선비의 기풍을 크게 변화시키기 위하여, 선비를 가려 뽑고 가르치는 방법을 다해서 성현의 가르침을 대략 본받아 〈학교모범〉을 만들어서 많은 선비들로 하여금 몸을 가다듬고 일을 처리해 나가는 규범을 삼게 하니 모두 16조(條)로 되어 있다. 제자(弟子) 된 자는 참으로 마땅히 지켜 행해야 되고, 스승 된 이는 더욱 이 법규로써 먼저 자신을 바로잡아 이끄는 도리를 다해야 할 것이다.

첫째는 입지(立志)이니,

배우는 자는 먼저 뜻을 세워가지고 도로써 자신의 임무를 삼아야 한다. 도는 고원(高遠)한 것이 아닌데 사람이 스스로 행하지 않는다. 만 가지 선(善)이 모두 나에게 갖추어 있으니 달리 구할 필요는 없다. 다시 망설이거나 기다릴 것도 없으며 더 이상 두려워하거나 머뭇거릴 필요도 없이 곧 천지(天地)로 마음을 세우고 민생으로써 표준을 삼으며, 옛 성인을 표준 삼아 끊어진 학문을 계승하고, 온 세상을 위해서 태평을 열어 주기로 목표를 세워야 한다. 물러서서 스스로 앞길에 한계선을 긋는 생각이나 우선 편안한 것을 바라서 스스로 용서하는 버릇은 털끝만큼이라도 가슴속에 생겨나지 못하게 해야 한다. 훼손과 명예, 영화 됨과 욕됨, 이해(利害)와 화복(禍福), 이런 것들이 나의 마음을 움직이지 못하게 해야 하며 분발하고 힘써

---

[240] 栗谷先生全書卷之十五 / 雜著 二 學校模範 壬午製進 ○事目附, 조선 선조 15년(1582)에 왕명을 받아 이이가 선비를 기름에 교육의 목적을 두고, 수기치인(修己治人)의 가르침을 제시하였다.

서 꼭 성인이 되어야 한다.

둘째는 몸을 금제(禁制)함이니,

배우는 자는 한번 성인이 되겠다는 뜻을 세운 이상에는 반드시 구습을 씻어버리고 오로지 학문을 지향하여 몸가짐과 행동을 다잡아야 한다. 평소에 일찍 일어나고 밤늦게 자고 의관은 정숙하게, 용모는 장중하게, 보고 들음은 단정하게, 거처는 공손하게, 걸음걸이는 똑바르게, 음식은 절제 있게, 글씨는 조심성 있게, 책상은 가지런하게, 서재는 깨끗하게 해야 한다. 그리고 항상 구용(九容, 아홉 가지 용태)으로써 몸을 지녀야 하니, 족용중(足容重)하고, 수용공(手容恭)하고, 목용단(目容端)하고, 구용지(口容止)하며, 성용정(聲容靜)하고, 두용직(頭容直)하며, 기용숙(氣容肅)하고, 입용덕(立容德)하며, 색용장(色容莊)할 것이다. 또는 예(禮) 아니면 보지 말고, 예 아니면 듣지 말고, 예 아니면 말하지 말고, 예 아니면 행동하지 말 것이다. 이른바 예가 아니라는 것은 조금이라도 천리에 어긋나면 이는 곧 예가 아니다. 그 대략의 것을 말하자면, 창우(倡優)의 부정(不正)한 안색과 사치스러운 속악(俗樂)의 소리와 비루하고 방탕한 놀이와 정도에 어긋나는 문란한 놀음은 더구나 엄금해야 한다.

셋째는 글 읽기이니,

배우는 자가 이미 선비의 행실로 몸가짐을 단속하고 나서는 반드시 독서와 강학(講學)으로 의리를 밝혀야 하니 그런 뒤에 학문에 나아가야 학문의 방향이 흐리지 않는 것이다. 스승에게 배우되 배움은 넓어야 하고 질문은 자세하게 해야 하며 생각은 신중하게 해야 하고 분별은 명확해야 한다. 그리하여 깊이 생각하여 반드시 마음으로 터득하기를 기약할 것이다. 언제나 글을 읽을 때는 반드시 태도를 정숙하게 하고 단정히 앉아서 마음과 생각을 한곳으로 모아 한 가지 글에 익숙해진 다음에 비로소 다른 글을 읽어야 하고 많이 보기에 힘쓰지 말아야 하고 기억하는 것만 일삼지 말아야 한다. 글 읽는 순서는《소학》을 먼저 배워 그 근본을 배양하고 다음에는《대학》과《근사록(近思錄)》으로 그 규모를 정하고, 그다음에는《논어》·《맹자》·《중용》과 오경(五經)을 읽고,《사기(史記)》와 선현의 성리(性理)에 관한 책을 간간이 읽어 뜻을 넓히고 식견을 가다듬어야 할 것이다. 성인이 짓지 않은 글은 읽지 말고 보탬이 없는 글은 보지 말아야 한다. 글 읽는 여가에는 때로 기예를 즐기되 거문고 타기, 활쏘기 연습, 투호(投壺) 등의 놀이는 모두 각자의 규범을 두어 적당한 시기가 아니면 놀지 말고, 장기·바둑 등 잡희에 눈을 돌려 실제의 공부에 방해가 되게 해서는 안 된다.

넷째는 말을 삼가는 것이니,

배우는 자가 선비의 행실을 닦으려면 반드시 언어를 삼가야 한다. 사람의 과실은 언어로부터 오는 것이 많으니 말을 반드시 정성스럽고 믿음직스럽게 하고 때맞추어 말하고 수정이나 승낙은 신중하게 해야 한다. 말투를 정숙하게 하고 익살이나 떠들지 말아야 한다. 다만 문자와 이치에 유익한 말만 하고 허황한 것, 괴이한 것, 귀신의 이야기나 거리의 상말을 입 밖으로 내지 말아야 한다. 그리고 무리들과 잡담으로 날을 보내거나, 시대의 정치를 함부로 논란하거나, 남의 장단점을 논하는 것은 모두 공부에 방해되는 것이니 일체 경계해야 할 것이다.

다섯째는 본마음 간직함이니,

배우는 자가 몸을 닦으려면 안으로 마음을 바로잡아 외물(外物)의 유혹을 받지 않아야 한다. 그런 뒤에야 마음이 태연하여 온갖 사특함이 물러나 진실한 덕에 나아갈 수 있게 된다. 그러므로 배우는 자가 먼저 할 일은 마땅히 마음을 가라앉히고 가만히 앉아서 본마음을 간직하여 조용한 가운데에서 흐트러지지도 않고 사리에 어둡지도 않음으로써 근본을 세우는 것이다. 이를테면 일념(一念)이 생길 때에는 반드시 선악의 기미를 살펴 그것이 선(善)일 때에는 그 의리를 궁구하고, 그것이 악일 때에는 그 싹을 근절하여 본마음을 간직하고 본성을 기르고 성찰하여 노력이 끊이지 않으면 모든 언동이 의리의 당연한 법칙에 부합하지 않음이 없을 것이다.

여섯째는 어버이를 섬김이니,

선비의 온갖 행실 중에 효도와 우애가 근본이니 삼천 가지 죄목 중에 불효가 제일 큰 것이다. 어버이를 섬기는 이는 공경을 극진히 하여 어른의 명에 순종하는 예(禮)를 다하고, 즐거움을 다하여 음식의 봉양을 드리고 병환에는 근심을 극진히 하여 의약의 치료를 다하고, 상사(喪事)에는 지극한 슬픔으로 상례의 도리를 다할 것이요, 제사(祭祀)에는 엄숙함을 극진히 하여 추모의 정성을 다해야 할 것이다. 겨울에는 따스하게 모시고 여름에는 시원하게 해 드리며 아침저녁으로 보살펴드리고 외출할 때는 반드시 알리고 돌아와서는 반드시 뵙는 것까지도 모두 성인의 교훈을 따르지 않는 것이 없게 하고, 부모가 만일에 잘못이 있을 때에는 성의를 다하여 은근히 간하고 말리어 점차 도리로써 깨닫게 해야 한다. 자식은 속으로 자신의 몸을 돌이켜 보아 온갖 행실이 갖추어지지 않은 것이 없이 시종 덕을 온전히 하여 부모를 욕되게 하지 않게 하고서야 비로소 어버이를 섬긴다고 말할 수 있다.

일곱째는 스승을 섬김이니,

배우는 자가 성심으로 도에 뜻을 두었다면 반드시 먼저 스승 섬기는 도리를 융숭히 해야 한다. 사람은 임금·스승·아버지 이 세 분 덕에 태어나고 살고 배우게 되므로, 섬기기를 똑같이 해야 하니, 어찌 마음을 다하지 않을 수 있겠는가. 함께 살게 되면 아침, 저녁으로 뵙고 따로 있으면 수업을 받을 때 뵙고 초하루·보름에는 일제히 모여서 예를 행한 다음 두 번 절하고 뵙는다. 평상시에 모셔 받듦도 존경을 다하고 교훈을 돈독히 믿어 늘 명심하여 잊지 말아야 한다. 만일 스승의 말씀과 행하는 일에 의심나는 점이 있을 때는 조용히 질문하여 그 잘잘못을 가려야 하며, 곧 자기의 사견(私見)으로 스승을 비난해서는 안 된다. 또는 의리를 생각하지 않고 스승의 말만을 맹목적으로 믿어서도 안 되며 봉양하는 정도에 있어서는 힘에 따라 성의를 극진히 하여 제자의 직분을 다해야 한다.

여덟째는 벗을 택함이니,

도를 전해 받고 의혹을 해결하는 것은 스승에게 힘입더라도 서로 갈고 닦아 인(仁)을 돕는 것은 실로 벗에게 힘입는 것이다. 그러므로 배우는 자는 반드시 충성과 신의, 효도와 우애, 강직하고 방정하며, 돈독한 선비를 가려 벗으로 사귀어서 잘못이 있으면 서로 경계하고 선행(善行)으로써 서로 권하고 충고하여 덕행을 닦음으로써 벗의 윤리를 다해야 한다. 만일 마음가짐이 돈독하지 못하고 자유의 절제가 엄하지 못하여 떠들고 다니며 즐겁게 노는 것만 좋아하고 말과 기운만 숭상하는 자는 모두 벗으로 사귀지 말아야 한다.

아홉째는 가정생활이니,

배우는 자가 몸과 마음을 닦았으면 가정생활에서 윤리를 다하여 형은 우애하고 아우는 공순하여 한 몸같이 보며, 남편은 온화하고 아내는 양순하여 예의를 잃지 말며, 바른 도리로써 자녀를 교육하되 애정으로 총명이 흐려지지 말아야 할 것이다. 그리고 아랫사람을 통솔하는 데는 엄격함을 주로 하되 관용을 베풀고 굶주림과 추위를 특별히 염려하여 상하가 정숙하고 내외의 분별이 있어서 한 집안일의 처사가 극진한 도리를 하지 않음이 없어야 한다.

열째는 사람을 응접함이니,

배우는 자가 이미 가정을 바로잡고 나서는 남을 대할 때 한결같이 예의를 준수해야 한다. 어른을 공손히 섬기되 침식과 보행(步行)을 모두 어른보다 뒤에 하고, 나이가 열 살 이상이면 형으로 섬기고 갑절 이상이면 더욱 공손하게 대우한다. 어린이는 자애(慈愛)로써 어루만져 주어야 하고, 친족에게는 돈독하고 화목하며, 이웃을 사귀는 데도 그들의 환심(歡心)을 얻어야 하고, 항상 덕과 학업을 서로 권장하고 허물은 서로 바로잡고, 혼인 장례 때 서로 돕고 어려운 일은 서로 도와 언제나 남을 구해 주고, 항상 남을 이롭게 할 생각을 가져야 하며 남을 해치거나 사물을 해롭히는 생각은 털끝만치라도 마음에 머물러 두지 말아야 한다.

열한 번째는 과거에 응시하는 것이니,

과거는 비록 뜻있는 선비의 애써 구할 바는 아니나 또한 요즈음에는 그것이 벼슬에 나아가는 길이 되어 있다. 만일 도학(道學)에 온 마음을 쏟아서 나아가고 물러남을 예의로 하는 사람이라면 과거를 숭상할 까닭이 없지만 서울의 문물을 보고 과거에 응하게 되면 또한 성심으로 공부를 해야 하고 세월만 부질없이 보내서는 안 된다. 다만 과거의 득실 때문에 자신이 지키는 지조를 잃어서는 안 되며 항상 자신을 바로 세우고 도를 행하여 임금에게 충성하고 나라의 은혜를 갚을 생각을 하고 그저 구차스레 의식을 넉넉하게 할 것이나 추구할 것이 아니다. 진실로 도를 지향하여 게을리하지 않고, 일상으로 행하는 일이 도리대로 따르지 않음이 없어야 한다. 과거 공부도 일상사의 한 가지 일이니 실제의 공부에 무엇이 방해되겠는가. 오늘날 사람들이 늘 과거에 뜻을 빼앗길까 염려하는 것은 득실로써 생각이 움직여짐을 면치 못하기 때문이다. 또 요즈음의 선비들의 공통된 병폐는 게으르고 방종하여 글 읽기에 힘쓰지 않고 도학을 따른다고 하면서 과거 공부를 달갑게 여기지 않아 부질없이 세월만 보내고 학문과 과거 공부 중 한 가지도 성취하지 못하는 자가 많으니 가장 경계할 점이다.

　열두 번째는 의리를 지킴이니,
　배우는 자는 무엇보다도 의(義)와 이(利)의 밝게 분별하는 것보다 더 급한 것이 없다. 의란 것은 무엇을 위해서 하는 것이 아니다. 조금이라도 무엇을 위해서 하는 목적이 있다면 다 이를 위하는 도둑의 무리이다. 어찌 경계하지 않겠는가. 선을 행하면서 명예를 구하는 자 또한 이를 위하는 마음이니 군자는 그것을 담장을 넘고 벽을 뚫는 도둑보다 더 심하게 본다. 하물며 불선(不善)을 행하면서 이득을 보겠다는 자이랴. 배우는 자는 털끝만큼의 이욕(利欲)도 마음에 머물러 두어서는 안 된다. 옛사람은 부모를 위한 노역이라면 품팔이나 쌀을 짊어지기도 하였지만 그 마음은 항상 깨끗하여 이욕에 물드는 일이 없었는데 오늘날의 선비는 온종일 성현의 글을 읽으면서도 오히려 이욕을 버리지 못하니 슬프지 않겠는가. 혹시 가정이 가난하여 부모의 봉양을 위하여 한번 계획해 보지 않을 수 없으나 이득을 구하는 생각은 싹트게 해서는 안 된다. 그리고 물리치거나 받거나 가지거나 주거나에 있어서도 언제든지 그 당연한가 아닌가를 살피고, 이득이 되는 것을 보면 의리에 맞는가를 생각해야 하고 털끝만큼도 구차스럽게 지나쳐서는 안 된다.

　열세 번째는 충직함을 숭상함이니,
　충직하고 순후함과 기개와 절조는 서로 표리(表裏)가 되는 것이나 스스로 지키는 절도가 없이 두루뭉수리한 것으로 충성하고 순후한 체하는 것도 옳지 못하고, 근본적인 덕이 없이 강하고 과격함으로써 기개와 절조인 체하는 것도 옳지 못하다. 세속이 어지럽고 야박하여 실덕(實德)이 날로 상실되어 남의 비위를 맞추어 아부하는 자가 있는가 하면 거만스럽게 기개만 숭상해서 행실이 중도에 맞는 선비를 얻어 보기가 실로 어렵다. 《시경》에, "온화하고 공손한 사람이여 오직 덕을 닦는 기초로다[溫溫恭人 維德之基]." 하였고, "부드러워도 삼키지 않고 딱딱해도 뱉어 버리지 않도다[柔亦不茹 剛亦不吐]." 하였다. 사람이 반드시 온순하고 공손하며 화평하고 순수하여 근본이 깊고 두터워진 뒤에야 제대로 정의를 세워 큰 절개에 다다라 자기 뜻을 빼앗기지 않을 수 있는 것이다. 저 비루하고 아첨하는 못난 자들이야 본래 말할 것도 없거니와, 명색이 학문한다는 선비로써 자신의 재주와 권위만 믿고 남을 경멸하고 모욕하는 자는 그 피해가 이루 말할 수 없을 지경이다. 조금 터득해도 만족하고 발끈하거나 명성이나 좋아하는 사람이 어찌 제대로 된 기개와 절조를 지닌 자이겠는가. 요즘 선비들의 병통이 이와 같으니 진실로 예법에 관한 학문이 밝지 못하고 허례와 교만이 습성이 된 탓이다. 그러므로 반드시 예의에 관한 학문을 밝혀 윗사람을 높이고 어른을 공경하는 도리를 다해야 한다. 진실로 이와 같이 하면 충직하고 순후함과 기개와 절조를 다 완전히 이룰 수 있을 것이다.

열네 번째는 공경을 돈독히 함이니,

배우는 자가 덕에 나아가서 학업을 닦는 것은 오직 공경을 돈독히 하는 데 있다. 공경하기를 돈독하게 하지 않으면 다만 빈말일 뿐이다. 반드시 표리(表裏)가 하나 같고 조금도 그침이 없어야 한다. 말에는 본받을 만한 교훈이 있고 행동에는 법도가 있으며 낮에는 하는 일이 있고 밤에는 얻는 것이 있으며, 눈 한 번 깜짝하는 사이나 숨 한 번 쉬는 동안에도 본마음을 간직하고 본성을 기름에 있어서 공부하는 과정을 오랫동안 계속하더라도 그 효과는 구하지 말고 오직 날마다 쉬지 않고 힘쓰다 죽은 뒤에야 그만두는 것이니 이것이 실학(實學)이다. 만일 이것은 힘쓰지 않고 다만 해박한 것을 논하고 이야기하는 것을 자신을 꾸미는 도구로 삼는 자는 선비의 적이다. 어찌 두려워하지 않아서 되겠는가.

열다섯 번째는 학교에 거처함이니,

배우는 자가 학교에 있을 때에는 모든 행동거지를 일체 학령에 따라야 한다. 글도 읽고 저술(著述)도 하며 식후에는 잠깐 동안 거닐어 정신을 맑게 하고 돌아와서 학업을 익히고 저녁 먹은 뒤에도 그렇게 해야 한다. 여럿이 함께 있을 때에는 반드시 강론으로 견문을 넓히고 예법에 맞는 몸가짐으로써 가지런히 정돈하고 엄숙해야 한다. 만일 스승이 학교에 있으면 읍(揖)을 한 뒤에 질문하며 마음을 비우고 가르침을 받아서 늘 잊지 말아야 하며 무익한 글을 질문하여 마음과 힘을 낭비해서는 안 된다.

열여섯 번째는 글 읽는 방법이니,

매월 초하루와 보름에는 여러 유생들이 학당에 일제히 모여 문묘(文廟)에 배알하고 읍하는 예를 마친 뒤 자리를 정하고 스승이 있으면 북에 앉고 여러 생도는 삼면(三面)에 앉는다. 장의(掌議, 장의가 유고 시에는 유사(有司) 혹은 글을 잘 읽는 자가 대리한다)가 소리를 높여 《백록동교조(白鹿洞教條)》 또는 〈학교모범〉을 한 번씩 읽는다. 그러고 나서 서로 토론하며 실질적인 공부로써 권면하고, 스승이 있으면 스승에게 질문한다. 만일 의논할 일이 있으면 강론을 통해 결정해야 하고, 여러 생도들이 의논하는 일이 있을 때에는 스승이 먼저 나가야 한다. 여러 생도들이 사고로 참석하지 못할 때에는 반드시 서면으로 모이는 장소에 알려야 한다. 여러 사람이 다 아는 바로 질병이 있거나 시골에 갔거나 기일(忌日)을 당한 외에 사고를 핑계하고 참석하지 않는 자에 대해서는 두 번이면 1개월 동안 모임에서 내쫓고 그래도 오지 않으면 사장(師長)에게 고하여 체벌을 의논한다. 출좌(黜座)는 쫓아내는 것이다. 어진 사람은 다시 복귀를 허락할 때는 전체가 모인 자리에서 대놓고 꾸짖는다.

위의 열여섯 가지 조항은, 스승·제자·학우 사이에 서로 권면하고 경계하며 명심해야 한다. 생도들 가운데 마음을 잘 간직하고 몸을 잘 단속하여 모범을 준수하고 학문이 성취되어 뛰어나게 칭찬할 만한 자가 있을 경우 회의 때에 여러 사람에게 묻고 찬성을 얻으면 착한 자의 명부에 기입하고, 그중에 남달리 뛰어난 자가 있으면 그 실상을 갖추어 사장(師長)에게 단자를 올려 권장의 뜻을 표시하고, 만일 여러 생도들 중에 학교 규칙을 준수하지 않은 채 향학의 의욕이 독실하지 않고 놀기만 하며 날짜만 보내고 몸가짐을 삼가지 않고 놓친 본마음을 되찾지 못하며, 행동거지가 장중하지 않고 언어가 진실하지 않으며 부모에게 효성을 다하지 않고 형제에게 우애가 없고 가정의 법도가 난잡하여 질서가 없고, 스승을 존경하지 않고 나이 많고 덕이 있는 사람을 업신여기며, 예법을 경멸하고 본처를 소박하고 음란한 창기를 가까이 사랑하고 부질없이 권세가 있는 사람 찾아가기를 좋아하며 염치를 돌보지 않으며 함부로 사람답지 않은 자와 사귀어 아래 또래에게 굽실대며 술 마시기 좋아하여 방탕한 생활을 하고 주정에 빠지기를 낙으로 삼으며 송사(訟事)하기 좋아하며 하지 말아야 할 것을 그만두지 않고 재물의 이익을 계획하여 사람들의 원망을 무시하고 재주 있는 자를 시기하며 선량한 이를 헐뜯고 일가친척과 화목하지 않고 이웃과 불화하며, 제사에 근엄하지 못하고 천지신명에게 태만하며 한 집안의 제사뿐 아니라 학당의 제사에도 사고를 핑계하고 참석하지 않는 것도 천지신명에게 태만한 것이다. 혼인, 장례에 돕지 않고 환란에 돕지 않으며 지방에 있어서는 조세에 성의를 다하지 않고, 고을 수령을 헐뜯고 흉보는 일 등등의 잘못은 벗들이 보고 듣는 대로 깨우쳐 주되, 고치지 않을 때에는 장의에게 고해서 유사가 모임에서 드러내어 꾸짖는다. 그래도 고치지 않고 억지 변명으로 복종하지 않으면 적은 허물이면 모임에서 쫓아내고 큰 허물이면 사장에게 알려서 출재(黜齋)란 학당에 와서 배우지 못하게 하는 것으로 허물을 고친 뒤에는 돌아오게 한다. 학당에서 내쫓긴 자만 나쁜 자의 명단에 기입한다. 학당에서 쫓겨난 뒤에 마음을 바꾸고 허물을 고쳐서 뚜렷이 선을 지향하는 자취가 있으면 다시 학당에 들어오기를 허가하고 도로 학당에 들어올 적에는 모두 모인 자리에서 대면하여 꾸짖는다. 그 나쁜 자의 명부에서 이름을 지워버린다. 만약 끝까지 허물을 뉘우치지 않고 나쁜 버릇을 더욱 키워 자기를 책하는 이를 도리어 원망하면 사장에게 고하여 그 이름을 명부에서 삭제하고 이어 중앙과 지방의 학당에 통고한다. 제적된 사람이 자신을 원망하고 꾸짖어 현저하게 선을 지향하는 자취가 뚜렷이 보이기 3년을 지난 후에 그것이 더욱 독실할 때에는 도로 입학을 허가한다. 무릇 잘못을 기록할 때는 반드시 법규를 세운 뒤에 기록하고 법규를 세우기 전의 허물은 소급하여 논란하지 않고 그가 스스로 고칠 길을 열어 줄 것이다. 그래도 여전히 고치지 않으면 그때에 처벌을 논한다.

    교화(教化)하는 방법은 스승을 가리는 것보다 우선할 것이 없다. 근래에는 훈도의 임명에 그 자격을 가리지 않고 청탁에만 따르므로 스승의 자리가 도리어 가난한 선비의 밥벌이의 구제가 되고 말았다. 때문에 훈도의 이름이 천하게 되어 서로 비웃고 나무라기까지 한다. 스승이 알맞은 사람이 아니고 보면 선비의 기풍이 날로 쇠퇴해지는 것이 사리와 형세상 필연적이므로 괴이할 것이 없다. 오늘날 비록 옛 법규를 바꾸어 사장을 선택하더라도 사람들이 믿지 않아서 부임(赴任)하기를 좋아하지 않는다면 좋은 법규와 아름다운 뜻도 결국 실속이 없게 되고 말 것이요, 학교에 적(籍)을 둔 선비들은 모두 학문에 뜻이 없고 구실을 피할 것만 꾀한다면 스승은 얼더라도 배울 사람이 없게 될 것이다. 만약 과거의 그릇된 자취를 크게 바꿔서 남의 이목을 새롭게 하지 않는다면 성취되기를 바랄 수 없을 것이다. 그러므로 스승을 가려 선비를 양성하는 규정을 다음과 같이 삼가 적는다. 이하는 사목(事目)을 적은 것이다.

1. 무릇 학문과 덕행이 있어서 남의 추중을 받아 사표(師表)가 될 만한 자를 해마다 서울은 한성부(漢城府)와 5부(部)에서 지방은 감사(監司)와 수령(守令)들이 각각 성심껏 보고 조사하여 그 실상을 얻어 명단을 적어 올리면 임금의 결재를 얻어 명단을 이조(吏曹)에 내리고, 성균관 당상관(堂上官) 역시 관학(館學)의 여러 유생들을 모아 공천하게 하여 합당한 자는 명단을 뽑아 이조에 보고한다. 매년 연말에 서울과 지방에서는 으레 명단을 적어 올린다. 이조는 다시 자세히 검토하여 자리가 비는 대로 차출하되 사는 곳에서 가까운 고을에 으레 자리를 준다. 그 성과를 보아 그중에서 공적이 남달리 뛰어나고 선비의 기풍을 변화시킨 자는 품계를 올려서 실직을 주고, 그다음으로 직책에 충실하여 성과가 있는 자는 곧 벼슬길을 열어 주며, 또 그다음으로 성과가 있는 자는 임기가 차면 다른 고을로 옮겨서 성과가 더욱 드러난 뒤에 벼슬길을 열어 준다.

1. 전직 조정 관리 출신은 파직이나 출신 여부를 불문하고 그중에 사표가 될 만한 자는 교관(校官)에 제수하고, 6품(六品) 이상이면 교수에 제수하며, 7품 이하면 훈도(訓導)에 임명하여 성과가 있는 자는 임기가 차면 복직하게 한다.

1. 중앙과 지방에서 뽑혀 사표가 될 만한 자가 만일 생원, 진사이거나 또는 이름이 난 자는 재주와 자격의 유무를 불구하고 곧 교관에 제수하고 그렇지 못한 자는 반드시 그 재주와 자격을 시험하여 요행의 폐단을 없애야 한다.

1. 서울과 지방에서 학문과 덕행으로 추천되어 벼슬하게 된 자와 생원・진사로써 벼슬할 만한 자는 먼저 교관으로 시험 채용한 다음 그 능력 여부를 보아서 임기가 차지 않더라도 틈틈이 등용하여 교관과 조정의 관리를 섞어서 한 길이 되게 하는 한편 선비들도 훈도가 되는 것을 영예롭게 뽑히는 것으로 여기게 하여 지난날의 천한 이름을 씻도록 한다.

1. 학교의 스승은 이미 그 자격을 정선(精選)하였으면 또한 예의에 맞도록 대우하여 자중하는 선비가 그 직분에 만족하도록 해야 한다. 감사와 수령이 교관을 늘 우대하여 부임하지 않는 자에 대해서는 취임하도록 돈독히 권하고 왕명을 받들고 온 사신을 영접할 때에는 《대전(大典)》에 의하여 대문 밖에서 기다리고 사자의 말머리에 서지 말게 하며, 다만 가르친 유생의 학문 능력의 가부와 몸가짐을 경건과 방종만을 살펴 포폄(褒貶)을 할 뿐 훈도는 시강(試講)을 하지 않고 가르치는 방법만을 헤아려 논한다. 그리고 급료를 정하되 목사(牧使)가 있는 고을 이상은 다달이 쌀과 콩 각 두 섬, 벼 넉 섬을 주고 도호부(都護府)에는 다달이 쌀

두 섬, 콩 한 섬, 벼 석 섬, 군에는 다달이 쌀 한 섬 닷 말, 콩 한 섬, 벼 두 섬, 현(縣)은 다달이 쌀·콩·벼 각각 한 섬, 군 이상으로써 특히 쇠잔한 고을에는 감사가 참작하여 적당히 감하여 지급한다.

  1. 생원·진사를 제외하고 서울의 학문에 뜻을 둔 선비는 모두 하재(下齋) 또는 사학(四學)에 들어가고, 지방에서는 문벌이 높은 집안이나 낮은 집안을 막론하고 유학(儒學)을 배우려는 자는 향교로 들어가게 한다. 처음 입학할 때에는 생도 10명이 학문에 뜻을 가졌다고 추천한 뒤에 시험하여 입학을 허가하고, 〈학교모범〉으로 품행을 가다듬게 하고, 만약 구속을 꺼리어 학교에 적을 두지 않는 자에게는 과거를 보지 못하게 한다.

  1. 서울과 지방에서 이미 학교에 들어간 자에 대하여 형편상 일시에 제적시키기 어려우면 오직 〈학교모범〉으로 몸을 가다듬게 하여 학규를 따르지 않는 자는 제적시킨다. 사학(四學)에는 200명을 정원으로 하여 시험을 보여 이미 입학한 자를 다시 시험 보여 뽑아 그 수를 채운다. 5개 번으로 나누어 한 번에 20명씩 학교에 거처하게 하는데 10일을 기한으로 윤번제로 한다. 정원 내의 생도들에게는 하루에 두 끼니를 주며, 정원에 들지 못한 자 역시 5개 번으로 나누어 학교에 와서 배우게 하되, 식량은 각자가 갖추게 하고 공공 식량으로 먹이지 않는다. 지방의 모든 고을도 역시 시험을 보여 그 정원을 채우되, 목사가 있는 고을 이상은 정원을 90명, 도호부 이상은 70명, 군은 50명, 현은 30명으로 하고, 만일 글에 능한 자가 부족할 때에는 정원수가 차지 않더라도 글에 능한 자만으로 많고 적음에 따라 정원에 맞추어 공공 식량으로 먹이는데 또한 5개 번으로 나눈다. 정원 내에 들지 못한 자는 5개 번으로 나누어 번(番) 들기는 같이 하되 공공 식량은 먹이지 않는다. 지방의 공공 식량은 감사와 수령이 반드시 경영하고 계획하여 이식으로 밑천을 마련해서 언제나 모자라지 않게 한다. 정원 내의 유생에 결원이 있을 때에는 정원 외의 사람으로 시험 보여 보충한다. 당번이 되어도 학교에 나오지 않는 자는 첫 번째는 대면하여 꾸짖고, 두 번째는 생도들 속에서 쫓아내고, 세 번째는 출재(黜齋)하고 출재란 스승에게 고하여 학교에 나오지 못하게 하는 것인데, 허물을 고쳐서 스스로 새롭게 된 후에는 다시 학교에 오도록 허가하되, 생도들 속에서 쫓겨난 자와 학교에서 쫓겨난 자가 다시 참석할 때에는 반드시 모두 모인 자리에서 면대하여 꾸짖는다. 네 번째는 학적을 삭제한다. 학적이 삭제된 자는 군역(軍役)으로 돌린다. 허물을 고쳐서 스스로 새로워졌더라도 반드시 초시(初試)에 입격한 뒤에야 다시 들어올 수 있다. 만약에 질병과 사고

가 있어서 학교에 나오지 못하는 자는 사유를 갖추어 스승에게 단자로 제출하면 처벌을 면하지만 사고를 핑계 대는 자는 들어주지 않는다.

1. 학교 생도들은 예로써 대우해야 하고, 수령들이 관청의 일로 부려서는 안 되며 오직 학문에 전념하도록 해야 한다. 교관의 구종 마련 같은 것도 생도들에게 책임지어서는 안 되며 모두 관(官)에서 마련하고, 감사의 초도 순시와 왕명을 받든 이외에는 무릇 사신이 올 경우에도 알성(謁聖, 공자의 사당에 배알하는 것)할 때 교문 밖에서 맞이하고 알성이 아니면 맞이하지 않는다. 비록 감사일지라도 만약 두 번째의 순시라면 관문(官門)에서 맞이하지 않는다.

1. 한 해 걸러 8도의 모든 고을에 사신을 위임하여 보내서 생도들의 학업을 시험하고 몸가짐을 살펴 그것으로 교관의 능력 여부를 등급으로 매기어 보고하게 한다. 감사는 순회할 때마다 고시하여 그 상벌(賞罰)을 분명히 밝히고 수령이 위의 사목을 준행하지 않으면 경중에 따라 처벌을 논한다.

1. 대소(大小) 과거를 보일 때마다 태학(太學)에서는 과거 기일 전에 성균관 당상이 관관(館官)과 당장(堂長)·장의(掌議)·유사를 명륜당에 모아 상하재(上下齋)의 명부와 선적(善籍)과 악적(惡籍)을 모두 가져다 놓고 평일에 보고 들은 것을 참작하여 행동에 오점이 없는 자를 선택하여 비로소 과거를 보게 한다. 사학에서는 학관(學官)들이 각각 해당 학교에 모여서 당장·유사와 의논하여 가려 뽑기를 위와 같이 하며, 지방에서는 수령이 교관 및 향교의 당장·장의·유사와 함께 위의 예와 같이 의논하여 가려 뽑는다. 시골에 있는 생원·진사로써 행동에 하자가 있어 과거에 응시하기에 적합하지 않은 자는 수령이 한 고을의 공론(公論)을 채택하여 감사에게 보고해서 성균관에 통첩하게 한다. 만약 학문에 뜻을 둔 선비 중 이름이 군적에 편입된 자로써 과거 보기를 원하는 자가 있으면 서울에서는 성균관의 관원이, 지방에서는 수령이 그 진실과 허위를 살펴 그 실상이 확인되면 또한 과거에 응시하도록 허가한다.

[출처 : 한국고전번역원, 권오돈 외 13명(공역), 1968]

[원문] 栗谷先生全書卷之十五 / 雜著 二

學校模範

天生蒸民。有物有則。秉彝懿德。人孰不稟。只緣師道廢絶。敎化不明。無以振起作成。故士習偸薄。良心桔亡。只尙浮名。不務實行。以致上之朝廷乏士。天職多曠。下之風俗日敗。倫紀斁喪。念及于此。誠可寒心。今將一洗舊染。丕變士風。旣盡擇士敎誨之道。而略倣聖賢謨訓。撰成學校模範。使多士以爲飭躬制事之規。凡十六條。爲弟子者。固當遵行。而爲師者。尤宜先以此正厥身。以盡表率之道。

一曰立志。
謂學者先須立志。以道自任。道非高遠。人自不行。萬善備我。不待他求。莫更遲疑等待。莫更畏難趑趄。直以爲天地立心。爲生民立極。爲往聖繼絶學。爲萬世開太平爲標的。退託自畫之念。姑息自恕之習。不可毫髮萌於胸次。至於毀譽榮辱利害禍福。一切不動其心。奮發策勵。必要作聖人而後已。

二曰檢身。
謂學者旣立作聖之志。則必須洗滌舊習。一意向學。檢束身行。平居。夙興夜寐。衣冠必整。容貌必莊。視聽必端。居處必恭。步立必正。飮食必節。寫字必敬。几案必齊。堂室必淨。常以九容持身。足容重。不輕擧也。若趨于尊長之前。不可拘此。手容恭。手無慢弛。無事則當端拱。不妄動。目容端。定其眼睫。視瞻當正。不可流眄邪睇。口容止。非言語飮食之時。則口常不動。聲容靜。當整攝形氣。不可出噦咳等雜聲。頭容直。當正頭直身。不可傾回偏倚。氣容肅。當調和鼻息。不可使有聲氣。立容德。中立不倚。儼然有德之氣象。色容莊。顔色整齊。無怠慢之氣。非禮勿視。非禮勿聽。非禮勿言。非禮勿動。所謂非禮者。稍違天理。則便是非禮。如以粗處言之。則倡優不正之色。俗樂淫靡之聲。鄙褻傲慢之戲。流連荒亂之宴。尤宜禁絶。

三日讀書。

謂學者既以儒行檢身。則必須讀書講學。以明義理。然後進學功程。不迷所向矣。從師受業。學必博。問必審。思必愼。辨必明。沈潛涵泳。必期心得。每讀書時。必肅容危坐。專心致志。一書已熟。方讀一書。毋務汎覽。毋事彊記。其讀書之序。則先以小學。培其根本。次以大學及近思錄。定其規模。次讀論孟中庸五經。閒以史記及先賢性理之書。以廣意趣。以精識見。而非聖之書勿讀。無益之文勿觀。讀書之暇。時或游藝。如彈琴習射投壺等事。各有儀矩。非時勿弄。若博弈等雜戲。則不可寓目以妨實功。

四日愼言。

謂學者欲飭儒行。須愼樞機。人之過失。多由言語。言必忠信。發必以時。重然諾。肅聲氣。毋戲謔。毋諠譁。只作文字義理有益之話。若荒雜怪神及市井鄙俚之說。不可出諸其口。至如追逐儕輩。空談度日。妄論時政。方人長短。皆妨功害事。切宜戒之。

五日存心。

謂學者欲身之修。必須內正其心。不爲物誘。然後天君泰然。百邪退伏。方進實德。故學者先務。當靜坐存心。寂然之中。不散亂。不昏昧。以立大本。而若一念之發。則必審善惡之幾。善則窮其義理。惡則絶其萌芽。存養省察。勉勉不已。則動靜云爲。無不合乎義理當然之則矣。

六日事親。

謂士有百行。孝悌爲本。罪列三千。不孝爲大。事親者。必須居則致敬。以盡承順之禮。養則致樂。以盡口體之奉。病則致憂。以盡醫藥之方。喪則致哀。以盡愼終之道。祭則致嚴。以盡追遠之誠。至於溫凊定省。出告反面。莫不一遵聖賢之訓。如值有過。盡誠微諫。漸喩以道。而內顧吾身。無行不備。始終全德。無忝所生。然後可謂能事親矣。

七日事師。

謂學者誠心向道。則必須先隆事師之道。民生於三。事之如一。其可不盡心歟。同處則晨昏參謁。異處則於受業時參謁。朔望齊會。行禮見再拜。平居侍奉。極其尊敬。篤信教誨。服膺不失。如值言論行事。有可疑者。則須從容講問。以辨得失。不可直以己見。便非議其師。亦不可不思義理而只信師說。至於奉養之宜。亦當隨力致誠。以盡弟子之職。

八曰擇友。
謂傳道解惑。雖在於師。而麗澤輔仁。實賴朋友。學者必須擇忠信孝弟剛方敦篤之士。與之定交。相箴以失。相責以善。切磋琢磨。以盡朋友之倫。若立心不篤。檢束不嚴。浮浪嬉遊。尙言尙氣者。皆不可與之交也。

九曰居家。
謂學者旣修身心。則居家須盡倫理。兄友弟恭而視若一體。夫和妻順而毋失於禮。訓子以義方而不以愛惑聰。至於御家衆。主嚴而行恕。軫念其飢寒。上下整肅。內外有別。一家所處之事。宜無所不用其極。

十曰接人。
謂學者旣正其家。則推以接人。一遵禮義。事長以弟。如寢食行步。皆後長者。十年以長。則以兄事之。年長以倍。則待之益恭。撫幼以慈。至於睦族交鄰。無不得其歡心。每以德業相勸。過失相規。禮俗相成。患難相恤。常懷濟人利物之心。若傷人害物底意思。則不可一毫留於心曲。

十一曰應擧。
謂科第雖非志士所汲汲。亦近世入仕之通規。若專志道學。進退以禮義者。則不可尙已。如或觀國之光。不免應擧。則亦當以誠心做功。勿浪過時月。但不可以得失。喪其所守。且常懷立身行道忠君報國之念。不可苟求溫飽而已。苟能志道不怠。日用無非循理。則科業亦日用閒一事也。何害於實功。今人每患奪志者。不免以得失動念故也。且近日士子通病。怠惰放弛。不務讀書。自謂志慕道學。不屑科業。而悠悠度日。學問科業。兩無所成者多矣。最可爲戒。

十二曰守義。

謂學者莫急於辨義利之分。義者。無所爲而爲之者也。稍有所爲。皆是爲利蹠之徒也。可不戒哉。爲善而求名者。亦利心也。君子視之。甚於穿窬。況爲不善而征利者乎。學者不可以一毫利心。存諸胸中。古人爲親服勞。雖行傭負米。亦所不辭。而其心介潔。不爲利汚。今之爲士者。終日讀聖賢書。而尙不免有利心。豈不可哀也哉。雖或家貧營養。不免有所經畫。但不可萌求利之念耳。至於辭受取與。審察當否。見得思義。不可一毫苟且放過。

十三曰尙忠。

謂忠厚與氣節。相爲表裏。無自守之節。而以摸稜爲忠厚。不可也。無根本之德。而以矯激爲氣節。不可也。世俗淆薄。實德日喪。非詭隨阿人。則必矯亢尙氣。中行之士。誠難得見矣。詩曰。溫溫恭人。維德之基。又曰。柔亦不茹。剛亦不吐。必溫恭和粹。根本深厚。然後乃能植立正義。臨大節而不可奪矣。彼卑諂鄙夫。固不足道矣。名爲學問之士。而挾才挾賢。輕人侮物者。其害不可勝言。得少爲足。悻悻自好者。豈能眞有氣節哉。近日士子之病如此。良由禮學不明。虛驕成習故也。必須講明禮學。以盡尊上敬長之道。苟如是。則忠厚氣節。兩得之矣。

十四曰篤敬。

謂學者進德修業。惟在篤敬。不篤於敬。則只是空言。須是表裏如一。無少閒斷。言有敎。動有法。晝有爲。宵有得。瞬有存。息有養。用功雖久。莫求見效。惟日孜孜。死而後已。是乃實學。若不務此。而只以辨博說話。爲文身之具者。是儒之賊也。豈不可懼哉。

十五曰居學。

謂學者居學宮時。凡擧止。一依學令。或讀書。或製述。食後暫爾游泳。舒暢精神。還習所業。夕食後亦然。羣居必講論相長。攝以威儀。整齊嚴肅。若先生 是師長 在學宮。則行揖之後。講問請益。虛心受敎。佩服周旋。如無益之書。不可請問。枉用心力。

十六日讀法。

謂每月朔望。諸生齊會于學堂。謁廟行揖。禮畢後坐定。師長若在。則坐于北壁。諸生則坐于三面。掌議 掌議有故。則有司或善讀書者代之。抗聲讀白鹿洞敎條及學校模範一遍。因相與講論。相勉以實功。有師長則因以質疑 如有議事則因講定。諸生有議事。則師長先出。諸生有故。不能參。則必具狀。告于會處。衆所共知。有病及的知下鄕及忌日外。託故不參者。至再度。則黜座。一朔如是而猶不來。則告于師長論罰。黜座。卽俗所謂損徒。還許座時。必滿座面責。

右十六條。

師弟子朋友。相與勸勉戒勖。拳拳服膺。諸生如有存心飭躬。一遵模範。學問將就。表表可稱者。則會議時。詢于衆。得僉可則書于善籍。其中尤卓異者。具其實狀。呈單子于師長。以示勸獎。如或諸生不遵學規。向學不篤。荒嬉度日。持身不謹。放心不收。行止不莊。言語不實。事親不盡其誠。兄弟不能友愛。家法雜亂無章。不敬師長。侮慢齒德。輕蔑禮法。疏薄正妻。昵愛淫倡。妄喜干謁。不顧廉恥。妄交非人。屈身下流。嗜酒放蕩。沈酗爲樂。好尙爭訟。可已不已。經營財利。不恤人怨。忌賢嫉才。誣毁良善。宗族不睦。鄰里不和。祀事不嚴。怠忽神明。不特一家祭祀。如學官之祭。託故不參。是怠忽神明。禮俗不成。患難不救。如外方則不謹租賦。譏訕邑主。如此過失。朋友隨所聞見。各相規警。不悛則告掌議有司。於衆會顯責之。若猶不悛。強辨不服。則輕則黜座。重則告于師長黜齋。黜齋者。不得來學。改過後還來。書于惡籍。只黜齋者。書于惡籍。黜齋之後。革心改過。顯有向善之迹。則還許入齋而爻其籍。還入齋時。滿座面責。若終不悔過。長惡益甚。反怨責己者。則告于師長。削其名籍。因通文于中外學堂。削籍之人。若自怨自艾。顯有向善之迹。過三年而益篤。則還許入學。凡過失之籍。必自立法後始錄。若法前之惡。皆勿追論。許其自新。仍舊不改。然後乃論罰。

敎化之具。莫先於擇師。而近來訓導之任。不擇其人。徒循請囑。皐比之座。反爲寒生餬口之資。故訓導之名。爲人所賤。至相訾謷。師旣非人。則士風日衰。理勢必然。無足怪者。今雖欲變舊規。別擇師長。而人多不信。不樂赴任。良法美意。終歸文具。而且學校付籍之士。亦皆無意於學問。以避役爲計。雖得其師。無可學之人。若不一變前轍。以新耳目。則作成無期。故擇師養士之規。謹錄如左。以下係事目。

一。凡有學行。爲人所推重。可堪師表之任者。每年。京則漢城府五部。外則監司守令。悉心聞見。得其實狀。鈔名啓下吏曹。館堂上亦會館學諸生。使之公薦可合者。鈔名報吏曹。每年歲末。京外例爲鈔名以啓。吏曹更加詳察。隨闕塡差。例受所居近邑。觀者成效。其中功績卓異。丕變士風者。陞品授實職。其次稱職有效者。卽通仕路。又其次則仕滿。更遷他邑。成效益著。然後乃入仕路。

一。前銜朝官。勿論罷職及出身與否。擇其中可作師表者。授以校官。六品以上則授教授。七品以下則授訓導。有成效者。待仕滿復職。

一。京外所鈔師表可當之人。若生員進士及名字表著者。則不拘才格有無。卽授校官。不然則必須考其才格。使無僥倖之弊。

一。京外以學行可用被薦將入仕者。及生進可堪入仕者。先試之校官。觀其能否。雖不待仕滿。閒閒登仕。使校官朝士。混爲一途。使士類知訓導爲榮選。以洗前日卑賤之名。

一。學校之師。旣已精擇其人。則亦須待之以禮。使自重之士。得安其職。監司守令。常加優禮。如未赴任者。敦勸令就。迎命時。只依大典。候于大門之外。勿立于馬頭。只考所教儒生之學問能否。持身敬肆。以爲褒貶。而訓導則勿試講。但與商論敎誨之術。且定其廩料。牧以上則月給米太各二石租四石。都護府則月給米二石太一石租三石。郡則月給米一石五斗太一石租二石。縣則月給米太租各一石。皆以耗穀計給 郡以上尤甚殘邑。則監司量宜減給。

一。除生進外。京中志學之士。皆入下齋及四學。外方則勿論士族寒門。凡學儒者。皆入鄕校。初入時。諸生十人。薦其志學。然後試講許入。以學校模範。使之飭行。若厭憚拘束。不籍名于學校者。不得赴科擧。

一。京外已赴學校之士。勢難一時汰去。只令以學校 模範律身。不遵學規者。乃可汰去。四學則以一百人爲定額。試講 以曾入學者。更試而取 取足其數。分作五番。每番二十人居學。以十日爲限輪回。額內儒生供兩時。若不參額者。亦分五番來學而自備糧。不得食公糧。外方列邑。亦試講取足額數。牧以上則九十。都護府以上則七十。郡則五十。縣則三十。若能文者不足。則雖不滿額數。只以能文者。隨其多少。稱額內饋以公糧。亦分五番。若未參額內者。分番則同。而不得食公糧。外方公糧。監司邑宰。必須經畫爲子母之資。使不乏絶。額內之儒有闕。則試講取額外之人塡闕。臨番而不就學者一度則面責。二度則損徒。三度濁則黜齋。黜齋者。告于師不得就學。改過自新後。許復入。凡損徒及黜齋者。復參座時。必滿座面責。四度則削學籍。削學籍者。定軍役。必改過自新而必得參初試。然後乃得復入。若有疾病事故。不得就學者。具由呈單子于師長。免罰。託故者勿聽。

　一。校生亦須待之以禮。邑宰不得以官事。有所差任。只令專心學問。至如校官從馬。不可責辦。皆自官中辦出。除監司初巡迎命時外。凡使臣到來時。謁聖則祗迎于校門之外。不謁聖則不迎。雖監司。若再巡則不迎于官門。

　一。每閒一年。委送使臣于八道列邑。試諸生學業。且考持身之狀。第其校官之能否以啓。監司則每巡考試。以明其黜陟。守令不能遵行事目者。亦隨輕重論罰。

　一。每大小科擧時。太學則先期。館堂上會館官及堂長，掌議，有司于明倫堂。盡取上下齋名錄及善惡籍。參以平日所聞見。必擇行無玷汚者。始許赴擧。四學則學官各會于本學。與堂長有司商議。鈔擇如右例。外方則邑宰與校官及鄉校，堂長，掌議，有司商議。鈔擇如右例。鄉居生進。行有瑕疵。不合赴擧者。則邑宰採一鄉公論。報監司。移文于成均館。若有志學之士。名編軍伍。願赴科擧者。京則成均館官員。外則守令審察眞僞。得其實狀。則亦許赴擧。

[출처 : 한국고전번역원, 영인표점 한국문집총간, 1989]

마. 『신증동국여지승람』
제9권, 경기(京畿) 인천도호부(仁川都護府)

(1) [궁실] 객관(客館)

강희맹(姜希孟)의 승호기(陞號記)에,
"임금께서 즉위한 지 6년 겨울에 왕비의 친가 외가의 고을을 승격하여 주(州)나 부(府)로 만들 것을 명령하였다. 인천(仁川)이 왕비의 외가 고을이기 때문에 군을 승격하여 부로 만들었는데, 부의 등급이 안으로는 삼품(三品)과 같고 밖으로는 주(州)에 다음 가서 군과 현을 누르니 그 높고 중하기가 이와 같다. 무릇 반부(班簿)와 계리(計吏)로 서울에 조회하는 자는 그 예절 등급이 전에 비교하여 한 등급이 올랐으니 인천이 참 영광스럽다. 이때의 부사 홍후(洪侯) 약치(若治)는 나와 같은 해에 과거한 친구이다. 내가 지나는 길에 만나보고 치하하니 홍후가 말하기를, '인천이 고을 된 것이 가장 오래되어 지금까지 천백 년이 되었는데, 그 오르고 내린 연혁이 문헌에 증거가 없어 전연 상고할 수가 없다. 이제 승격하는 은명(恩命)을 받아 아전과 백성이 서로 경사로 여기니 만일 기(記)와 지(誌)가 없다면 참으로 성하고 아름다움이 매몰되어 드러나지 못하여 뒷사람이 지금을 보는 것이 지금 사람이 옛것을 보는 것과 같을까 두렵다. 나를 위하여 기록하라.' 하였다. 내가 능히 할 수 없다고 사양하니 홍후가 청하기를, '인천의 문씨(門氏)는 그대의 선세(先世)이니 인천에 대하여 반드시 자세히 알 것이다. 굳이 사양하지 말라.' 하였다. 희맹(希孟)은 삼가 상고하건대, 인천은 곧 예전 미추홀국(彌鄒忽國)이다. 고구려 때에는 매소홀현(買召忽縣)이 되었고, 고려 숙종(肅宗) 때에 이르러서는 황비(皇妣) 인예태후(仁睿太后) 이씨의 친정 고을이기 때문에 승격하여 경원군(慶源郡)을 만들었고, 인종(仁宗) 때에는 황비(皇妣) 순덕왕후(順德王后) 이씨(李氏)의 친정 고을이므로 지금 이름으로 고쳐서 지주사(知州事)를 만들었고, 공양왕(恭讓王) 2년에는 칠대어향(七代御鄕)이라고 높이어 승격하여 경원부(慶源府)를 만들었다. 본조에 들어와서는 그 고을의 명망 있는 문족(門族)으로써 문씨(門氏)·이씨(李氏)를 말한다. 문씨의 외손이 안효공(安孝公) 심온(沈溫)인데 희맹에게는 외조부이다. 이분이 소헌왕후(昭憲王后)를 탄생하였는데 왕후가 나서부터 성덕이 있어 우리 세종(世宗)의 배필이 되어 대통을 이어 내전(內殿)의 교화를 베푼 지가 거의 30년 동안이었다. 이씨(李氏)의 사위는 판중추(判中樞) 윤번(尹璠)인데 이분이 지금의 왕비 전하를 낳았다. 왕비가 또 성덕이 있어 능히 시어머니의 아름다운 덕을 이어 우리 성상을 도와 집을 키워서 나라를 만들었으니, 아, 아름답도다. 어찌 그렇게 경사의 근원이 멀리서 내려오는가. 〈여지도(輿地圖)〉를 상고하고 지난 옛일을 살펴보면, 무릇 고을에 한 씨족(氏族)이 일어나고 한 인물이 일어나면 그 덕으로 오래도록 전한다. 그러나 그 경사의 융성한 실마리가 한두 번 전하면 다시 가라앉는다. 어찌 인천 한 고을이 대대로 거룩한 부인을 내어 왕가의 빈(嬪)이 되고 한 나라의 어머니가 되어 앞뒤에 서로 잇달음과 같은 곳이 있으랴. 현으로부터 군까지 되고 군으로부터 부가 되어서 융성한 것이 그치지 아니하여 지금까지 아름다운 것은 당연한 일이다. 그렇다면 인천의 땅이 마땅히 하(夏) 나라의 도산(塗山), 은나라의 유융(有娀) 더불어 아울러 전하여 썩지 않을 것이니 후(侯)는 근심하지 말지어다. 후는 군자이다. 정치가 또한 기록할 만한 것이 있으나 그것은 인천의 부로(父老)들이 있으니 여기서는 덧붙여 말하지 않는다."[241] 하였다.

(2) [학교] 향교(鄕校)

관아 동쪽 1리 되는 곳에 있다. 최항(崔恒)의 중수기(重修記)에,

"임금이 민후(閔侯)의 90세 된 아버지가 남양(南陽)에 있는 것을 생각하여 이조(吏曹)에 명하여 인천부사를 제수하였으니, 구름을 바라보는 정리를 위로한 것이었다. 후가 감격하고 목메어 머리를 조아리고 곧 임금께 하직하고 임소(任所)로 가서 성화(聖化)를 선양(宣揚)하고 융성한 정치를 돕기를 생각하여 더욱 힘을 다하여 게을리하지 않았다. 이미 임소에 부임한 지 며칠 만에 향교에 나가서 선성(先聖)께 참알(參謁)하였다. 학사(學舍)를 세운 지 60년

---

[241] 한국고전번역원, 이식 (역), 1969

이 되어서 거의 다 기울고 허물어지고 이리저리 버티어서 겨우 두어 칸이 남았는데 위에서는 비가 새고 옆에서는 바람이 쳐서 여러 생도들이 안타깝게 여기고 고을 사람들이 한스러워하였다. 민후가 뵙는 예를 마치고 배회하며 슬퍼하여 탄식하기를 한참 동안이나 하였다. 드디어 공무를 다스리는 여가에 밤낮으로 생각하고 헤아려서, 재목을 모으고 기와를 굽고, 공장을 모집하고 향리(鄕吏)와 관노(官奴)를 부려서, 백성 한 사람도 역사시키지 않고 이듬해 7월에 시작하여 1년이 지난 뒤에 낙성하였다. 집이 29칸으로 전각(殿閣)·재실(齋室)·낭무(廊廡)·부엌·창고·마구가 갖추어지지 않은 것이 없다. 이에 성전(聖殿)에 단청을 하고 선성의 위판을 만들어 봉안하였다. 부(府)의 부로들이 함께 모여서 본 뒤에 너도나도 기뻐하여 술을 베풀어 낙성(落成)하는데, 후에게 먼저 잔을 드리며 말하기를, '우리 부(府)의 학교가 오래 방치되어 수리하지 못하였다가, 병술년에 전 상국(相國) 신개(申槩)가 부사로 있으면서 성전(聖殿)을 중수하였습니다. 그러나 세월이 오래되어서 점점 기울고 무너져 가더니, 지금 다시 병술년을 만나서 중수하였으니 어찌 흥하고 폐하는 데에는 수(數)가 있어서 반드시 사람을 기다려 이루어지는 것이 아니겠습니까. 우리 후가 온 것은 우리 부(府)의 다행이요, 우리 학교가 새로워진 것은 우리 도(道)의 영구한 것이니, 어찌 그 본말을 기록하여 오래도록 전하게 하지 않겠습니까.' 하고, 드디어 내게 편지를 보내었다. 내가 생각하건대 어진 인재는 나라의 다스림을 이루는 그릇이며 국가가 이로 말미암아 융성하는 것이요, 학교는 풍속 교화의 근원이며 인재가 이로 말미암아 나오는 곳이다. 권아(卷阿)의 길한 선비는 곧 예전에 정아(菁莪)의 길러낸 효과요, 학교로 윤리를 밝히는 것은 실상 다른 날 대래(臺萊) 태평의 장본이다. 아, 치체(治體)가 낮아지고 융성하는 것은 인재가 성하고 쇠함에 달려 있고, 인재가 성하고 쇠함은 학교가 흥하고 폐함에 관계되어 성도(聖道)와 왕화(王化)가 서로 관련이 되는 것을 누가 알지 못하랴. 그러나 위에서는 풍화(風化)의 기틀을 쥐고 서도 중하게 여기는 자가 적고 아래에서는 치화(治化)의 책임을 맡고서도 그것을 먼저 힘쓸 것으로 아는 자가 또한 적으니, 어찌 선비의 사업을 매양 오활하다고 하여서 그러한 것인가. 지금 우리 성상께서 임금도 되고 스승도 되어서 특별히 선비의 학업을 생각하여 경연에 임하여 도(道)를 강명하고, 태학(太學)에 거둥하여 경서(經書)를 질문시켜 삼재를 도주(陶鑄)하고 한세상을 고무시켜 나라 다스리는 방법을 만들고, 영준(英俊)한 인재를 교육하는 거룩한 아름다움이 장차 삼왕 오제를 능가하고, 한(漢) 나라와 당(唐) 나라를 낮추어 볼 정도이다. 후가 능히 임금의 예지로운 생각을 깊이 본받고, 임금의 교화를 힘써 넓히어 폐하고 떨어진 것을 수리하고 일으켜서 먼저 학교를 새롭게 하였으니 먼저 할 일을 안다 하겠고, 신상국(申相國)이 또한 그 아름다움을 전날에 독차지하지 못할 것이다. 춘추(春秋)에 흥작(興作)하는 것을 쓴 것은 백성의 힘을 쓰는 것을 중하게 여긴 것이고, 노송(魯頌)에 반수(泮水)를 읊은 것은 성학(聖學)을 높인 것이다. 하물며 후의 이번 거사가 백성을 번거롭게 하지 않고 학교가 중수되었으니 또한 아름답게 여길 만한 일이 아닌가. 남의 아름다움을 말하기를 즐겨하는 것은 나의 뜻인데, 후는 또 나의 아버지 친구이니 감히 후를 위하여 기록하지 않으랴. 후의 이름은 효열(孝悅)이요, 자는 성보(誠甫)이니, 일찍이 높은 과거에 올라 문학과 이재(吏材)로써 세상을 울린다."[242]

---

[242] 한국고전번역원, 이식 (역), 1969

바. 문학산 관련 시

(1) 『탄옹선생집』, 등문학봉(炭翁集, 登文鶴峰), 서울대학교 규장각

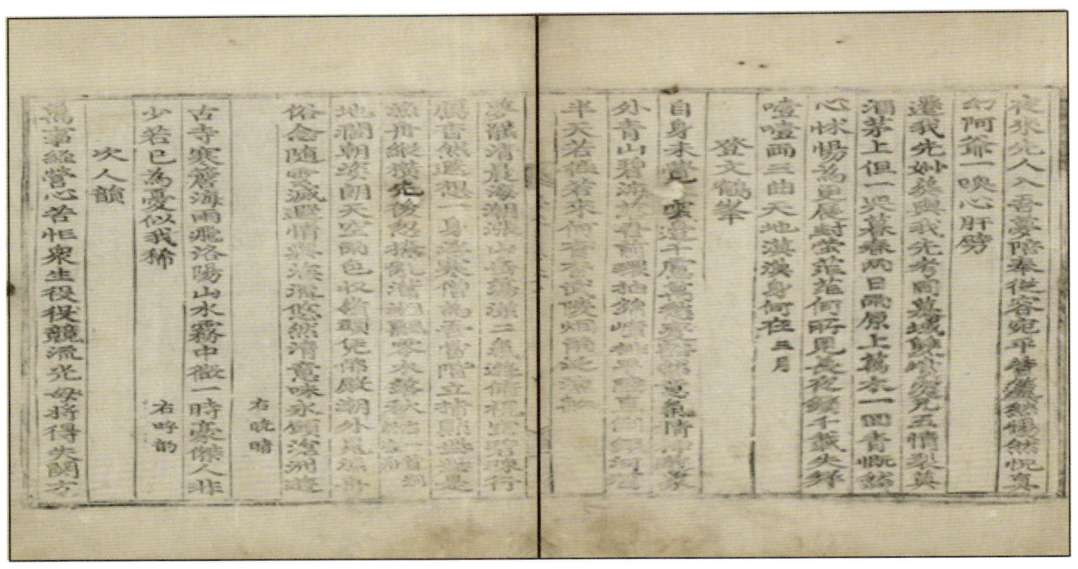

문학봉에 오르다

권시(權諰, 1604~1672)

나도 모르는 사이에 구름가에 서니
온갖 시름 사라져 시원스럽네
뜻과 정신은 세속의 밖에서 놀고
푸른 산과 파란 바다는 내 앞에 떨어지네
비단 봉우리 휘감아 뽑아 평지에 늘어놓고
바로 은하를 거꾸로 하여 공중에 쏟았네
오고 가는 것들이 어찌 이리 아득한지
무릉도원의 안개비 사이로 고깃배 떠 있네
꿈에서 깨니 맑은 새벽 해조(海潮) 넘치고
산악에는 음양의 두 기운이 찰랑이며 노니네

푸른 하늘 우러러 보니 나는 기러기 드물고
까마득히 먼 생각은 이 한 몸 떠 있다는 것이네
스님은 나를 위해 계단에 서서
조그만 것들 가리키니 고깃배들이네
종횡으로 앞뒤로 문득 요란한데
소상에 바람이 부니 나뭇잎 떨어지는 가을이네
땅은 광활하고 아침 밝아오자
하늘은 뻥 뚫려 비 올 기운 거두었네
고갯마루는 불전에 기댄 모습이고
조수 밖 고깃배 눈에 들어오네
속념은 구름 따라 사라지고
유장한 정은 바다와 함께 흘러가네
유연히 청순한 의미로
오래도록 창주에 머물었으면 하네

'문학산 옛이야기 길'의 시 안내자료를 옮겨씀

(2) 문학산(이병연)

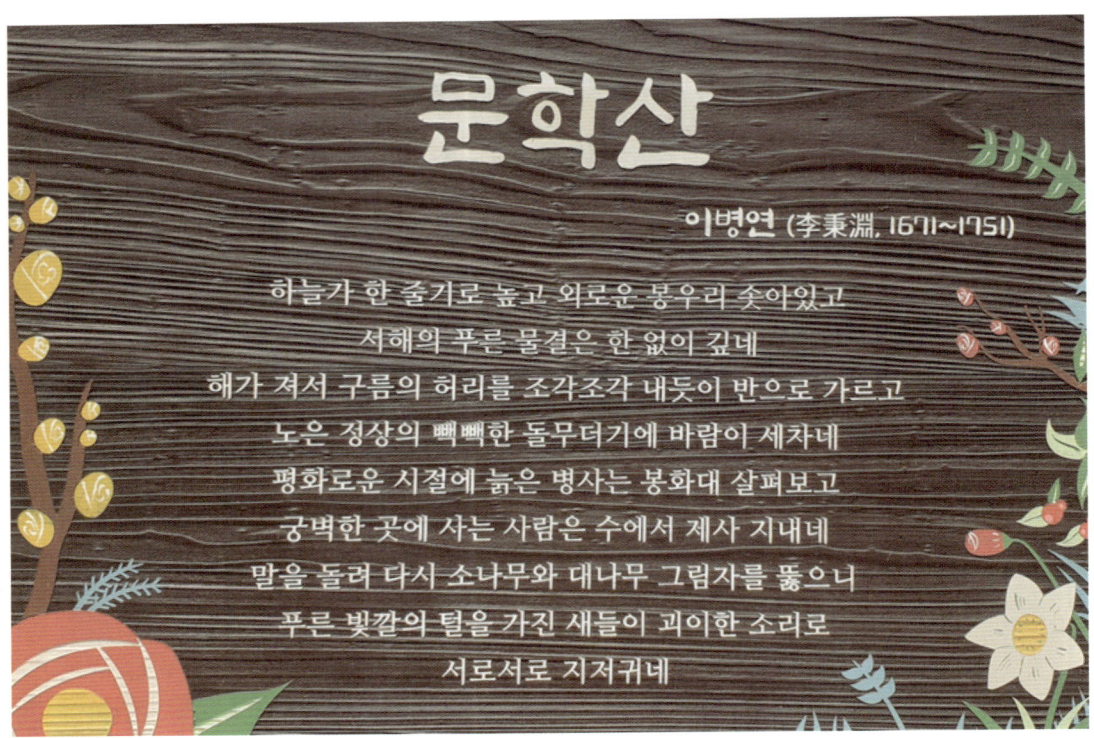

'문학산 옛이야기 길'의 시 안내자료

(3) 문학산성(이규상)

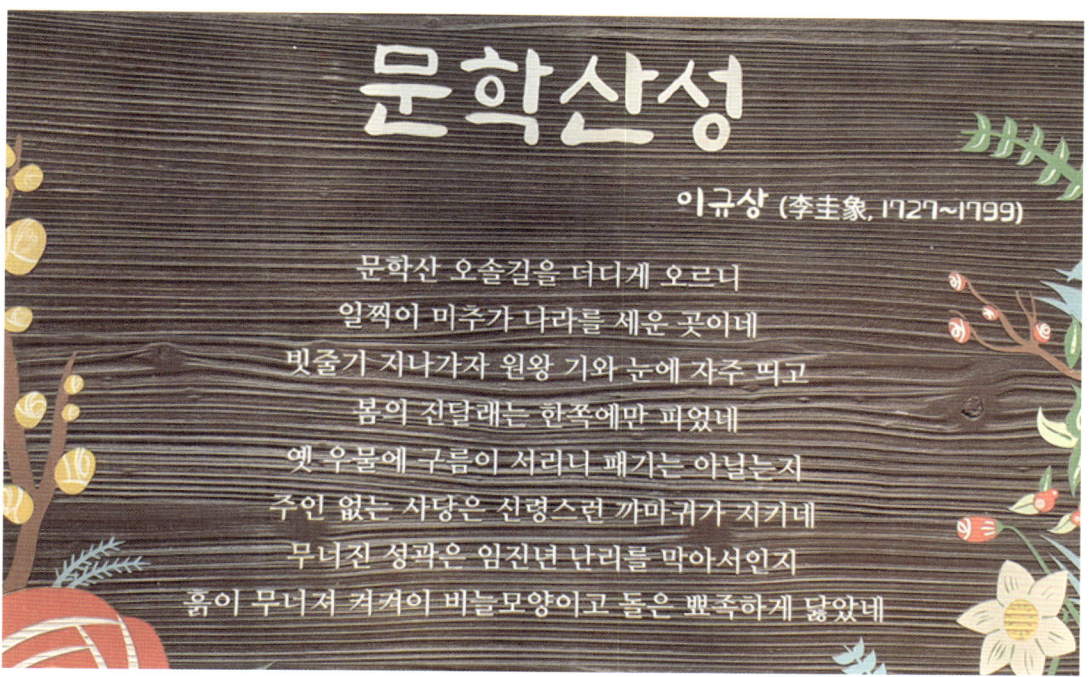

'문학산 옛이야기 길'의 시 안내자료

사. 화도진도

(花島鎭圖, 1879년 제작, 국립중앙도서관)

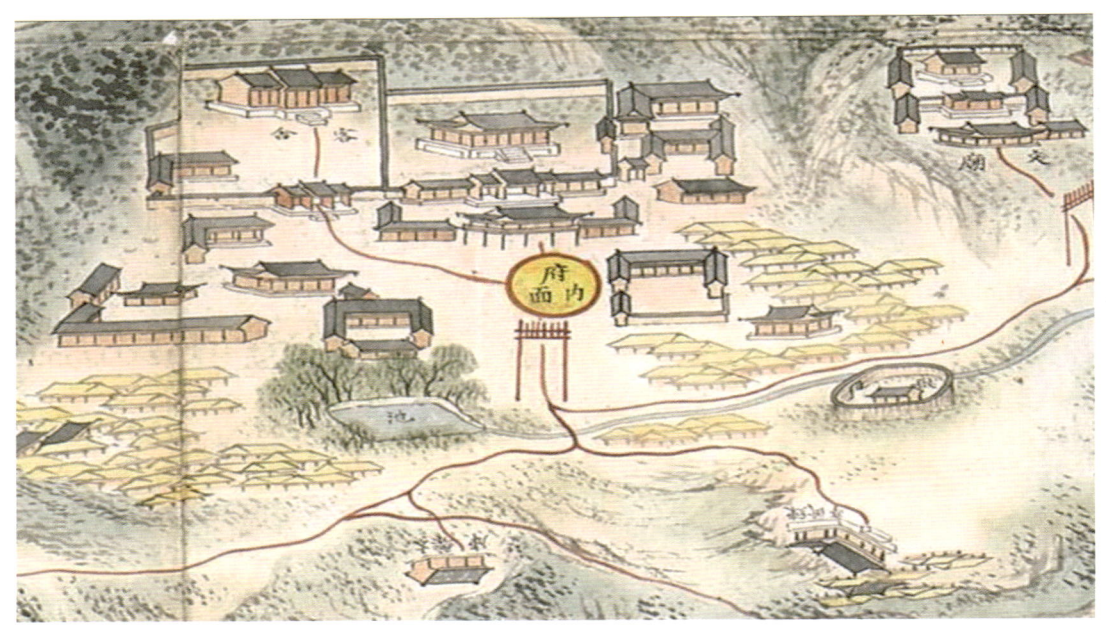

화도진도(花島鎭圖)에서의 인천도호부
(19세기 후반, 국립중앙도서관)

아. 지지조서 문학면부도

(地誌調書 文鶴面附圖), 국토지리정보원, 1916.

자. 인천 관아의 건물 배치

1950년대 후반 문학국민학교 향토반 작성[243], 『문학산 방면 고적전설 조사보고서』, (이경성, 1949, 31쪽 도시 자료)

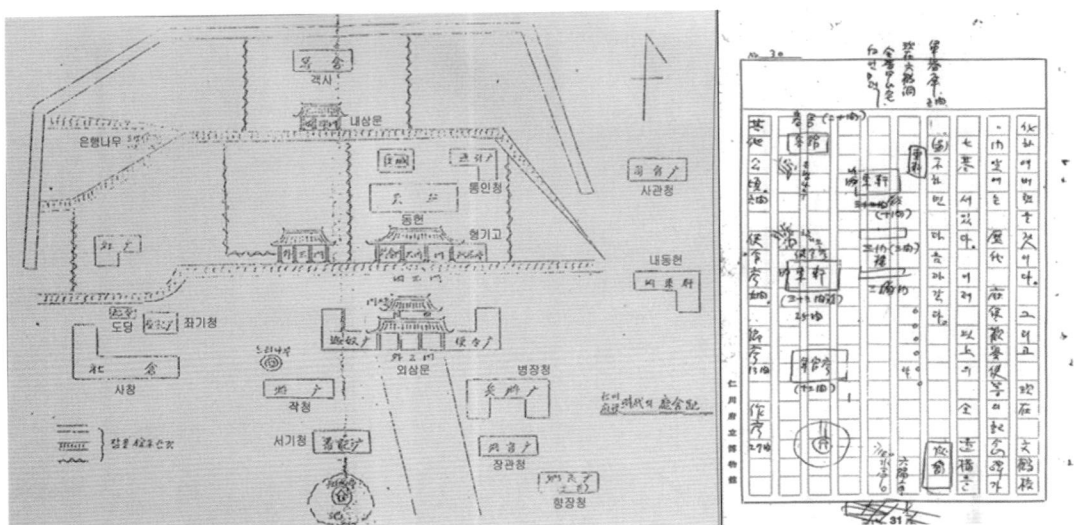

---

243 『문학산의 역사와 문화유적』, 인하대학교 박물관, 2002, 13쪽

차. 백두대간과 한남정맥

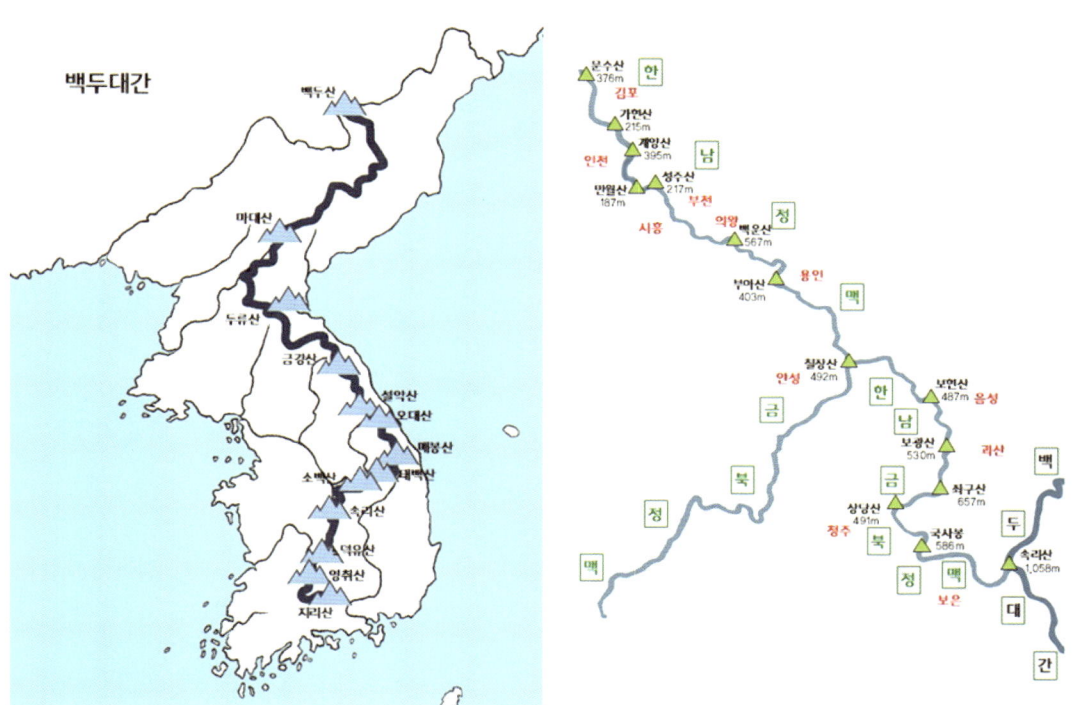

백두대간 > 한남금북정맥 > 한남정맥

카 1. 청구도

(青丘圖, 김정호, 1834) 인천 지역, 서울대학교 규장각

카 2. 대동여지도 인천 지역

(김정호, 1861), 서울대학교 규장각

타. 홍우순의 신도비

홍우순의 신도비(2024. 8. 10.)
* 경기도 일산동구 성석동 산 56-1

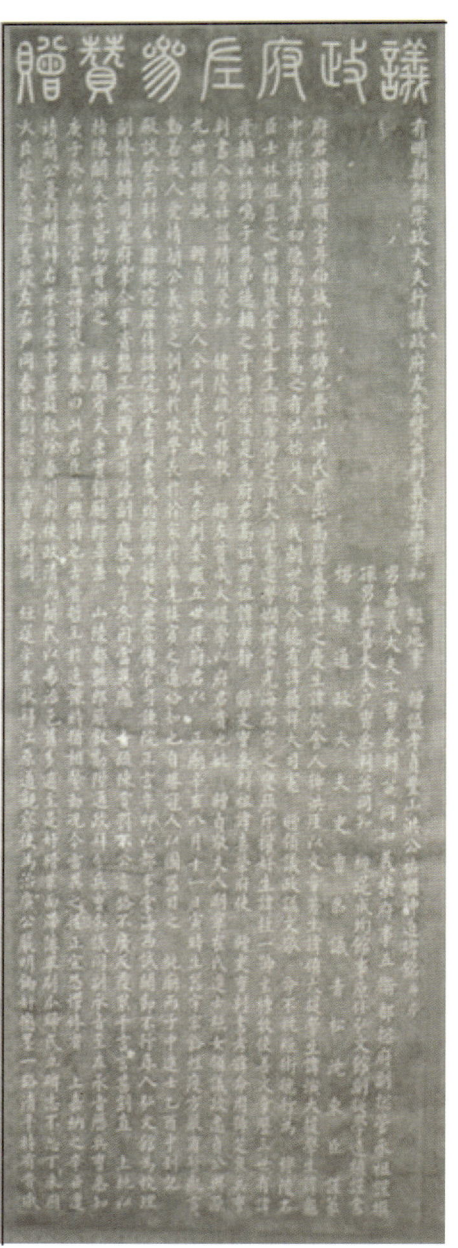

홍우순의 신도비(인천광역시립박물관)

표 1. 『여지도서(輿地圖書, 1760년경)』 방리(坊里), 기묘년(1759) 장적 기준

면(面)	거리(府에서)	호수(戶數)	남정(男丁)	여정(女丁)
부내면(府內面)	동서 각 5리	335	435	506
조동면(鳥洞面)	동 15리	265	289	384
신현면(新峴面)	동남 30리	450	476	577
전번면(田反面)	동남 40리, 安山界	303	338	435
황등천면(黃等川面)	동 40리, 衿川界	371	576	552
남촌면(南村面)	남 10리	316	683	679
먼우금면(遠又尒面)	서남 10리	247	796	727
다소면(多所面)	서 15리, 永宗界	353	588	619
주안면(朱岸面)	북 10리, 富平界	238	450	616
이포면(梨浦面)	동남 120리, 수로 30리	47	121	85
계		2,925	4,752	5,180

표 2. 인천행정구역 명칭의 변천과 미추홀구[244]

시기 지역	1789	1907	1914	1940	1957	1968	1988	1995	2018
인천 (仁川)	부내면 (府內面)	구읍면 (舊邑面)	부천군 문학면	인천부 문학면	남부·문학 출장소	남구 (南區)	남구	남구	미추홀구 (彌鄒忽區)
	다소면 (多所面)	다소면	부천군 다주면 (富川君 多朱面)	인천부 다주면	중부 출장소				
		부내면	인천부 (仁川府)	인천부 본청 직할	동부·북부 출장소	중구	중구	중구	중구
						동구	동구	동구	동구
	남촌면 (南村面)	남촌면	부천군 남동면	인천부 남동면	남동 출장소	남구	남동구	남동구	남동구
	조동면 (鳥洞面)	조동면							
	주안면 (朱岸面)	주안면	부천군 다주면	인천부 다주면	주안 출장소				
	먼우금면 (遠又尔面)	서면 (西面)	부천군 문학면	부천군 문학면	문학 출장소	남구	남구	연수구	연수구

[244] 『미추홀구사 Ⅰ』 미추홀구사편찬위원회, 2022, 43쪽

하. 사묘, 문학산 일대 유적 분포도, 봉수로, 인천 제2차 지형도 등

(1) 인천의 사묘(여단, 성황사의 위치는 추정임)[245]

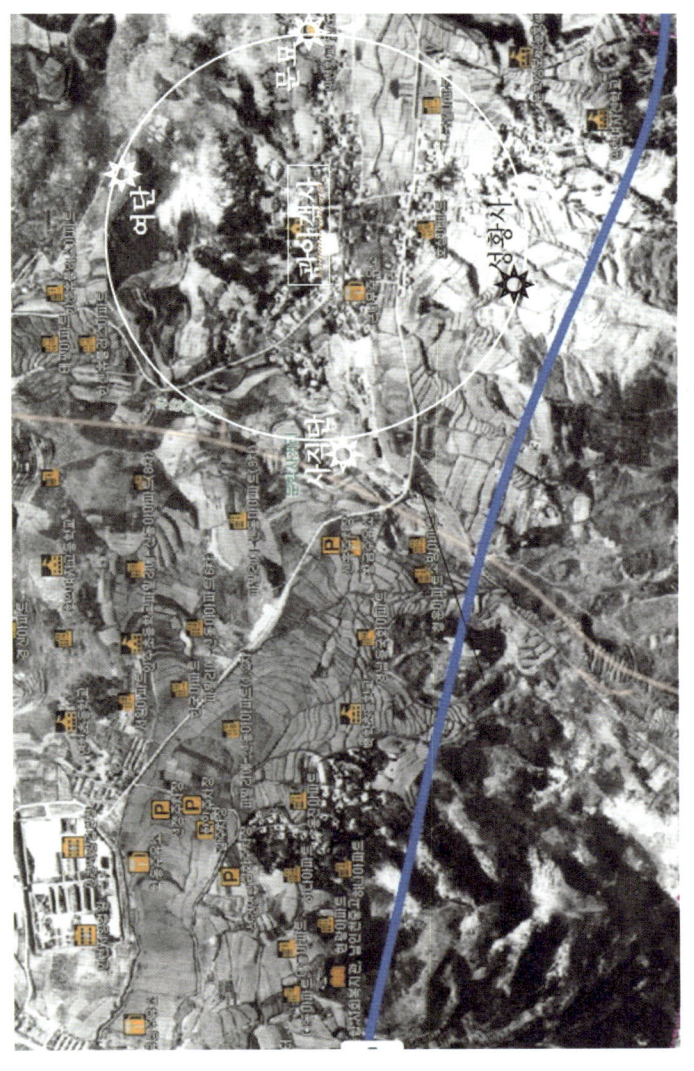

---

245   사진 : 1947년 항공지도, 인천시청

(2) 문학산 일대 문화유적 분포도[246]

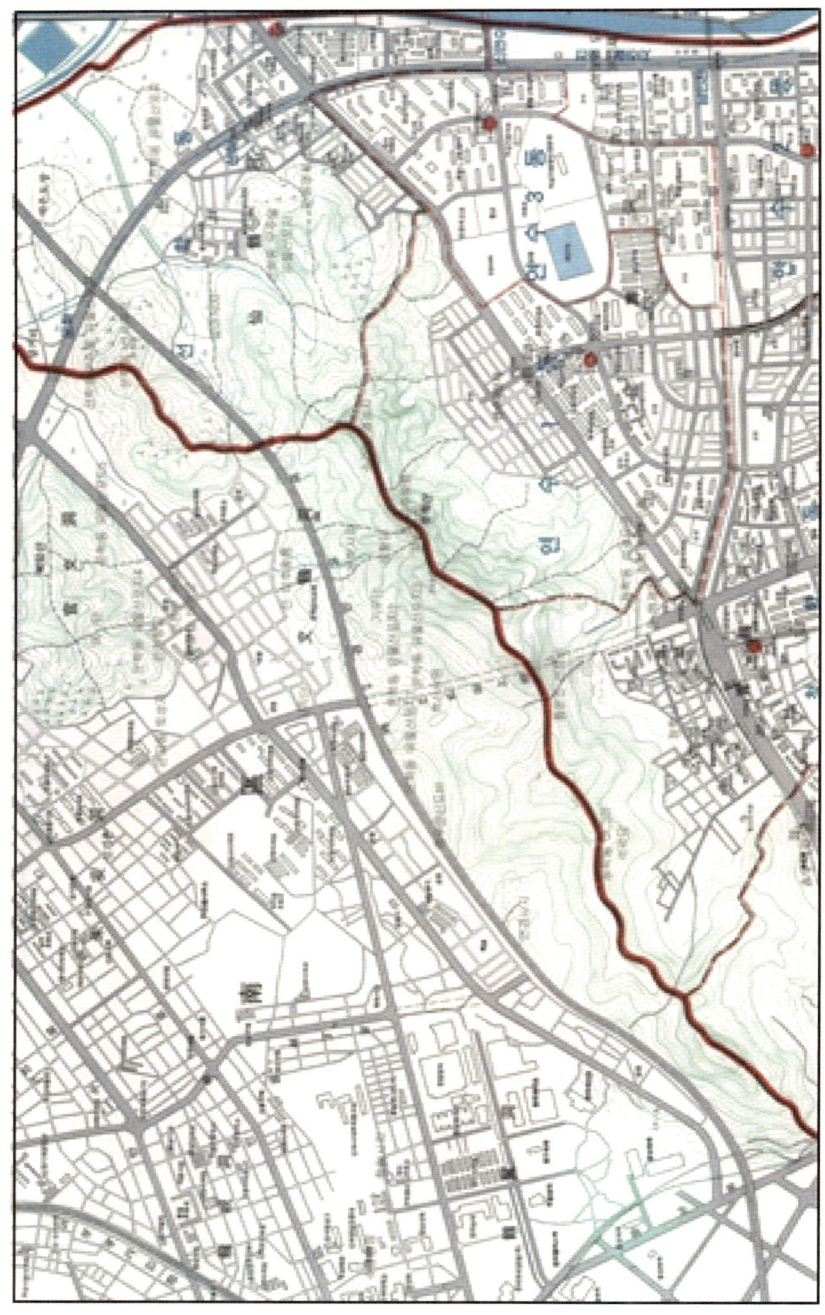

---

246   『문학산의 역사와 문화유적』, 인하대학교 박물관, 2002, 5쪽

(3) 도면 4 문학산성 주변 문화유적 분포도[247]

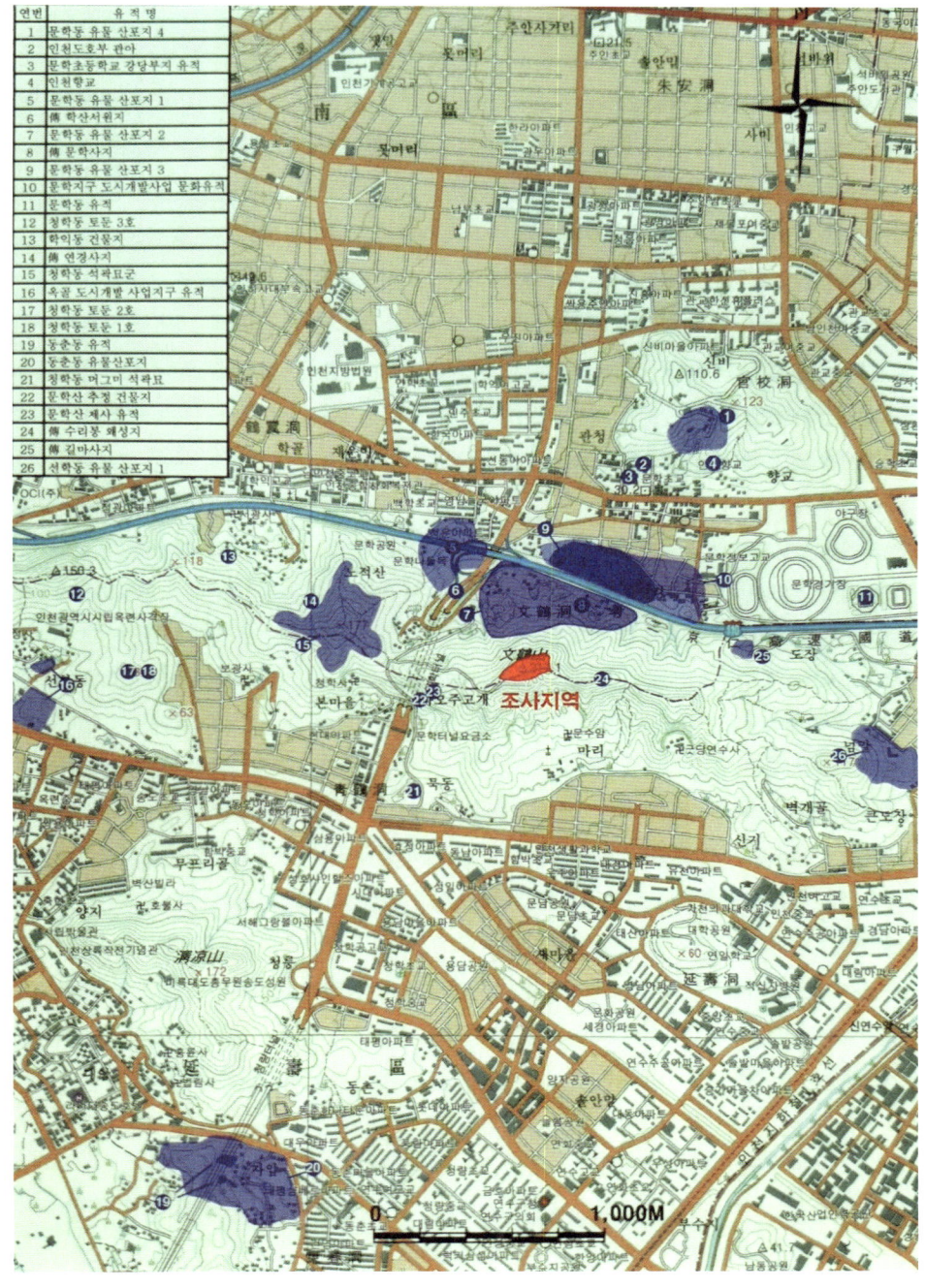

---

247 『문학산성 정밀지표 조사보고서』, 인천광역시립박물관, 2017, 18쪽

(4) 조선시대 봉수로[248]

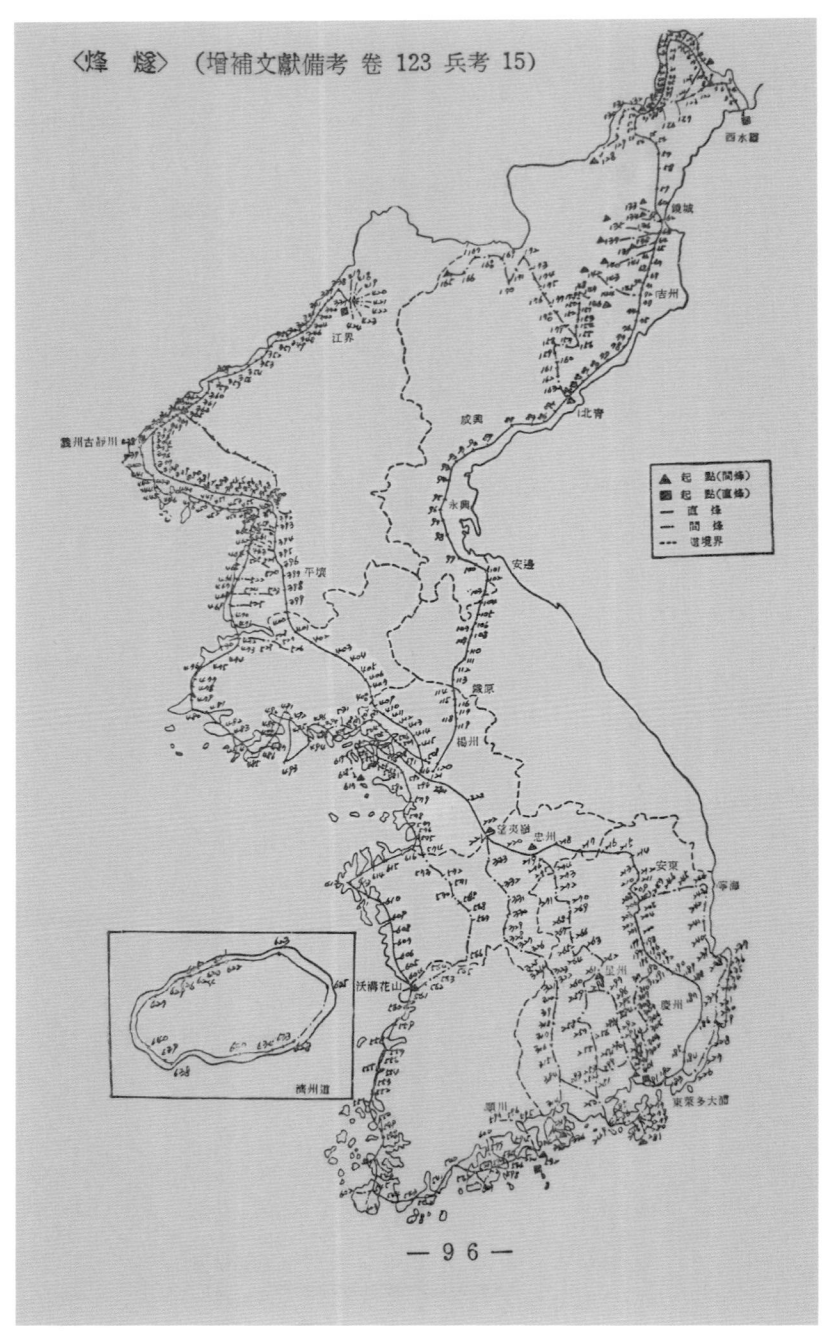

---

248 『한국사론 9』 조선 전기 국방체제의 제문제, 국사편찬위원회, 1985, 96쪽

(5) 인천 제2차 지형도(제물포, 1913년 간행, 일본국회도서관)[249]

---

249 『지도로 보는 근대 도시 인천』, 인천대학교 인천학연구원, 2017

(6) 인천 원도사제[250]

---

250 제7회 인천 원도사제(미추홀구 용현동 627-649 일대, 2024. 10. 19.)

찾아보기

ㄱ

각대(角帶) • 41, 135
간봉(間烽) • 72, 73, 74
감고 • 76, 77, 79, 168, 170, 171, 172
갑술양전주척장 • 69
갑옷바위 • 138, 140
강희맹 • 48, 206
개석식(蓋石式) • 102, 103, 106
객사 • 49, 50, 53, 87
갱참(坑塹) • 77, 78, 171
격자문 • 22, 109
경국대전 • 48, 56, 68, 70, 72, 78
경봉수(京烽燧) • 72
경사식(傾斜式) • 102, 103
경신역 • 82, 155
경원군 • 34, 42, 152, 206
경학(經學) • 55, 56
계양산 • 32
고인돌 • 99, 100, 102, 103, 104, 105, 106, 140
고조선 • 18
공수(公須) • 50, 53
과거(科擧) • 41, 56, 117, 135, 184, 191, 192, 197, 198, 206, 209
관교동 • 23, 101, 102, 134, 136
구완식 • 39
군관청(軍官廳) • 51, 53
굴석식(堀石式) • 102, 103, 140
권시 • 40
규합총서 • 131

근사록(近思錄) • 56, 188
근초고왕 • 27
기발(騎撥) • 81
기우제단 • 98
길마사지 • 107, 108
길마산 • 42, 43, 107
김민선 • 63, 70, 84, 141
김부식 • 25

ㄴ

남촌동 • 23, 24, 66
내동헌 • 50, 51, 53
내지봉수 • 72
노적산 • 124
누원(壘円) • 80
능허대 • 27, 106

ㄷ

대동여지도 • 219
대마도 • 87
대성전 • 57
대수(帶水) • 21
도장리 • 23, 131, 132, 133
도절제사 • 73, 166, 167
도찬현 • 94, 95, 97
도천현 • 99, 100, 102, 105, 106
돈암서원 • 62

동국여지지 • 68
동사강목 • 63, 82
동헌 • 49, 50, 51, 52, 53, 54, 121
두드림무늬 • 64

ㄹ

리처드 바크(Richard Bach) • 18

ㅁ

마근현(마근대미) • 123, 125
마한 • 21, 22, 26, 29
만월산 • 37, 38
메주골 • 29
명륜당 • 41, 57, 184, 198
묘표식 • 103
무자환신제단 • 93
문묘 • 56, 57, 59, 87, 95, 194
문수산 • 37
문학동 • 22, 23, 53, 57, 94, 97, 98, 99, 102, 103, 104, 105, 106, 134, 135, 143
문학동 고인돌 • 99, 102, 104, 105, 155
문학봉 • 40, 42, 43, 61
문학사지 • 108, 109
문학산성 • 18, 22, 63, 64, 65, 66, 67, 68, 70, 79, 82, 83, 85, 99, 106, 108, 122, 213, 225
미라방 • 82, 155
미추왕릉 • 121
미추홀 • 18, 20, 21, 22, 23, 26, 28, 29, 30, 34, 39, 64, 67, 122, 149, 152, 156

ㅂ

바둑판식 • 102, 106
반계수록 • 69
배꼽산 • 42, 82
배바위 • 108, 144, 145
배산임수형 • 132
백두대간 • 37, 217
백운동 서원 • 60
백제 우물터 • 122
별리고개 • 137
별무사청 • 53
병산서원 • 62
보발(步撥) • 81
봉수제 • 70, 71, 81
부여 • 18, 23, 26, 27, 28
부평 • 36, 37, 73, 79, 84, 128, 146, 149, 152, 155
비류 • 18, 20, 21, 22, 23, 24, 25, 26, 27, 28, 29, 30, 63, 64, 65, 67, 122, 156
비류정 • 22, 82
비변사 • 71, 152

ㅅ

사기(史記) • 56
사령청 • 51, 53
사마광 • 19, 56
사서오경 • 56, 61
사액서원 • 60, 61, 62
사장(詞章) • 56
사주문(四柱門) • 51
사직단 • 87, 94, 95, 96, 97
사창(社倉) • 52, 131
산신우물 • 142, 143

삼국사기 • 25, 27, 28, 29, 30
삼국지 • 21
삼호현 • 45, 106, 110, 137, 138, 139
서거정 • 19
서악서원 • 61
석실서원 • 62
선학동 • 22, 131, 133
설봉산성 • 66
성균관 • 56, 117, 184, 196, 198
성리학 • 60, 61, 63
성산(城山) • 40
성주산 • 37
성황사 • 87, 88, 90, 223
세종실록지리지 • 40, 63, 75, 82
소서노 • 18, 25, 27, 28, 29, 30, 34
소성진중일지 • 43, 84, 94, 123, 125, 129, 183
소성현 • 30, 34, 42
소학 • 56, 61, 184, 188
속병전 • 77, 172
수리봉 • 42, 43, 85
수성전선색 • 167
수혈유구 • 24
술바위 • 138
숯체골 • 93, 142
승기천 • 18, 24, 47, 66, 124
신경준 • 37
신미양요 • 39, 70, 80, 84, 123
신증동국여지승람 • 21, 40, 57, 63, 79, 206
신채호 • 29
심경(心經) • 56

ㅇ

아놀드 토인비 • 26
아리수 • 29
안관당 • 83, 84, 139, 140, 141
알미봉 • 99
애니미즘 • 91
에드워드 핼릿 카 • 20
여단 • 87, 92, 93, 223
여지도서 • 21, 42, 84, 85, 221
여환 • 55
오녀산성 • 64, 65, 66
오리골 • 29
오(5)부족명 • 30
오원(五員) • 72
오장(伍長) • 72, 78
옥련동 • 129
옥사(獄舍) • 52, 53
온조 • 18, 25, 26, 27, 28, 29, 30, 156
왜성 • 63, 84, 85
외삼문(外三門) • 50, 57
우태 • 27
운요호 사건 • 87
원도사(猿島司) • 97, 98, 155
원장(垣墻) • 67, 77, 78, 89, 172
원적산 • 37
원추(袁樞) • 19
위례성 • 25, 26, 30, 156
위례홀(慰禮忽) • 28, 29
위리(圍籬) • 28
위석식(圍石式) • 102, 103
의천 • 42
이단상(李端相) • 61, 62
이산서원(伊山書院) • 60, 184
이양선 • 54, 66, 95
이자겸 • 34
이정빈(李廷賓) • 61
이허겸 • 34

이희조(李喜朝) • 62
인경산 • 42, 43, 44, 45, 61, 128
인예태후 • 34, 206
인주 • 34, 35, 42, 152
인천 시민의 날 • 70
인천도호부 • 39, 47, 48, 49, 53, 54, 55, 61, 68, 79, 84, 95, 120, 131, 134, 141, 206
인천부읍지 • 27, 48, 49, 53, 61, 63, 68, 79, 82, 88, 93, 95, 98, 129, 130
인천 제2차 지형도 • 223, 227
임진왜란 • 51, 60, 69, 70, 81, 85, 141

ㅈ

작청(作廳) • 51, 53
전패 • 49
전학후묘(前學後廟) • 57, 60
정일빈(鄭日賓) • 61
정조대왕 어제시 • 120, 121
정희왕후 • 48
제물포(濟物浦) • 36, 79, 87, 134, 227
제월봉 • 43, 123, 129
조례기척(造禮器尺) • 68
조선상고사 • 29
조선왕조실록 • 62, 166
졸본 • 27, 65
좌기청(坐起廳) • 51
주공열 • 24
주세붕 • 60
주척(周尺) • 68, 69, 70
주희(朱熹) • 19
중림역 • 82, 155
증보문헌비고 • 21, 74
직봉(直烽) • 72, 73, 74, 80

ㅊ

차경 • 41
천마산 • 37
청구도(靑丘圖) • 218
청학동 • 122, 124, 125, 129, 130, 145, 146
칠대어향 • 34

ㅋ

코카사스 • 103

ㅌ

탁자식(卓子式) • 102, 103
탄옹선생집 • 210
탑파식(塔婆式) • 102, 103
테뫼식 • 66
토둔 • 123, 124, 125
통인청(通引廳) • 51
퇴물림 • 67, 70

ㅍ

파발제 • 81
파사성 • 66
패수(浿水) • 21, 28
포곡식 • 65
포백척(布帛尺) • 68, 69, 76
풍수도참설 • 42

ㅎ

하고성자성 • 65
하마비(下馬碑) • 56, 59
학교모범 • 56, 187, 194, 197
학림사지(鶴林寺址) • 111
학산 • 40, 42, 61, 128
학산서원 • 59, 61, 62, 63
학익동 • 42, 94, 97, 101, 103, 104, 125, 128, 129
한남정맥 • 37, 38, 217
함봉산 • 37
해동지도 • 42, 68, 82, 149, 157
해령직(海領職) • 77, 172
향약(鄕約) • 60
향청(鄕廳) • 51, 52, 53
현륭원(顯隆園) • 120
호구대장 • 48
홍우순 신도비 • 112, 113, 119
화도진도 • 53, 54, 125, 214
황운조 선정비 • 119
황종척(黃鐘尺) • 68, 69
후한서(後漢書) • 21
훈무당(訓武堂) • 53

[詩] 그곳 미추홀이라

김용환

늘 그랬듯이,
비류는 길마산 중턱에 올라 고요한 도장리를 살피고는
해오름으로 영롱해진 수리봉으로 가볍게 다가선다

한남의 정기가 흐르는 곳에 왕도(王都)의 웅비를 그리며
돌진하는 서해의 밀물처럼 대담한 추진력을 지닌 어라하,
그의 청사진은 해상왕국의 건설이었다

거친 자연의 역경과 고난에 힘겹던 백성이 찾아낸 수가
민심이 어우러진 상생의 길이었으니, 오히려 늦은 합류가
백제 번영의 기반이 될 줄 백성이 가히 짐작이나 했을까

문학산 허리에서 한 줄기 나온 알미봉, 그 주변 수풀에서
딱새, 까치, 꿩, 딱따구리의 소리색은 승기천 둑방으로
훌쩍 넘어 바람맞은 창백한 갈꽃을 은빛으로 물들게 하고,

맏형다운 제월봉은 석양빛 곱게 번지는 천상 화선지에
구름에 닿을 듯 솟는 아파트 사이를 뚫는 긴 차량 행렬,
평행선을 달리는 전철, 먼 길을 오가는 선박과 항공기 등
분주한 순간의 역동성을 혜안(慧眼)으로 그려낸다

언젠가 무지개 꽃이 문학(文鶴)의 산정을 둘러 흩날릴 때면

빛고운 백학은 인경산을 향해 우람한 활공을 펼치러니
조우관 위업은 반짝이는 서해 비단 물결에 싸여 치솟으러니
천지사방 세계 교류의 중심지로 거듭나는 터, 그곳 미추홀이라

수리봉(2024. 9. 27.)

인경산(2023. 9. 1.)

제월봉(2024. 5. 13.)